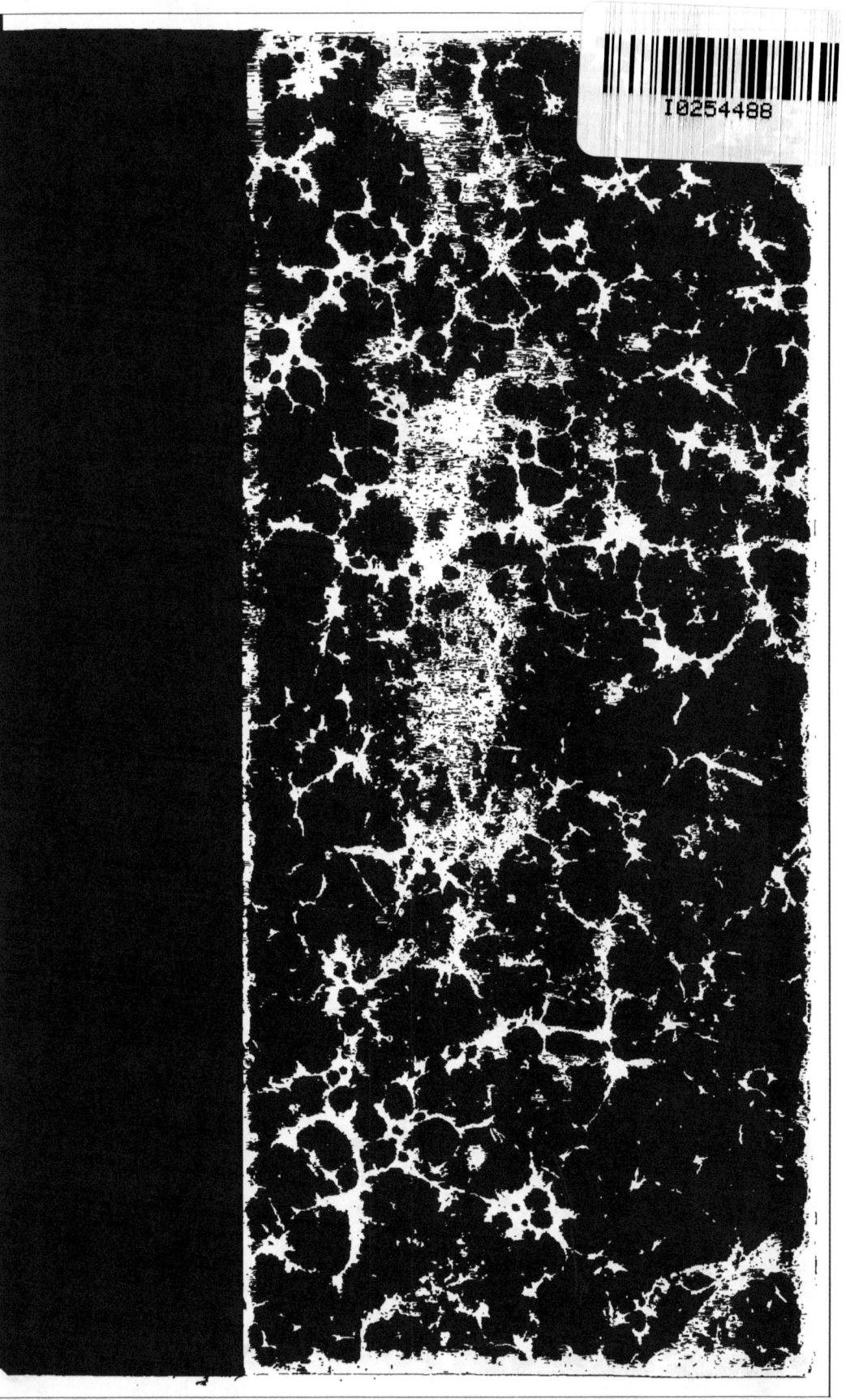

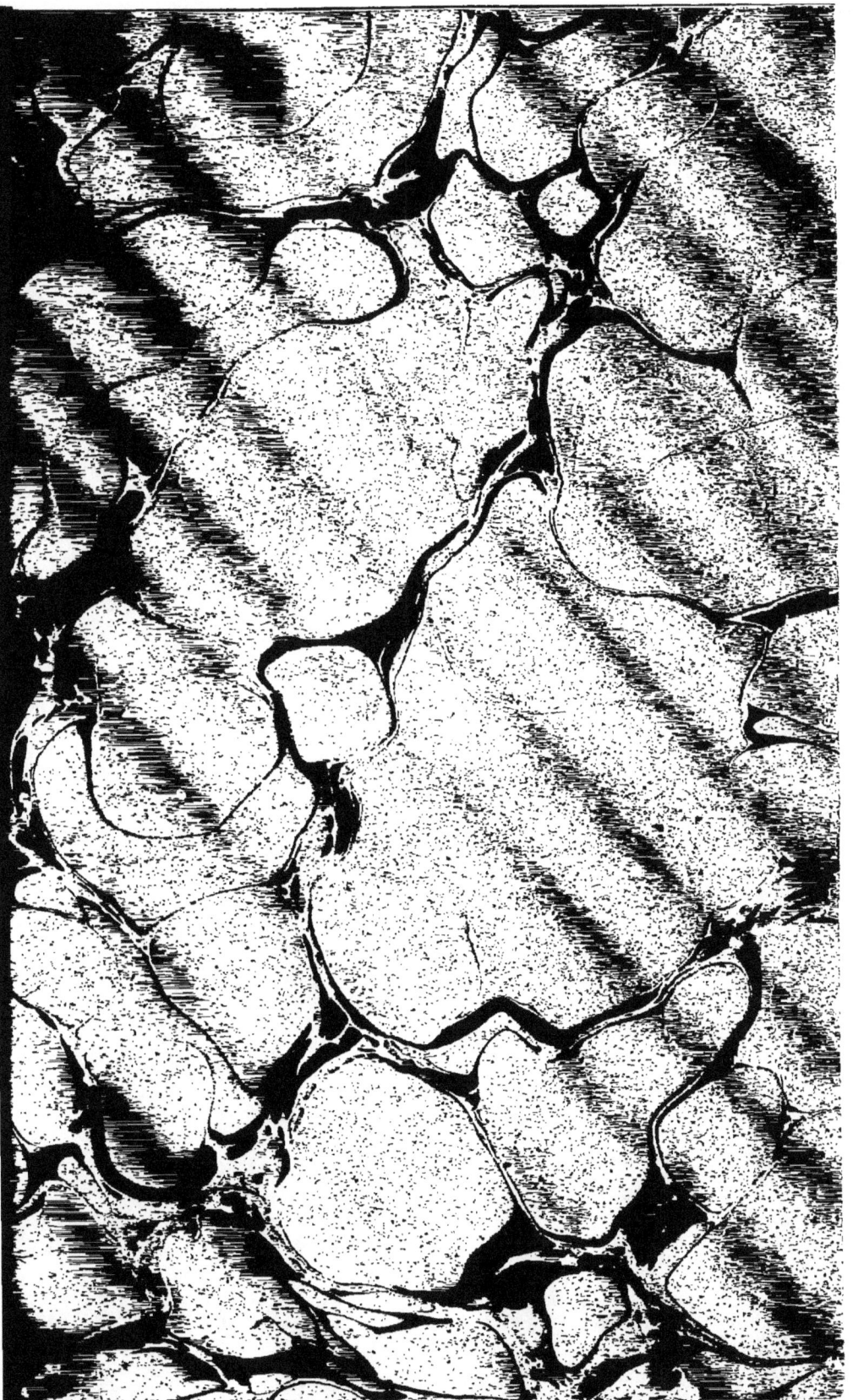

MÉMOIRES

DU

COLONEL COMBE

SUR LES

CAMPAGNES DE RUSSIE 1812, DE SAXE 1813
DE FRANCE 1814 ET 1815

Nouvelle Édition

PARIS
LIBRAIRIE PLON
E. PLON, NOURRIT ET Cᶦᵉ, IMPRIMEURS-ÉDITEURS
RUE GARANCIÈRE, 10
—
1896
Tous droits réservés

L.h³
154
A

MÉMOIRES

DU

COLONEL COMBE

L'auteur et les éditeurs déclarent réserver leurs droits de reproduction et de traduction en France et dans tous les pays étrangers, y compris la Suède et la Norvège.

Ce volume a été déposé au ministère de l'intérieur (section de la librairie) en mai 1896.

PARIS. TYP. DE E. PLON, NOURRIT ET Cie, 8, RUE GARANCIÈRE. — 1339.

MÉMOIRES

DU

COLONEL COMBE

SUR LES

CAMPAGNES DE RUSSIE 1812, DE SAXE 1813
DE FRANCE 1814 ET 1815

Nouvelle Édition

PARIS

LIBRAIRIE PLON

E. PLON, NOURRIT et Cie, IMPRIMEURS-ÉDITEURS

RUE GARANCIÈRE, 10

—

1896

Tous droits réservés

DÉDIÉ

A SON EXCELLENCE MONSIEUR LE GÉNÉRAL

COMTE TASCHER DE LA PAGERIE

Grand Maître de la Maison de S. M. l'Impératrice Eugénie
Grand Officier de la Légion d'honneur, etc.

MÉMOIRES
DU
COLONEL COMBE

CHAPITRE PREMIER

MON ÉDUCATION.

J'entreprends une tâche difficile et que je regarderais comme au-dessus de mes forces si, en écrivant mes mémoires, j'avais la prétention d'orner de circonstances imaginaires le récit de ma vie si agitée. En me livrant à ce travail, je n'ai point eu d'abord l'intention de le publier ; je le destinais seulement à ma famille. Voilà pourquoi je me suis borné à l'exposé des faits, à la plus simple expression de la vérité. Mais j'ai cédé aux instances de quelques amis qui me pressaient depuis longtemps de publier mon manuscrit, parce que je crois qu'un récit n'est pas seulement intéressant par le style, mais encore et plus peut-être par la singularité ou le dramatique des circonstances qu'il retrace. J'entre donc en matière sans plus de préambules.

Toute ma famille est, ainsi que moi, originaire du midi de la France. Mon père, déjà à la tête d'une grande fortune à l'époque de la révolution de 1793, fut dénoncé comme suspect pour ce seul motif, et obligé de s'enfuir à Paris pour soustraire sa tête à l'échafaud. Il parvint facilement à donner les preuves de sa vie honorable et éloignée de toute intrigue politique, ce qui ne l'eût probablement pas sauvé, si sa probité et son aptitude pour les affaires, dont on eut besoin, ne l'eussent fait désigner pour remplir le poste de commissaire général des vivres de l'armée.

Je vins le rejoindre plus tard et fus placé dans une pension dirigée par M. Royer et située dans le faubourg du Roule. Elle fut transférée ensuite à l'hôtel de la Vaupalière, dans les Champs-Élysées.

J'ai conservé des relations amicales avec quelques-uns de mes condisciples de cette pension : M. le marquis Gaston d'Audiffret, sénateur, président de la Cour des comptes, une des meilleures réputations d'honneur et de probité que nous ayons en France, et son frère Florimond, longtemps directeur de la Dette inscrite, tous deux si éminemment distingués dans la carrière des finances, et MM. de Bourgoing, dont le plus jeune, Paul, a occupé longtemps avec honneur le poste d'ambassadeur en Espagne (1) ; mais je ne fis pas un long séjour dans cette institution, qui ne pouvait rivaliser avec les deux grands établissements de ce genre, en vogue à cette époque.

L'un avait pour chef M. Lemoine, et était situé dans l'avenue des Champs-Élysées, au coin de la rue appelée depuis rue de Berry. L'autre, sous la direction de MM. Dubois et Loiseau, occupait

(1) La première édition de ces Mémoires ayant été publiée en 1853, les amis dont l'auteur cite les noms ont disparu dans ce long intervalle.

deux beaux hôtels contigus de la rue Plumet, dont les jardins réunis n'étaient séparés que par une grille du boulevard des Invalides.

Les meilleurs professeurs de toute espèce partageaient leur temps et leurs soins entre ces deux maisons d'éducation. La danse, qui était alors un art dans la bonne compagnie, mais qui depuis s'est réfugiée sur les planches, formait le principal point de rivalité entre elles. Chacun avait son maître de danse particulier. M. Blanche, toujours frisé à ailes de pigeon, comme un marquis de la cour de Louis XV, musqué, tiré à quatre épingles et les doigts chargés de bagues, était le professeur de la rue Plumet, M. Abraham celui de la pension Lemoine.

Mon frère Terwick et moi nous fûmes placés dans la pension Dubois et Loiseau, et, en tout ce qui concerne les armes, la danse et les exercices du corps, je ne tardai pas à me distinguer. Nous avions de magnifiques distributions de prix, toujours suivies d'un bal, dont Mme Dubois, alors une des plus belles femmes de Paris, faisait admirablement les honneurs. M. Luce de Lancival et autres poètes ou écrivains célèbres du temps, interrogeaient les élèves en présence d'une immense réunion de parents et d'amis. Une salle, construite exprès pour cette solennité dans la grande cour de l'hôtel ou dans le jardin, et richement ornée de fleurs et de lustres, recevait toutes les illustrations de l'époque ; un orchestre de choix se faisait entendre à chaque nom proclamé, et le bal commençait après le discours de clôture prononcé, ainsi que le discours d'ouverture, par une des autorités ou notabilités de Paris.

Les bals et les réunions qui succédèrent aux troubles de la Révolution étaient autant d'arènes ouvertes aux élèves danseurs des deux pensions à la mode; M. Blanche avait composé pour moi une gigue anglaise que je dansais seul en veste écarlate, pantalon de basin blanc, une baguette sous le bras gauche et le poing droit sur la hanche. Je faisais mon entrée triomphale sous les yeux de mes adversaires de la maison Lemoine, au son d'une musique vive, aux grands applaudissements du public et aux pleurs de joie de ma bonne mère qui ne pouvait empêcher que je ne fusse enlevé de ses bras, caressé par toutes les mamans et inondé de bonbons.

On accueillait sans doute d'autant mieux mon solo de danse, qu'il était le signal de l'ouverture du bal, qu'une foule de jeunes gens et de jolies femmes attendaient avec impatience, et avaient bien acheté par l'ennui d'une distribution de prix, des interrogatoires, d'un discours d'ouverture et d'un discours de clôture. Tous se précipitaient donc avec empressement dans la salle du bal pour former des contredanses, non pas monstres comme à présent, mais composées de douze ou seize danseurs réunis dans un espace convenable. Mmes Récamier, Bastarèche (depuis Mme Lavollée), Carvalho et autres beautés célèbres venaient y faire assaut de luxe et de toilette avec la maîtresse de la maison. Enfin, malgré la jalousie de nos rivaux de la pension Lemoine, qui disaient, par un mauvais jeu de mots, que *Lemoine chasserait l'oiseau du Bois,* la vogue de cet établissement fut telle qu'il ne se donnait pas une fête, pas un grand bal dans Paris, sans les jeunes élèves de M. Blanche.

Parmi les réunions les plus brillantes, on distinguait celles de M. de la Forêt, oncle de trois élèves de la pension Dubois et Loiseau, les frères de Galtz de Malvirade, avec qui je suis resté lié dans le monde ; Aimé Dubois, les Boërio, Granger, Armand de Saint-Criq et plusieurs autres camarades de classes sont demeurés mes amis.

Ce fut, je me le rappelle, en revenant d'un bal chez M. de la Forêt, que les deux voitures contenant les danseurs de la pension Dubois furent arrêtées par une patrouille de garde nationale. Le commandant de cette patrouille, ivre ainsi que sa troupe, crut voir un rassemblement de conspirateurs dans ces deux voitures pleines d'enfants, et, procédant à un interrogatoire préalable, demanda à notre maître qui il était et qui nous étions.

— Je suis monsieur Dubois, lui fut-il répondu.

— Quel est votre état ?

— Maître de pension, rue Plumet.

— Un maître de pension ne court pas les rues à des heures indues avec un rassemblement de conspirateurs contre la République.

— Ces conspirateurs sont des élèves de mon institution, que je ramène d'un bal chez M. de la Forêt.

— Je vous dis, citoyen, que vous faites des conspirations.

— Je vous proteste, citoyen, que je ne fais que des élèves.

Enfin, nous eûmes beaucoup de peine à convaincre ces ivrognes, et il nous fallut passer une inspection individuelle pour leur prouver que nous n'étions pas encore d'âge à conspirer.

Quoique M. Dubois fût très sévère et souvent même très dur, nous l'aimions beaucoup, parce que, dans les heures de récréation, il se mêlait parfois à nos jeux, et nous ne manquions jamais, le jour anniversaire de sa fête, de lui offrir un cadeau qui s'achetait au moyen d'une souscription générale.

Nous lui donnâmes entre autres une fort belle lorgnette de spectacle. En la recevant, il dit à la députation qui la lui avait apportée :

— Je me servirai du côté qui rapproche pour voir vos bonnes qualités, et de celui qui éloigne, pour corriger vos légères imperfections.

Quant à M. Loiseau, c'était un petit vieillard qu'il me semble encore voir avec sa grande redingote de laine grise et sa baguette de jonc sous le bras, parcourant toute la maison du haut en bas, furetant partout, et cinglant assez volontiers des coups de sa baguette sur les épaules de tous ceux qu'il trouvait en faute.

Je restai dans cette pension jusqu'à l'âge de quinze ans environ, et n'en sortis que pour être placé dans celle de MM. Thurot et Boisbertrand, qui s'appela d'abord *École préparatoire polytechnique*, et plus tard, *École des sciences et de belles-lettres*. Le prix de 2,600 francs par an, très élevé pour l'époque, le choix des professeurs, presque tous pris parmi ceux de l'École polytechnique même : Beaupré, maître des pages de l'Empereur pour la danse ; Gomard pour les armes ; MM. Lemire et Neveu pour le dessin ; l'école de natation de Deligny, le manège de Sourdis, MM. Hachette, Poisson, et jusqu'à l'illustre Monge, contribuèrent à mettre aussitôt cet établissement hors ligne.

Il fut placé dans le vaste Hôtel des Oiseaux, ainsi nommé parce qu'autrefois deux grands fossés parallèles, qui se prolongeaient jusqu'au boulevard des Invalides, au coin de la rue de Sèvres, formaient d'immenses volières contenant les oiseaux les plus rares.

Dans cette institution, la plupart des élèves, les plus grands ou les privilégiés, avaient leur appartement particulier. Le nombre total n'en a jamais dépassé cinquante ; mais il se composait de fils de familles riches, ou dans la plus haute position sociale. MM. Tascher de la Pagerie, Louis et Sainte-Rose, cousins de S. M. l'impératrice Joséphine, Emmanuel et Barthélemy le Couteulx de Canteleu, de Cetto, de Staël, François et Maurice de Lucchesini, fils de l'ambassadeur de Prusse, de Talhouët, le prince Pierre d'Aremberg, Marescot, fils du général de ce nom, les frères King, Paul Garat, fils du directeur de la Banque de France, sont ceux dont je me rappelle le mieux, parce que je suis resté l'ami de la plupart d'entre eux. On nous gâtait beaucoup, peut-être, parce qu'on pensait que nous avions dû l'être énormément dans la maison paternelle, et il en résultait que chacun de nous suivait sans opposition les sciences ou les arts pour lesquels il avait du goût. Je pus donc me livrer au mien pour les armes, la danse, l'équitation et la natation. Les cours de physique avaient aussi beaucoup d'attraits pour moi ; mais, quoique j'aie traduit presque tous les auteurs latins et quelques auteurs grecs, mon caractère trop vif ne me permit pas de faire de grands progrès dans ces études sérieuses.

J'avoue à ma honte que j'étais un des plus turbulents et des plus indisciplinés de la pension, ainsi que me le rappela le bon M. Gay de Vernon, associé de M. Thurot, que j'ai eu occasion de rencontrer dans le monde, à Bruxelles, en 1816. « Mon ami, me dit-il en me montrant une grosse loupe qu'il avait sur la tête, vous êtes pour les trois quarts dans cette protubérance. » Ainsi qu'on le voit, il prétendait qu'elle était le résultat des tourments que nous lui avions fait éprouver.

Je ne citerai qu'un seul exemple de l'insubordination qui existait dans cette pension.

Un charretier ayant amené du vin pour la consommation de la maison, et ayant fait entrer sa charrette dans la cour de l'hôtel, reçut, plutôt par mégarde que par méchanceté, un coup de pierre qui lui fit une blessure assez grave près de l'œil. Dans son premier mouvement de colère, ne connaissant pas le coupable, il voulait charger à grands coups de fouet cette troupe de bambins, et M. Gay de Vernon parvint difficilement à le contenir en lui promettant de punir sévèrement l'auteur de sa blessure ; mais comme il ne le connaissait pas lui-même, il déclara que toute la pension serait privée de la sortie du dimanche suivant, si on ne le lui dénonçait pas. Grande rumeur à cette occasion : on voulait aller chez ses parents ; mais on ne voulait pas dénoncer un camarade. Le dimanche approchait, chacun tenait bon de son côté ; la punition générale était maintenue, et l'élève restait inconnu. Enfin, cela passa par tous les degrés d'une grande conspiration : réunion des principaux meneurs et conférences dans la chambre de John King; opposition unanime contre le pouvoir ; discours sur l'injustice de faire peser sur les innocents la faute du coupable ; serments de résistance, choix des hommes et des moyens à opposer à la tyrannie, heure de l'exécution du complot, rien n'y manqua. Il fut décidé que, jusqu'au dimanche à neuf heures du matin, au moment du coup de cloche que le concierge était chargé de sonner, on ferait semblant de se soumettre ; que nous rassemblerions, entre les mains d'un de nous, tout l'argent dont nous pourrions disposer, car nous savions déjà que l'argent est le nerf de la guerre ;

que le dimanche, à neuf heures moins un quart, tous les conjurés se réuniraient chez John King dont l'appartement, situé à l'entresol, était précisément au-dessus de la loge du concierge, et que lorsque celui-ci en sortirait pour sonner la cloche, nous nous précipiterions tous dans l'escalier; qu'un de nous tirerait alors le cordon de la porte d'entrée, donnant sur la rue de Sèvres, et qu'ainsi en liberté, comme les oiseaux de l'ancien hôtel, au lieu de nous rendre chez nos parents, nous passerions la journée tous ensemble dans Paris.

Ce plan fut exécuté de point en point; nous étions une vingtaine, nous tenant par bandes de quatre; en cas de séparation, nous avions pris un bouton de rose pour signe de ralliement, et nous nous rendîmes ainsi au Palais-Royal pour déjeuner, après quoi nous nous promenâmes dans les galeries, ce qui donna par parenthèse l'éveil à la police, et mit à nos trousses une foule de mouchards; mais ils se convainquirent promptement, par nos discours mêmes, que notre rassemblement n'avait rien de politique. Après un bon dîner fait sans excès, nous nous rendîmes au théâtre de la Gaîté; ce choix était de circonstance : là nous occasionnâmes quelque tumulte; mais les agents de police, qui nous avaient suivis, sachant qu'ils avaient affaire aux fils des familles les plus influentes de Paris, au lieu de sévir contre nous, se rangèrent de notre côté, ce dont ils allèrent probablement se vanter à quelques parents, pour en obtenir de l'avancement ou de l'argent.

Enfin, après cette journée pleine de tous les charmes d'une liberté conquise, d'un triomphe sur le despotisme, nous rentrâmes tous ensemble à l'Hôtel des Oiseaux.

Notre équipée mettait le chef de l'institution dans un grand embarras. Si, d'un côté, il fallait sévir, sous peine de perdre toute autorité, d'un autre côté, l'intérêt parlait à haute voix. On ne se décide pas facilement à renvoyer d'une pension une vingtaine de jeunes gens qui payent 2,600 francs par an, et dont les pères occupaient pour la plupart des positions éminentes.

M. Thurot crut, dans cette circonstance, concilier le soin de sa dignité avec les conséquences d'un renvoi général, en désignant trois de ceux qu'il jugea les plus coupables, pour être remis à leurs parents. Mais nous nous portâmes chez lui en masse, et déclarâmes que si les trois victimes quittaient la pension, nous demanderions sans exception à en sortir également. Cependant, nous nous avouâmes coupables et fîmes des promesses de bonne conduite et des excuses qui furent bien vite prises pour argent comptant; il y eut amnistie générale, personne ne fut renvoyé, et tout rentra dans l'ordre.

CHAPITRE II

ENTRÉE A L'ÉCOLE MILITAIRE DE FONTAINEBLEAU.

Je restai à l'École des sciences et belles-lettres jusqu'au milieu de l'année 1807. Je commence dès ce moment à préciser les dates, parce que ce fut à cette époque que je passai, sans transition, de l'enfance à la jeunesse.

Il n'y avait point d'adolescence pour quiconque avait le goût des armes ; la carrière militaire, si belle d'espérances sous un chef comme Napoléon, présentait à nos yeux un horizon sans limites. Tous les cœurs imbus de sentiments patriotiques et de l'amour de la gloire étaient fanatisés. Déjà, à la pension Dubois, nos amusements avaient tout le caractère militaire. Nous avions des tambours, et j'en étais un, parce que j'ai toujours aimé le bruit ; nous nous formions en deux troupes, qui s'attaquaient et se défendaient comme elles pouvaient, les coups de poing tenant lieu de coups de fusil ; mais à l'École des sciences et belles-lettres, ce goût prit chez moi un caractère tellement décidé que, ne pouvant m'astreindre aux études sérieuses que nécessite l'admission à l'École polytechnique, je déclarai ma ferme résolution d'entrer à l'École militaire de Fontainebleau, malgré les instances et les larmes de ma bonne mère.

Cette détermination et la connaissance de mon caractère lui laissant peu d'espoir de me conserver auprès d'elle, elle obtint de mon père que je rentrerais à la maison paternelle, afin d'y faire les études nécessaires pour passer mes examens.

En conséquence, je fus retiré de pension et je vins demeurer dans l'appartement que nous occupions rue de Grammont.

Ce fut à cette époque qu'eut lieu le mariage de mon frère Terwick avec Mlle Justine Sieyès, nièce du fameux Sieyès.

Les huit ou dix mois que je passai chez mon père furent, comme on le pense bien, fort peu employés aux études abstraites. J'avais cependant un répétiteur de l'École polytechnique, M. Gérard, qui venait me donner des leçons de mathématiques et de géométrie ; mais les examens pour l'admission à l'École militaire n'étant pas très sévères à cette époque, j'en savais assez par mes études précédentes.

Pourtant ma mère redoublait d'efforts auprès de moi pour me détourner de la carrière militaire. Afin de concilier autant que possible son amour maternel avec mes goûts et la vivacité de mon caractère, elle me fit offrir, par M. François Sieyès, frère de l'abbé Sieyès, une place d'inspecteur des postes, dont il pouvait disposer en ce moment, en sa qualité d'administrateur général.

Je devais faire mes tournées en poste aux frais de l'administration, et l'on me proposait, pour commencer, 2,000 francs d'appointements. De fréquents voyages, faits d'une manière aussi agréable, voilà le point de vue au moyen duquel ma mère espérait me séduire ; mais je refusai toutes ces offres, et déclarai que si on s'opposait à mon entrée à l'École, j'irais tout simplement m'engager dans un régiment de l'armée active. Il n'y avait plus à reculer. Je subis mon examen, et fus admis à Fontainebleau le 26 avril 1808.

Les jeunes élèves de l'École militaire, dans les courts intervalles de récréation, ne se livraient jamais aux jeux en usage dans les pensions. Préoccupés d'un avenir de gloire et de danger, ils se rassemblaient par groupes de cinq ou six camarades intimes, et se promenaient en causant autour de la grande cour.

A cette époque, les épreuves par lesquelles on faisait passer les nouveaux venus appelés, comme dans l'armée, les conscrits, étaient fort dures, et souvent même dangereuses, malgré la sévérité et la surveillance du général Bellavène, commandant en chef de l'École. Lorsqu'un conscrit arrivait pour la première fois dans une chambrée, il était bien heureux d'en être quitte pour une traversinade, opération qui s'exécutait au moyen des durs traversins en crin, extraits à cette intention du lit de chacun des élèves. La presse à sec suivait ordinairement la traversinade. Si le conscrit, au lieu de faire bonne contenance en se défendant de son mieux, s'avisait de parler de dénonciation, les épreuves redoublaient : on prenait le malheureux, on lui liait les mains, et, le forçant à plier les genoux après l'avoir assis par terre, on lui passait sous les jarrets un bâton maintenu par les bras, et on le plaçait ainsi sur la planche au pain, d'où le moindre mouvement pouvait le précipiter sur le carreau, avec l'agréable perspective de se tuer ou de se casser au moins un membre. Il finissait toujours par demander grâce.

Souvent, lorsqu'un conscrit était signalé, on voyait arriver un élève étranger à la chambrée, déguisé en perruquier et armé de ciseaux, de rasoirs, et d'une boîte contenant de la graisse noire qui servait ordinairement à nettoyer les souliers. Il faisait asseoir le patient sur sa cassette, et, se disant chargé de sa première toilette, lui coupait, bon gré, mal gré, tous les cheveux, lui rasait la tête, lui barbouillait de graisse noire toute la partie inférieure du visage, puis, prétextant tout à coup des soins à donner à une autre pratique, s'éloignait gravement, et laissait le malheureux dans l'état le plus risible et le plus pitoyable.

Je fus exempté de tous ces mauvais tours par les soins et les bons avis d'Emmanuel le Couteulx, mon ancien ami de pension, admis à l'École militaire trois mois avant moi.

J'avais été conduit à Fontainebleau par ma mère et Mme Sieyès, femme de l'administrateur général des postes, qui avait été lié avec le général Bellavène. Ce dernier nous engagea à dîner, et, ayant appris mon intimité avec Emmanuel, l'invita à sa table avec nous. Pendant que ces dames attendaient l'heure du dîner avec le général, le Couteulx fut chargé de me conduire au magasin, afin que je pusse échanger mes habits bourgeois contre l'uniforme de l'École. Je me présentai donc ainsi vêtu pour le dîner, et ma pauvre mère ne put retenir ses larmes en me voyant porter pour la première fois les insignes d'une profession qui me séparait d'elle, peut-être pour toujours.

Emmanuel avait eu le temps de me prévenir que le meilleur moyen de me préserver des épreuves était de me présenter, les poches bien garnies d'argent et de comestibles, dans ma chambrée, dont il faisait lui-même partie. En conséquence nous fîmes acheter, par un employé du magasin, deux bouteilles d'eau-de-vie, deux pâtés et deux saucissons. Je demandai de l'argent à ma mère, et le soir, après avoir reçu ses derniers adieux, nous parvînmes à introduire notre contrebande dans nos shakos et dans nos poches.

On savait dans la chambrée qu'Emmanuel avait été invité à dîner chez le général, parce qu'il était l'ami d'un conscrit qui allait en faire partie, de sorte que, lorsque je me présentai, je ne trouvai pas, selon l'usage, mes futurs camarades armés du redoutable traversin. On m'examinait, on me retournait de tous côtés ; cependant cette hésitation ne dura qu'un moment, et le cri : « A la traversinade ! » se fit bientôt entendre. Je demandai alors la parole, et, m'adressant à mes nouveaux camarades :

« Je sais, messieurs, leur dis-je, que je ne puis me dispenser de subir les épreuves de l'École ; mais je dois vous avertir, avant de commencer l'exécution, que vous allez, sans aucun doute, casser une bouteille d'eau-de-vie que j'ai dans la poche de mon habit, et briser un excellent pâté enfermé dans mon shako ; avant que je me livre à vos coups, permettez-moi de me débarrasser aussi d'une somme de 45 francs que j'ai l'intention de verser à la masse pour ma bienvenue. »

A ces paroles, vous eussiez vu toutes les figures s'épanouir ; les traversins tombèrent des mains comme par enchantement. On me déchargea bien vite du poids de mon argent, de ma bouteille, de mon pâté et de mon saucisson. Emmanuel, qui en portait autant, déposa son fardeau sur la table, et, à l'aspect de toutes ces richesses, il ne fut plus question de traversinade ni de presse à sec ; je fus déclaré *bon enfant* à l'unanimité, et je pus compter autant d'amis que de camarades de chambrée.

Mais si j'étais exempt de toutes molestations dans ma chambrée, je n'en fus pas entièrement quitte de la part du reste de ma compagnie. Pendant la première promenade où je me trouvai, un des élèves s'amusa à placer sa baïonnette dans la poche de mon uniforme. Voulant me prêter à la plaisanterie, je lui offris de porter aussi son fusil pendant quelque temps, parce que je n'avais pas encore reçu le mien.

Il y consentit, et, me trouvant d'une bonne composition, il me prit pour un *bonasse* avec lequel on pouvait tout se permettre. Au bout de peu d'instants, je sentis plusieurs autres baïonnettes glisser dans les basques de mon uniforme. Pensant alors qu'il était temps de mettre un terme à la plaisanterie, je dégageai les baïonnettes de mes poches, les jetai au loin par-dessus les rangs et rendis le fusil à son propriétaire. Les mauvais plaisants furent bien obligés de quitter le peloton pour aller ramasser leur arme ; mais, en y rentrant, l'un d'eux me donna par derrière une tape sur l'oreille. Je me retournai aussitôt et appliquai, sans plus de façon, un vigoureux soufflet à l'élève qui se trouvait derrière moi. C'était justement un des *crânes* de la compagnie. Il s'approche de moi, et, comme j'avais repris le pas, me dit tout bas : « Conscrit, vous savez ce que vaut un soufflet ? Choisissez votre témoin ; nous nous battrons ce soir à la baïonnette dans votre chambrée, où je me rendrai avec le mien. — Cela suffit », répondis-je.

En rentrant de la promenade, je priai Emmanuel

de me servir de second, et nous nous occupâmes d'aiguiser sur une cruche sa baïonnette qui, ainsi que toutes les autres, était épointée, afin de prévenir les duels autant que possible.

Cependant notre querelle et ses conséquences ne pouvaient être un mystère pour les sous-officiers de la compagnie, pris toujours parmi nous. Outre le renvoi comme simple soldat dans un régiment, infligé à tout élève à la suite d'un duel, le sergent-major de sa compagnie et le sous-officier de section étaient immédiatement cassés. On épia donc nos démarches.

Pour tromper cette surveillance, je fis dire à mon adversaire qu'au lieu de prendre ma chambrée pour théâtre du combat, ainsi que cela avait été convenu, je me rendrais avec mon témoin dans la sienne. A l'heure dite, nous nous y glissâmes furtivement par le corridor.

Après avoir transporté la table du milieu de la chambrée sur les lits, on forma le cercle. Nous mîmes habits bas ; nous entourâmes avec notre mouchoir notre main droite, tenant la douille de la baïonnette, et je me plaçai en garde en digne élève de Gomard. Mais au moment où le fer de mon adversaire touchait le mien, et où je venais de parer le premier coup porté, le sergent de ma section, qui me surveillait, ne me trouvant plus dans ma chambrée, se rendit en toute hâte dans celle de Kermès, mon antagoniste. Il entendit le choc des armes, se précipita au milieu de nous et, séparant les combattants, nous ordonna de retourner chez nous, sous peine de faire monter le poste de garde de police pour nous conduire en prison, et d'envoyer un rapport immédiat au général. Malgré les conséquences que je ne pouvais ignorer ou éviter, je voulais à toute force continuer le combat, en envoyant au diable ceux qui tentaient de s'y opposer, lorsque plusieurs de mes nouveaux amis, qui avaient voulu assister à mes premières armes, se jetèrent sur moi et m'emmenèrent de force. A dater de ce moment, ma réputation fut faite, et l'on ne me considéra plus comme un conscrit.

Dans l'intention de consolider entre nous les liens de fraternité d'armes, le général Bellavène avait, sinon autorisé, du moins toléré dans le sein de l'École même la fondation de deux espèces d'ordres maçonniques. L'un s'appelait l'Ordre de la Réunion, l'autre celui de la Concorde. Chacun d'eux avait son grand maître. Malgré mon peu de temps de service, je fus admis dans l'Ordre de la Concorde, dont un élève très distingué, nommé Conrad, était grand maître. Mais le but du général, qui eût pu avoir d'heureux résultats si un seul ordre eût existé et eût été la récompense du mérite reconnu entre nous, se trouva totalement manqué par suite de la jalousie qui régnait entre deux ordres différents, composés de jeunes gens à tête exaltée, toujours prêts à croiser le fer pour le moindre mot équivoque. De fréquents duels étaient la suite de cet état de choses, et, en ma qualité de bon tireur, j'eus souvent à me battre pour soutenir l'honneur de la Concorde.

Je fus, dans un de ces duels, assez grièvement blessé à la cuisse pour que ma mère fût obligée de demander, et assez heureuse pour obtenir, sous prétexte d'affaires de famille, l'autorisation de m'emmener à Paris pour une quinzaine de jours.

CHAPITRE III

TRANSLATION DE L'ÉCOLE MILITAIRE
DE FONTAINEBLEAU A SAINT-CYR.

L'École militaire fut transférée de Fontainebleau à Saint-Cyr à la fin du mois de juillet 1808, et, comme j'avais toujours manifesté l'intention d'entrer dans la cavalerie, je commençai à suivre, outre les autres exercices, le cours d'équitation dirigé par le vieux capitaine Dutertre, remplacé ensuite par le capitaine Ducerf, et en dernier lieu par M. Deleuze.

Nous jouissions, dans ce nouvel établissement, du bonheur de voir plus souvent nos parents, réunis le dimanche dans le parloir de la cour d'entrée. L'Empereur lui-même nous rendait d'assez fréquentes visites avant la campagne de Wagram. Il était reçu par les élèves comme le père le plus chéri, et sa présence, l'attention qu'il portait dans les moindres détails, ses manières affables et gaies, la confiance qu'il nous montrait, tout portait notre dévouement au plus haut degré d'enthousiame. Il nous passait toujours en revue, nous faisait manœuvrer, démonter et remonter toutes les pièces de notre fusil, et nous interrogeait lui-même.

Dans une de ces revues, il s'adressa à un élève nouvellement arrivé à l'École et qu'il remarqua comme tenant mal son fusil au port d'armes :

« Quelle est la longueur de ton fusil? » lui demanda-t-il en le fixant de ce regard qui semblait lire au fond de votre cœur.

Le pauvre jeune homme, totalement intimidé, perdant la tête, se souvint seulement d'avoir été averti par ses camarades qu'il fallait toujours répondre à l'Empereur sans hésitation, dût-on dire une bêtise; et il s'empressa de s'écrier :

« Quinze pieds, sire, quinze pieds! » L'Empereur rit aux éclats de cette réponse, et, pinçant amicalement le bout de l'oreille du conscrit, passa outre en se contentant de lui dire : « Tu ne pourrais pas le porter. »

Mon aptitude pour le maniement des armes et les soins de mon bon instructeur et ami Lemonier m'avaient promptement fait admettre au bataillon, et je fis partie de celui composé de 500 élèves qui fut appelé à Paris par l'Empereur, peu de temps avant la campagne de Wagram, pour assister à une grande revue.

Nous fûmes placés dans la caserne de l'Ave-Maria, et, à peine la nuit arrivée, tous les élèves qui avaient des parents ou des amis à Paris, ou de l'argent dans leur poche, s'évadèrent par les fenêtres et se répandirent dans la ville, à la grande désolation du bon capitaine Viennot qui, pour nous empêcher de sortir, s'était lui-même constitué notre gardien dans le corps de garde de la porte d'entrée.

Le général avait prévu qu'il ne serait pas en son pouvoir de mettre obstacle à ce débordement, et il tremblait dans son juste amour-propre que, pour la revue du lendemain, le bataillon fût loin d'être au complet, ou tout au moins dans une tenue digne de la réputation de l'École militaire. Il m'a avoué depuis qu'il avait éprouvé une des sensations les plus agréables de sa vie, lorsque, après le rappel battu dans la cour, au moment du départ pour les Tuileries, il trouva le bataillon non seulement dans un état d'ordre et de propreté admirables, mais encore sans qu'un seul élève manquât à l'appel.

Je cite cette circonstance comme un des traits les plus caractéristiques de notre dévouement à l'Empereur, et de la crainte que nous avions de mériter ses reproches.

A son entrée dans la cour des Tuileries, le bataillon fut placé à la gauche de l'Empereur, tournant le dos à la grande façade du palais, ayant vis-à-vis de lui la jeune garde, et derrière celle-ci, en seconde ligne, la vieille garde.

L'Empereur, dont notre École était la création, mettait une sorte de coquetterie paternelle à faire montre de notre instruction militaire devant les soldats de la jeune garde, et lorsque les troupes eurent pris leur place par lignes de bataille, M. le général Mouton (depuis comte de Lobau), sur son ordre, s'approcha du bataillon, et de ce magnifique ton de commandement qui se faisait entendre aussi distinctement sur le champ de bataille que dans une revue, il commanda :

Garde à vous, bataillon de l'École militaire, pour porter vos armes !

Le commandement de *Portez armes !* fut fait par Conrad, sergent-major de l'École, et doué lui-même d'une superbe voix de commandement.

A cet appel énergique du général, à celui de notre camarade, le cœur nous battit : mille sentiments divers nous animaient : la crainte de mal faire, le désir de nous distinguer sous les yeux de tant de militaires illustres, firent de cette seconde d'attente une époque dans notre vie. Mais les trois temps qui comptaient ce mouvement furent exécutés avec un tel ensemble, une telle force, une telle précision, que la cour entière du palais retentit du bruit de nos armes. Les croisées se garnirent de têtes, car les sénateurs, parmi lesquels beaucoup d'entre nous comptaient des parents, et la cour impériale, prenaient à nos succès un intérêt tout particulier.

Le maniement d'armes se continua et se termina avec la même supériorité. L'Empereur, dont le visage exprimait la plus vive satisfaction, se porta alors en avant de notre front, et dit au général Bellavène : « C'est fort bien, général, je suis parfaitement content. Donnez-moi un nombre suffisant de vos jeunes gens pour remplir, pendant les manœuvres de la revue, les fonctions de chefs de peloton, de sous-officiers de remplacement et de guides généraux dans ma vieille garde. Désignez aussi celui qui va commander en chef. »

Le général voulait choisir parmi les élèves ceux qui, par leur instruction et leur temps d'école, étaient sur le point d'être nommés officiers ; mais l'Empereur, qui s'aperçut de ce dessein, s'y opposa en disant : « Prenez au hasard, général, ne choisissez pas. » A ces mots, tout le bataillon se débanda ; nous entourions l'Empereur, nous demandions à être désignés par lui; c'est ce qui eut lieu. A peine avait-il indiqué un emploi à occuper, que l'élève partait comme un trait pour éviter la concurrence. Enfin, nos camarades, moins heureux que nous, reprirent leurs rangs éclaircis, et les manœuvres commencèrent.

Demonchy, sergent-major à l'École, jeune homme

très distingué et doué, comme Conrad, d'un timbre de voix magnifique, prononça son *Garde à vous!* de manière à être entendu de tout le monde, et fit manœuvrer avec une assurance qui excita l'admiration générale.

L'Empereur, enchanté, se promenait les mains derrière le dos, en disant à ses aides de camp et à sa brillante cour militaire : « Eh bien, messieurs, que pensez-vous de cette école ? Croyez-vous que ce ne soit pas une pépinière de bons et braves officiers ? »

Un incident assez remarquable vint encore signaler cette revue. L'Empereur avait ordonné à Demonchy de redresser à haute voix toutes les fautes dont il s'apercevrait pendant la manœuvre. Ayant commandé celle-ci : *Par pelotons en arrière à droite !* un des chefs de peloton, vieil officier de la garde impériale, au lieu de s'arrêter de sa personne pour laisser filer son peloton jusqu'au commandement de *Halte, front!* commit la faute de l'accompagner ; Demonchy, s'en apercevant, l'interpella aussitôt et lui dit ce qu'il avait à faire, au grand contentement de l'Empereur.

La revue terminée, nous pouvions compter sur quelque marque de satisfaction de la part de celui qui nous appelait ses enfants ; mais nous ne nous attendions pas à la surprise qu'il nous avait ménagée.

Après le défilé, le général Bellavène se rendit devant le front du bataillon réuni de nouveau, et, d'une voix fort émue, nous dit : « L'Empereur est très content de vous ; il me charge de vous le témoigner, et c'est pour moi une bien douce récompense. Par son ordre, un dîner a été commandé pour vous tous chez Véry. M. le maréchal Duroc est chargé de le présider au nom de Sa Majesté. Nous aurons de la joie, mais j'espère qu'elle ne sera suivie d'aucun désordre. »

Nous traversâmes le palais pour entrer dans le jardin des Tuileries, et, après avoir formé les faisceaux dans la grande allée, nous eûmes la faculté de nous promener jusqu'au moment où les préparatifs du repas seraient terminés ; car, à cette époque, Véry était établi sur la terrasse des Feuillants, à la hauteur de l'emplacement occupé maintenant par le café Berthellemot.

En deux heures, un magnifique dîner de cinq cents couverts fut préparé et servi. Tout se passa d'abord dans le plus grand ordre : on n'entendait que le bruit des fourchettes, occupées à satisfaire cinq cents appétits de seize à dix-huit ans. Peu à peu cependant les conversations s'animèrent ; les toasts à l'Empereur, à l'armée, à la gloire de la France, au maréchal Duroc, notre digne président, échauffaient les têtes

Le général Bellavène, par prudence, avait défendu aux garçons de Véry de nous dire que l'Empereur avait ordonné de nous fournir tout ce que nous demanderions ; mais au moment du dessert, je découvris la ruse. Ayant prié un garçon de m'apporter une bouteille de champagne, que j'offrais de payer, celui-ci, soit par délicatesse, soit parce qu'il n'avait pas connaissance de l'ordre du général, me répondit que l'Empereur ayant ordonné de nous fournir tout ce qu'il nous prendrait fantaisie de demander, il ne pouvait recevoir aucun payement.

On comprend que cette bonne nouvelle se répandit avec la rapidité de la foudre, et que les bouteilles de champagne, dont les bouchons partaient comme un feu de deux rangs bien nourri, se succédèrent sans interruption jusqu'au moment où le vacarme, porté à son comble, obligea le général à lever la séance.

Nous sortîmes de chez Véry comme une troupe de démons lancés dans le jardin, et ce ne fut pas chose facile que de reprendre nos rangs ; quant à nos fusils, nous n'essayâmes même pas de les reconnaître.

Le général, pour ne pas donner un triste spectacle à la foule immense rassemblée autour de nous, envoya mettre en réquisition tous les fiacres qu'il fut possible de se procurer, et nous nous y entassâmes avec nos armes et nos sacs ramassés au hasard.

C'est ainsi que nous rentrâmes à la caserne de l'Ave-Maria. Le repos nous était bien nécessaire après une journée si fertile en événements, précédée d'une nuit si agitée.

Le lendemain, de très bonne heure, nous nous mîmes en route pour retourner à Saint-Cyr.

Ce fut à la suite de cette revue qu'eut lieu cette fameuse levée des trois cents, si mémorable dans les fastes de l'École militaire.

L'Empereur avait voulu d'abord donner l'épaulette aux cinq cents élèves composant le bataillon ; mais, sur l'observation du général Bellavène qu'il n'aurait plus d'instructeurs pour ses recrues, il consentit à lui en laisser deux cents.

Destiné à la cavalerie, je devais voir passer devant moi tous mes camarades partant pour rejoindre les différents régiments d'infanterie qui leur étaient désignés. Pendant ce laps de temps, je fus attaché, avec d'autres élèves, au capitaine d'artillerie Bigot, pour travailler, sous ses ordres, à la confection des fusées à la congrève. Quelque pénible que fût ce travail, puisqu'il s'agissait de frapper cinquante coups de mouton sur chacune des charges dont se composait la fusée, il nous procurait du moins le plaisir de sortir dans la campagne, sous la conduite du sergent d'artillerie Vallée, pour toiser la distance du point de départ à celui de la chute de la fusée, indiqué par la fumée qui s'en échappait. Chaque fusée revenait à 20 francs toute confectionnée. Nous en lancions trois par jour, et l'Empereur se rendit de Trianon à Saint-Cyr, avec toute sa suite, pour être témoin des expériences du capitaine Bigot. Les Anglais n'étaient parvenus jusque-là à les lancer qu'à la distance de 1,200 toises; il réussit à leur donner une portée de 1,800 toises.

L'Empereur, voulant lui-même apprécier la distance, fit une course au clocher à travers champs, au grand embarras de quelques-uns de ses courtisans, obligés de le suivre, et, après le toisé qui donna pour résultat 1,800 toises, il décora le capitaine Bigot, en témoignage de sa satisfaction. Il revint le lendemain à l'École militaire et se rendit au polygone construit par nous-mêmes, et armé d'une pièce de 24, d'une pièce de 16 longue, de deux obusiers et de deux mortiers. Il nous fit faire, en sa présence, l'école du tir, et nous abattîmes vingt-quatre blancs.

J'eus le bonheur d'être interrogé par lui sur la nomenclature des pièces de siège et de campagne, sur la portée des boulets et sur la confection de la poudre. J'étais ferré à glace sur tout cela, et je lui répondis sans hésitation. Il m'adressa enfin cette dernière question :

— Faut-il mettre des gargousses dans les caissons d'infanterie?

— Non, sire, répondis-je.

— Qui t'a dit cela? reprit l'Empereur.

— Mais, sire, rien n'en fait mention dans le traité de M. de Gassendi ni dans les ouvrages que nous étudions; d'ailleurs, les caissons d'infanterie ne sont point confectionnés pour recevoir des gargousses.

— Eh bien, rappelle-toi ce que je vais te dire. M. de Gassendi se trompe à cet égard, ainsi que tous les auteurs. Nous faisons actuellement la guerre à coups de canon, et il est important de mettre des gargousses partout autant que possible; or, on peut en placer dans les caissons d'infanterie, et il faut le faire.

Il fut si satisfait de nous tous qu'il donna ordre au général Bellavène de désigner une vingtaine de nous pour des régiments d'artillerie. Mais il prouva en cette circonstance la fausseté de l'accusation portée contre lui par ses détracteurs, lorsqu'ils prétendent que l'opiniâtreté de son caractère l'empêchait de jamais revenir sur un ordre donné; car le général Bellavène lui ayant observé que nous n'avions pas fait des études assez spéciales pour être admis dans cette arme, et que, d'ailleurs, les officiers d'artillerie n'étant jamais pris que parmi les élèves de l'École polytechnique, nous aurions de la peine à nous maintenir au même rang qu'eux, d'où il résulterait que cette faveur serait pour nous une source continuelle de querelles, l'Empereur se contenta de répondre : « Vous avez raison, général, ils seront placés dans la ligne et n'en seront que plus distingués. »

J'avais été attaché, comme je l'ai dit plus haut, au capitaine d'artillerie pour la confection des fusées à la congrève, et je venais d'être nommé caporal dans la compagnie de chasseurs; cependant l'ennui et le dégoût de l'École s'emparèrent de moi en voyant s'éloigner successivement tous mes camarades, désignés pour l'infanterie, qui faisaient partie de la levée des trois cents. J'en vins au point de risquer mon avenir militaire pour jouir de quelques instants de liberté. Avec de Basseville, Coudroy, Devérine, parent du maître de l'hôtel du Réservoir, à Versailles, et le sergent-major de ma compagnie, d'Hauzen, nous formâmes le projet de nous évader la nuit, au moyen d'une corde à nœuds, pour aller à Versailles faire un bon souper.

La première fois que j'en parlai à d'Hauzen, il en fut malade, et j'eus toutes les peines du monde à le déterminer, même en lui démontrant que nous n'avions rien à craindre, puisque la police intérieure de l'École se faisant par nous-mêmes, il nous serait facile de nous assurer la coopération ou le silence de quelques camarades, qui ne feraient pas partie de notre expédition, mais qui faciliteraient notre sortie et notre rentrée avant le jour. Enfin il y consentit et tout fut préparé pour le surlendemain

Dans l'intervalle, nous parvînmes à introduire dans l'École une forte corde assez longue pour toucher le sol, après avoir été nouée à doubles nœuds de distance en distance, et attachée à la barre du milieu d'une croisée de la 3ᵉ compagnie. Nous prîmes aussi une autre corde pour franchir, à l'extérieur, le mur du jardin potager, dont nous pouvions atteindre le pignon au moyen d'un espalier, et eûmes soin de nous munir d'un sac à distribution pour rapporter le plus de comestibles possible, à partager avec nos complices de l'intérieur.

Le surlendemain, à dix heures et demie du soir, lorsque tout le monde dormait, que les caporaux de planton étaient à leurs postes sur les carrés, et l'officier de semaine retiré dans sa chambre, nous liâmes solidement la corde à la barre de la fenêtre, et Basseville se risqua, le premier, à effectuer cette descente, dangereuse en raison de ce que nous nous trouvions au second étage, et que les plafonds des salles du rez-de-chaussée, servant de réfectoires, sont très élevés.

Basseville était leste et adroit; à l'aide des nœuds de la corde, il arriva à terre sans accident, et nous en avertit en faisant entendre dans l'ombre le signal convenu. J'engageai d'Hauzen à le suivre, mais d'Hauzen était un bon gros Allemand peu propre aux exercices gymnastiques ; il avait bien placé ses deux jambes en dehors de la fenêtre ; le corps penché dans l'intérieur de la chambre, il avait bien saisi la corde entre ses deux pieds, appuyés sur le premier nœud ; mais il fallait que ses mains se cramponnassent à la corde au-dessous de la croisée avant de permettre à ses pieds de se séparer pour glisser jusqu'au second nœud, et c'était le point difficile. Son hésitation, sa position grotesque et ses gestes excitaient notre gaieté et la sienne pendant qu'il nous déclarait qu'il ne se sentait pas doué de l'agilité nécessaire à une pareille entreprise.

Je joignis alors l'exemple au précepte, la pratique à la théorie, et fus bientôt auprès de Basseville à qui je fis part de notre embarras relativement à la descente de d'Hauzen. Puis, prenant aussitôt une résolution, je regrimpai à la corde et revins auprès de mes camarades d'en haut. D'Hauzen, surmontant alors toute crainte, commença son voyage aérien, en faisant les mouvements de bras et de jambes que je lui indiquai.

Penché en dehors de la croisée, nous le vîmes disparaître peu à peu dans l'obscurité ; malheureusement, arrivé à hauteur du premier étage, il confondit le nœud de la corde avec le support de la fenêtre ; en voulant s'en détacher, il ne fut pas assez adroit pour ressaisir la corde entre ses jambes, ses bras se tendirent pour supporter le poids du corps, il glissa jusqu'au nœud suivant ; mais ses mains, ne pouvant résister à la secousse, s'ouvrirent, et notre pauvre camarade ne put éviter une chute, qui nous fut annoncée par un bruit sourd et terrible.

En un instant, je fus à terre ; Basseville s'occupait des soins à donner ; par bonheur, notre brave Allemand n'était qu'étourdi par des contusions qui eussent assommé tout autre, et, grâce à quelques arbres fruitiers formant espaliers contre le mur, sa chute avait été moins grave que nous ne devions le craindre. Devérine et Coudroy vinrent nous rejoindre, et d'Hauzen, ayant repris ses sens au bout de quelques minutes, demanda lui-même à continuer l'expédition.

Nous traversâmes le potager à pas de loup, le mur à franchir était un jeu d'enfant, auprès de ce que nous venions de faire. La corde, attachée à un gros cep de vigne, fut laissée pendante extérieurement pour notre retour ; et comme nous nous trouvions dans la campagne, non loin du polygone, dans un lieu désert et à peine fréquenté même dans le jour, nous étions sûrs de la retrouver.

Nous gagnâmes la route de Versailles, aussi vite que les forces de d'Hauzen le lui permirent. Mais tel est le charme de la liberté qu'arrivé dans cette ville, introduit avec nous sous les auspices de Devérine à l'hôtel du Réservoir, assis à une bonne table préparée d'avance, il ne souffrit pas plus de sa chute que si elle n'eût pas eu lieu, et qu'il ne voulait pas rentrer à l'Ecole militaire à cinq heures du matin, répondant à nos instances avec tout le flegme germanique :

— Nous sommes bien ici, et j'y reste.

Nous le ramenâmes moitié de gré, moitié de force. Notre rentrée, grâce aux intelligences de l'intérieur, s'effectua sans accident, et, avant de grimper à la corde, nous eûmes soin de faire hisser avec précaution le sac à munitions, bien garni de bouteilles et de comestibles. Tant que les provisions duraient, nous prenions patience ; mais le fond du sac amenait ordinairement les préparatifs d'une nouvelle excursion.

C'était jouer gros jeu, car notre passage dans le potager, qu'il fallait traverser, laissait des traces, et le général Bellavène en fut instruit par les agents de sa police intérieure. Cependant, comprenant notre impatience de porter l'épaulette, retardée parce que l'Empereur ne demandait pas d'officiers de cavalerie, il ferma les yeux pour ne pas nous perdre en sévissant. Je tiens ces détails de lui-même.

L'Empereur, avant son départ pour la campagne de Wagram, continuait ses visites assez fréquentes à l'École militaire. Souvent, il nous envoyait le produit de ses chasses dans les forêts qui entourent Versailles, et nous voyions avec grand plaisir arriver force gibier de toute espèce, dont la préparation retrempait la main de notre vieux cuisinier, ancien maître d'hôtel de la princesse de Monaco.

Enfin, le jour si ardemment désiré de ma sortie

de l'École militaire arriva. Dès le matin, après avoir rendu mes effets à la lingerie, je me tins à l'affût pour voir venir, du plus loin possible, la voiture de la belle et bonne Mme Durand, qui accompagnait souvent ma mère dans ses visites du dimanche, et qui devait venir me chercher avec elle. Mon cœur battit à rompre ma poitrine quand je la vis tourner le coin de la rue de l'École.

Peu d'instants après, le général me fit dire de me rendre dans son pavillon. J'avais peine à contenir les élans de ma joie que mon excellente mère partageait si vivement. Le général, après une courte allocution où il disait que, malgré la pétulance de mon caractère, il était persuadé que je ferais un bon officier, me remit mon brevet en m'embrassant et me rendit à la liberté. Nous partîmes immédiatement pour Versailles, où je fis honneur à un bon déjeuner, et arrivâmes le soir à Paris. Mon père ne se fit nullement prier pour fournir amplement à tous les frais de mon équipement militaire.

CHAPITRE IV

DÉPART POUR L'ARMÉE.

J'avais été nommé dans le 8ᵉ régiment de chasseurs à cheval, commandé par le colonel Curto, dont mon père était connu et à qui M. Tabarié, chef du personnel, et tout-puissant au ministère de la guerre, m'avait recommandé particulièrement en lui annonçant ma nomination.

Dès que mes uniformes furent prêts, ma bonne mère me priait souvent de l'accompagner, sous prétexte de visites indispensables à rendre avant mon départ, et je remarquais qu'elle prenait toujours le chemin le plus long pour me faire passer devant des factionnaires et jouir de la satisfaction de leur voir porter les armes à mon passage. Dans son amour-propre flatté, elle croyait convenable de rendre avec moi le salut d'usage, et, en se redressant, elle jetait un coup d'œil de triomphe et d'orgueil sur tous les passants. Excellente femme, modèle de tendresse maternelle, je n'ai pas à me reprocher de ne l'avoir point payée de retour, car j'ai toujours eu pour elle tout l'amour du fils le plus tendre et toute la confiance de l'ami le plus sincère.

Nous occupions alors un grand appartement au rez-de-chaussée, rue de Ménars. Après un mois de séjour à Paris, je dus me mettre en route pour rejoindre mon régiment en Italie. La veille de mon départ, nous étions à table, lorsque ma mère entendit le valet de chambre de mon père faire ma malle et clouer une caisse. Ce bruit retentit dans son cœur comme si elle eût entendu clouer mon cercueil, et il est vrai de dire qu'en raison de la grande consommation d'officiers qui se faisait à cette époque, il y avait beaucoup d'analogie. Mon père, lui-même, en fut vivement ému; mais ma mère s'évanouit, et ne reprit ses sens que pour éclater en sanglots. Je la rassurai de mon mieux, lui disant que tous les boulets ne portaient pas, et que je sentais en moi le pressentiment, la certitude de la revoir. Rien ne put la calmer, et la nuit fut horrible pour elle. Le lendemain, je partis en malle-poste pour rejoindre mon régiment à Brescia, où il était en garnison.

M. Sieyès, administrateur général des postes, me recommanda à un courrier qui lui était dévoué, et je me rendis à Lyon dans une de ces anciennes malles-poste consistant en une espèce de caisse supendue à l'aide de fortes soupentes, et ne contenant qu'une place de voyageur à côté du courrier, dans un cabriolet fermé par un rideau de cuir.

Le courrier, ne croyant mieux faire honneur au protégé de son chef supérieur qu'en lui offrant souvent à boire, et mon titre d'officier de cavalerie légère me portant, beaucoup plus par amour-propre que par goût, à lui tenir tête, nous vidâmes un cruchon de kirsch avant notre arrivée à Lyon.

Je payai cher cet excès, car, en descendant de voiture, je fus pris d'une si forte fièvre que je dus m'arrêter près de deux mois dans cette ville, chez M. Thibault, ancien ami de ma famille.

Je n'étais pas en état de jouir des plaisirs de cette

seconde capitale de la France ; mais dans un de mes intervalles de fièvre, je fis la connaissance d'un brave garçon, nommé Rascas, aide de camp du général Claparède, et venu à Lyon pour s'y faire soigner, par le fameux docteur Vérissel, d'une blessure reçue pendant la dernière campagne. Enfin, je fus en état de me remettre en route et me dirigeai sur le mont Cenis par Chambéry.

Les voitures ne faisaient pas grande diligence à cette époque; parvenus au pied de cette belle partie des Alpes, la route à parcourir se déroulait à nos yeux comme un ruban blanc dont le cône, qui forme ce pic si élevé, paraissait entouré à perte de vue.

Tous les voyageurs mirent pied à terre, tant pour jouir des points de vue pittoresques qui se découvrent à mesure qu'on s'élève, que pour se dégourdir les jambes et respirer un air si pur. La route, se dessinant en spirale à une hauteur prodigieuse, me fit concevoir l'idée de m'y rendre en escaladant en ligne directe le flanc de la montagne. Je demandai au conducteur de la diligence combien de temps il faudrait à la voiture pour parvenir à la route supérieure; il me répondit qu'elle n'y serait point rendue avant trois quarts d'heure, et alors, supposant qu'il ne me faudrait pas plus d'un quart d'heure pour y arriver, je commençai mon *steeple-chase* pédestre.

Mais je n'avais pas prévu les difficultés que j'aurais à surmonter. Tantôt j'enfonçais jusqu'à mi-jambe dans la neige, et je ne m'en tirais que pour retomber jusqu'à la ceinture dans une autre fondrière, me cramponnant avec effort aux arbustes et ne faisant un pas qu'avec la plus grande peine. Arrivé à moitié de la distance, je jetai un coup d'œil en arrière dans l'intention de renoncer à cette folle entreprise et de redescendre sur la route à mon point de départ ; mais je sentis qu'il y avait autant et peut-être plus de danger à descendre qu'à monter, et que d'ailleurs je serais trop fatigué pour pouvoir rejoindre la diligence.

Je continuai donc mon ascension, et enfin, trempé de sueur, les mains et le visage en sang et mes habits déchirés, je me hissai sur la route, où l'épuisement de mes forces me fit tomber, et où les voyageurs plus prudents qui avaient suivi la voiture me ramassèrent peu d'instants après.

J'étais trop jeune et trop vigoureusement constitué pour qu'une demi-heure de repos ne m'eût pas replacé dans mon état normal. Parvenu à l'extrémité du pic, je sautai à terre à l'aspect de la belle Italie, étalant sous mes yeux tous les charmes de sa terre poétique, de son doux climat et de son ciel si pur.

Pour y arriver plus vite et me dédommager par une descente rapide de la lenteur de mon ascension, je fis avec deux autres voyageurs le trajet du versant opposé par le moyen dit la *ramasse*. Il consiste à se placer dans un traîneau dirigé dans sa course furieuse par un guide assis sur le devant, et dont les pieds et les mains sont armés de crampons de fer.

On vous pousse sur le bord de la route comme dans le char d'une montagne russe artificielle, et vous parcourez ainsi en quelques minutes une distance que la voiture publique met une heure à franchir. Cela m'amusa beaucoup, et je réparai le désordre de ma toilette dans une assez bonne auberge du village situé au pied du mont Cenis. Là, je fis connaissance avec la *polenta*, mets universel en Italie.

J'avoue que je la trouvai détestable, mais par la suite je m'y habituai et finis par la trouver bonne en raison de l'assaisonnement. C'est la sauce qui fait le poisson.

Nous poursuivîmes notre route jusqu'à Turin, que nous apercevions placé au milieu de la plaine comme un château de cartes sur une table. Je fus émerveillé de la beauté et de la régularité des rues, toutes tirées au cordeau et se croisant à angle droit. La Strada del Pô, qui traverse la ville et aboutit au fleuve dont elle porte le nom, est bordée d'arcades des deux côtés et de beaux magasins. Elle est consacrée à la promenade de la bonne compagnie, et il serait difficile de rencontrer ailleurs une plus grande réunion de jolies femmes.

Je pris mon logement chez Dufour, le meilleur hôtel de la ville, et, après ma toilette, je me fis conduire chez M. Jaubert, pour qui j'avais une lettre d'introduction. Il était parent de la famille Sieyès, et avait été placé comme contrôleur des postes à Turin par la protection de l'administrateur général.

Il me reçut avec beaucoup d'amitié et m'engagea à dîner chez Dufour même; après quoi il me conduisit au théâtre Carignan. J'avais été élevé à Paris dans toutes les jouissances d'une grande fortune, habitué au luxe du grand Opéra et des riches toilettes; je me rendais au spectacle plutôt pour employer agréablement ma soirée que dans l'espérance de voir quelque chose de mieux qu'à Paris; mais, véritablement, quand je fus placé à l'orchestre, je me trouvai dans le même étonnement que doit éprouver le plus petit provincial, le plus rustique campagnard de France, qui assiste pour la première fois à la plus brillante représentation de l'Opéra. Notre dîner s'étant prolongé un peu tard, l'opéra était commencé quand nous prîmes place. Je fus ébloui de la mise en scène, de la perfection des décors, de la richesse des costumes et de la beauté des actrices.

Je ne pouvais me persuader que les derniers plans fussent représentés sur une même toile de fond, tant il y avait d'art dans la peinture comme dans la gradation de la lumière. L'opéra avait pour titre et pour sujet l'*Entrevue d'Antoine et de Cléopâtre*, et cette belle reine d'Égypte n'était certainement pas plus belle ni aussi jolie que celle qui se présentait à mes yeux.

L'intérieur de la salle, quoique faiblement éclairé, dans l'intérêt de la scène qui produit alors beaucoup plus d'effet, était cependant embelli par une foule des plus jolies femmes de Turin, où elles ne sont pas rares. Je fus étrangement surpris en assistant à ce spectacle.

Lorsque certaine partie de la pièce n'était pas de nature à intéresser vivement les spectateurs, les rideaux dont toutes les loges sont garnies se fermaient, et on s'y livrait, dans l'intérieur, à une conversation aussi animée que si elle eût eu lieu dans un salon, ce qui produisait un bourdonnement général qui ne permettait point à un étranger de suivre la représentation. Une prima donna, un premier ténor avait-il à chanter un morceau goûté et apprécié du public, aussitôt tous les rideaux s'ouvraient comme par un même cordon, et le silence le plus profond régnait dans la salle. Les applaudissements les plus bruyants, les cris unanimes étaient la récompense de l'acteur, qui saluait humblement à plusieurs reprises; après quoi, les rideaux des loges se refermaient jusqu'à une nouvelle circonstance semblable, et chacun reprenait ou sa conversation interrompue, ou même sa collation ; car on soupe souvent dans l'intérieur d'une loge de spectacle, par suite de cette facilité de s'isoler ainsi du public.

J'appris alors que tout cela provient de ce que, en Italie, une loge au théâtre est une propriété comme une maison. Les salles de spectacle se construisent au moyen d'une souscription générale des principaux habitants de la ville, et la première condition imposée par les souscripteurs consiste dans la propriété d'une loge, dont le prix est en rapport avec la position qu'elle occupe dans la salle. Cela ne les empêche point de prendre un abonnement, mais le directeur ne peut jamais disposer de leur loge, et les étrangers ne peuvent trouver place qu'au parterre ou à l'orchestre.

J'eus bientôt parcouru la ville, et, si j'avais été frappé de son aspect extérieur, de la beauté des maisons et des rues, je fus bien désenchanté par la malpropreté de l'intérieur : les corridors, les paliers des hôtels les plus magnifiques, servant de dépôt à des immondices de toute espèce, étaient aussi sales que les plus mauvais taudis d'une petite ville de province en France.

J'avais arrêté une place dans un voiturin qui partait le surlendemain pour Milan. Je montai en voiture avant le jour, et, encore à moitié endormi, je m'établis dans un des coins du devant, et, m'enveloppant dans mon manteau, je ne tardai point à reprendre mon sommeil. Il était grand jour quand je me réveillai, et je fus bien agréablement surpris de me trouver en face d'une fort jolie femme, avec laquelle je ne pus cependant lier aucune conversation, par la très bonne raison qu'elle ne disait pas un mot de français, et que je n'avais encore pu attraper que quelques mots d'italien. Cependant je parvins à comprendre qu'elle se rendait à Venise, en passant par Milan et Brescia, but de mon voyage, que sa mère habitait cette dernière ville, et que son mari était établi à Venise.

Rien n'est triste et monotone comme un voyage en voiturin, puisque ce sont les mêmes chevaux qui vous conduisent à destination, et qu'ils n'ont pas d'autre allure que le pas et quelquefois le petit trot. Il m'importait beaucoup de m'assurer jusqu'à Brescia d'une aussi agréable compagne de route, et je fus assez heureux pour la déterminer à m'attendre trois jours à Milan, où elle avait des amis, et où j'étais bien aise de m'arrêter pour y voir quelques camarades de pension et d'École militaire, tels que de Sanois et Guidy, tous deux officiers dans le 6e régiment de hussards, en garnison à Milan, et commandé alors par le colonel Valin.

Nous menâmes joyeuse vie avec ces deux braves garçons, et je fis connaissance avec les officiers de ce magnifique corps, qui formait brigade avec le 8e chasseurs dont je faisais partie. Il régnait cependant peu de sympathie entre les deux régiments, par suite d'une surprise aux avant-postes, qui avait eu lieu pendant la campagne de Wagram, par la faute du 6e hussards, et dont le blâme avait rejailli sur le 8e chasseurs fort injustement. Et à cette occasion je ne puis m'empêcher de consigner une observation qui m'a été suscitée depuis par l'expérience, et qui consiste dans le danger de laisser embrigadés ensemble deux régiments qui ne se conviennent pas ou qui ne vivent point en bonne intelligence. Il en résulte qu'en temps de guerre, si un des deux régiments se trouve dans une mauvaise position, l'autre ne met pas à l'en tirer tout l'entraînement convenable; que les duels entre officiers sont fréquents, et que les rivalités de position, en marche, au bivouac ou devant l'ennemi, sont des causes journalières d'animosité entre les deux corps, animosité qui s'étend du colonel jusqu'au dernier des soldats. J'ai été témoin de tout cela pendant la campagne de Russie, et j'aurai souvent occasion d'en donner la preuve.

CHAPITRE V

ARRIVÉE A BRESCIA, SÉJOUR PENDANT LES ANNÉES
1810 ET 1811.

Après trois jours de séjour dans cette délicieuse capitale de la Lombardie, nous frêtâmes un voiturin à quatre places, dont ma jolie compagne de Turin devait occuper la première, et nous rendîmes à Brescia, éloignée de vingt lieues seulement. Elle continua sa route pour Venise après avoir reçu la visite de sa mère, et je n'en entendis plus parler, car je ne pus pas même la découvrir deux ans après pendant un séjour de huit jours que je fis à Venise, et dont je parlerai quand il en sera temps.

Je me rendis aussitôt chez le colonel Curto pour m'excuser sur mon retard forcé et sur mon séjour à Lyon. Il prit assez bien la chose. « Mais, me dit-il, actuellement que nous ne sommes plus en campagne, il faut, avant de porter l'épaulette d'officier, suivre toutes les gradations intermédiaires. En conséquence vous ferez, à dater de demain, une semaine de simple chasseur, qui sera suivie d'une semaine de brigadier, et enfin une semaine de maréchal des logis. » Ce noviciat me parut un peu dur avec mon brevet d'officier dans ma poche et mon temps d'École militaire ; mais il fallut en passer par là. Le dimanche, je fus désigné de garde chez le colonel, et montai ma faction à la porte de la rue.

Mes camarades, qui m'aimaient déjà tous, s'amusaient à passer souvent devant moi pendant mes heures de faction pour m'exercer à porter les armes, car l'habit bourgeois nous était sévèrement défendu.

Le service du poste eut bien de la peine à se faire régulièrement pendant la nuit, car tous les chasseurs et le brigadier étaient gris. Jusqu'au dimanche suivant, je pansai deux fois par jour un des chevaux du régiment, je me rendis aux distributions de fourrages, de pain, de viande, et fis toutes les corvées de quartier et d'écurie qui sont prescrites par le règlement pour un simple soldat. Je remplis dans les mêmes détails les fonctions de brigadier, montai ma garde de ce premier grade et ne manquai pas de griser le poste entier, jusqu'à ce qu'enfin, après une troisième semaine de maréchal des logis, une troisième garde, une troisième grisade bien complète à laquelle participèrent plusieurs anciens officiers sortis des rangs du régiment, je pus placer mon épaulette sur mon uniforme.

Selon l'usage généralement établi dans les corps, le colonel me mit sous le patronage d'un ancien officier nommé Antoine, bon camarade et d'un caractère doux. Un autre jeune sous-lieutenant piémontais nommé Martini fut confié au camarade Blin, dit *Cadet*, type des vieux troupiers de l'armée et le plus amusant que j'aie jamais rencontré dans ma carrière militaire. Comme son pupille était sans fortune, il querellait continuellement Antoine sur la préférence que lui avait donnée le colonel en le chargeant de mon instruction de détail.

« Il arrive, disait-il, au régiment deux jeunes gens

dont un a de l'argent plein ses poches et l'autre n'a pas le sou, et, au lieu de donner le riche au pauvre Cadet Blin, on le donne à ce gros Antoine, tandis que je suis chargé d'un misérable petit Italien qui n'a pas seulement de quoi me payer la goutte. »

Pour tempérer sa mauvaise humeur, je la lui payais souvent moi-même lorsque nous nous rendions le matin à l'instruction des classes, à cheval, dans le Champ de Mars, et je l'engageais à déjeuner ou à dîner au *Gombaro*, le meilleur hôtel de la ville. Aussi m'avait-il pris en amitié, et venait-il souvent chez moi, furetant partout, ouvrant tous mes tiroirs et me débarrassant des objets qu'il jugeait superflus, tels que galons que j'avais apportés de Paris, vieilles épaulettes, etc. Il les faisait brûler adroitement en les entortillant de papier pour en extraire l'argent pur, qu'il allait vendre chez un orfèvre pour en consommer le produit.

En arrivant à Brescia, je m'étais présenté, muni d'une lettre de recommandation, chez le comte Martinengo, dont la maison était une des meilleures de la ville, et la famille une des plus anciennes du nord de l'Italie. J'avais apporté un recueil des plus jolis quadrilles de l'époque. En Italie, on dansait encore une espèce de danse dite *la colonne*, qui consiste à faire de nombreuses passes, les danseurs et les danseuses formés en rangs serrés. Les contredanses françaises commençaient seulement à être connues et faisaient rage.

Je devins en peu de temps le maître de danse de la bonne compagnie. Les invitations m'arrivaient de tous côtés, et, au bout de quelque temps, *la colonne* fut reléguée dans les bals de grisettes. Nous étions logés par billet de logement chez les habitants, et un de mes camarades ayant eu la complaisance de me céder le sien chez la jolie marquise K..., que je voyais souvent dans le monde, je m'y installai et n'en eus point d'autre jusqu'à notre départ pour la campagne de Russie.

En 1811, l'aimable et brave prince Eugène se rendit à Brescia avec la princesse Amélie et toute sa cour, pour faire manœuvrer les troupes de l'armée d'Italie, réunies au camp de Monte Chiaro, situé à quatre lieues de la ville. Ce camp se composait de 20,000 hommes, et les manœuvres avaient lieu deux fois par semaine.

Le 8ᵉ chasseurs n'avait point été déplacé de sa garnison. Ainsi, nous avions huit lieues de route à faire, outre les grandes évolutions qui commençaient à cinq heures du matin, et n'étaient interrompues, jusqu'à quatre heures du soir, que par un repos de deux heures.

Tous les autres jours de la semaine étaient consacrés à des bals magnifiques ou à de grandes représentations théâtrales dans la salle de spectacle nouvellement bâtie. La loge seule du vice-roi avait coûté 25,000 francs, et ses peintures, comme son luxe intérieur, étaient dignes d'admiration.

Il va sans dire que j'étais, sinon un des principaux invités, du moins un des plus indispensables, car la journée était employée à la répétition des contredanses françaises, où toutes ces dames tenaient à honneur de pouvoir figurer, et, à l'heure du bal, c'était à qui danserait avec le jeune Parisien.

Le prince lui-même m'invita gracieusement plusieurs fois, écartant la foule des généraux qui l'entouraient, à venir me placer, avec la danseuse de mon choix, devant le fauteuil élevé occupé par la vice-reine.

Rien n'est comparable à l'attachement que toute l'armée avait pour le prince Eugène. Ce n'était pas seulement un dévouement sans bornes, une confiance aveugle dans son mérite et dans son courage; c'était la tendresse des enfants pour leur père, d'un ami pour l'ami le plus cher. Il connaissait par leurs noms tous les officiers de mon régiment, et ne nous adressait jamais la parole qu'avec le ton de la plus douce familiarité ; aussi notre amour pour lui s'étendait-il depuis le colonel jusqu'au dernier chasseur.

Il nous a souvent vus pendant la campagne de Russie, et lorsqu'il se présentait devant le front du régiment, s'informant nominativement de chacun de nous, de nos blessés, de nos faits d'armes, tous les cœurs étaient heureux de sa présence, toutes les mains auraient voulu presser la sienne.

Les Italiens mêmes partageaient notre enthousiasme pour ce brave et noble prince; les familles riches de Brescia se disputaient l'honneur de lui donner des fêtes, et tous convenaient que l'Italie eût été bien heureuse sous un tel roi.

Je suis persuadé que le souvenir de notre séjour de plus de deux années dans cette charmante garnison est resté gravé dans la mémoire des habitants. Après comme avant les fêtes du camp de Monte Chiaro, les Brescians se rappelleront les comédies et les vaudevilles français représentés dans l'ancienne salle de spectacle par le corps des sous-officiers du 9ᵉ régiment d'infanterie de ligne, composé presque entièrement de Parisiens.

Les jours de représentation, la salle était pleine

jusqu'aux combles, et la recette, déduction faite des frais, était versée dans la caisse des pauvres de la ville.

On ne peut se faire une idée de l'hilarité générale produite par l'entrée en scène d'un jeune fourrier habillé en première amoureuse, bien fardé, bien serré dans un corset, et costumé de manière à rendre l'illusion complète, jusqu'au moment où, entonnant un couplet, il dévoilait son sexe par une voix de basse-taille.

Les bouffonneries du répertoire des Variétés et du Vaudeville amusaient infiniment ces dames, peu habituées à ce genre d'esprit ; car, en général, si la musique est excellente, ce n'est pas ce dernier qui domine dans un opéra italien.

Pendant le carnaval de 1811, nous donnâmes à la ville la représentation du drame de la *Veuve du Malabar*. On avait dressé, sur la place du Dôme, un grand échafaud en forme de bûcher, sur lequel la veuve infortunée devait se brûler, pour ne point survivre à la perte de son mari. Le même fourrier dont j'ai parlé plus haut était chargé de ce rôle. Vêtu d'une robe de crêpe noir, couvert de voiles, et entouré d'une garde nombreuse, il traversa les principales rues de la ville pour se rendre sur le lieu du supplice, aux grands applaudissements du public qui encombrait son passage et garnissait toutes les croisées, d'où tombait une grêle de petites boules en plâtre jetées au moyen de grandes cuillers de bois.

Le 8ᵉ chasseurs, partagé en plusieurs détachements commandés par des officiers, déboucha sur la place, et exécutant une charge sur les soldats d'escorte, délivra ainsi la malheureuse veuve, qui fut promenée en triomphe dans toutes les rues de Brescia.

Quoique le colonel Curto ne fût pas riche, il donnait cependant des soirées brillantes où, selon l'usage français, on servait un souper, au grand étonnement et à la grande satisfaction des Italiens, fort amateurs de bonne chère. Ils regardaient comme une magnificence inouïe d'avoir vu servir, chez *le grand Curto*, trois espèces différentes de potage : *menestra al riz, menestra bianca* et *menestra verda*, c'est-à-dire potage au riz, potage au lait d'amandes et potage à la purée.

Cependant les bruits précurseurs d'une entrée en campagne commencèrent à se répandre vers la fin de l'année 1811, et, malgré les délices de Capoue, nous étions tous heureux à l'idée de faire la guerre, et attendions avec impatience notre ordre de départ. Nous le reçûmes enfin, le 20 janvier 1812, pour le 6 février suivant. Le colonel Curto, ayant été nommé général, était parti pour l'Espagne. Le commandement du régiment fut donc confié par intérim à M. le chef d'escadron Verdières, depuis général, et devenu remarquable par son obésité après l'avoir été par son esprit et sa gaieté : nous l'aimions beaucoup.

Il avait reçu, avec notre ordre de route, celui d'envoyer prendre à Turin une forge de campagne dont chaque régiment de cavalerie devait être pourvu.

Pensant avec raison que je ne serais pas fâché de prolonger un peu mon séjour à Brescia, afin d'avoir le temps d'y faire mes adieux, et qu'alors je ne demanderais pas mieux que de me rendre en poste à Turin, pour y recevoir la forge destinée au 8ᵉ chasseurs, prendre la clef du caisson, et revenir ensuite, pendant que les chasseurs fourgonniers feraient le voyage par étapes, il me proposa de me charger de cette mission, ce que j'acceptai avec empressement.

Je me rendis en toute hâte à Turin, le jour même du départ du régiment ; je reçus la forge, donnai ordre de la remettre aux fourgonniers porteurs de la feuille de route, et repartis immédiatement pour Brescia.

Privée de sa garnison, car le 9° de ligne était parti comme nous, la ville me parut presque déserte.

Je profitai des huit ou dix jours que j'avais à ma disposition avant de rejoindre mon corps à Trente, en Tyrol, pour faire, avec mon hôtesse, la comtesse M... et son cavalier servant, une excursion à Venise. Nous fîmes ce joli voyage dans la berline de la marquise K..., et, pendant les huit jours que nous passâmes dans cette ville, dont toute description ne peut donner qu'une faible idée, je suis persuadé de n'avoir pas dormi six heures. Nos nuits se passaient à courir les bals et à nous promener en gondole, et finissaient ordinairement à la grande réunion de la *Fenice*. Dans la journée, je visitais les monuments encore si pleins de souvenirs de cette opulente république, le palais du doge, l'arsenal, la bibliothèque, le Rialto, et tout ce qui attire l'attention et l'admiration des étrangers.

CHAPITRE VI

DÉPART DE BRESCIA POUR LA CAMPAGNE
DE RUSSIE.

Après une semaine de cette vie enchantée, il fallut bien se décider à retourner à Brescia pour la dernière fois. Je croyais sortir d'un rêve fantastique, de la réalisation d'un conte des *Mille et une Nuits*. Mais j'étais harassé de fatigue. En arrivant, je me concertai avec le capitaine Dufour, retenu en arrière par une maladie, pour rejoindre le régiment, et, le surlendemain, nous prîmes en commun une voiture qui nous conduisit à Peschiera, où nous nous embarquâmes sur le lac de Guardia.

Rien n'est plus magnifique et plus pittoresque que l'aspect du paysage qui s'offrit alors à nos yeux, comme pour contribuer encore à augmenter nos regrets de quitter ce beau ciel.

Le lac de Guardia a sept lieues de longueur sur une lieue environ de large. D'un côté, l'œil se repose sur des plantations d'orangers en pleine terre et sur les jolies habitations qui bordent le rivage. La brise qui venait de ce paradis terrestre nous entourait d'une atmosphère embaumée. La jolie ville de Peschiera, construite en amphithéâtre, dominait le paysage ; nous distinguions les équipages et les cavaliers parcourant la route qui suit les bords du lac, en se rendant aux différentes maisons de campagne appelées *roncos*. Tout, dans ce tableau animé, respirait le bonheur et le plaisir, tout excitait nos regrets, à nous, pauvres aventuriers nomades, qui nous éloignions pour toujours du plus beau pays du monde pour aller mourir sous le ciel glacé de la sauvage Russie.

Les Italiens, en nous voyant partir, ne pouvaient s'empêcher de s'écrier : *Quel peccato d'i far taillar quella bella gioventù!* « Quel péché d'envoyer à la boucherie cette belle jeunesse ! » Mais telle était notre destinée, et nous la remplissions avec autant de dévouement que d'enthousiasme.

Nous débarquâmes à l'extrémité du lac, au pied des montagnes du Tyrol, dans le petit port de Riva.

On pénètre dans cette ville par un escalier en limaçon construit dans le roc, et, à peine en a-t-on gravi quelques marches, que la belle Italie disparaît à vos yeux, comme lorsque la toile se baisse au théâtre sur une décoration magique. De tous côtés, on ne voit plus que des monts d'inégale hauteur, des routes étroites et tortueuses, et, à mesure qu'on s'élève dans les gorges qu'elles parcourent, on est saisi par le froid produit par des pics couverts de neige, ou le vent qui s'engouffre et circule dans les vallées.

Cependant, cette partie du Tyrol italien est parsemée de villes et de villages d'une propreté remarquable. Celle de Roveredo, que nous atteignîmes le soir même, est parfaitement construite et semble comme couchée sur le revers de la montagne. Le lendemain, nous arrivâmes à Trente, où nous trouvâmes le régiment, et où notre nouveau colonel, M. le comte Edmond de Périgord, nous rejoignit.

C'est de là que peut dater notre entrée en campagne. Le chef d'escadron Verdières ayant obtenu, peu de jours avant, de passer avec son grade dans les lanciers rouges de la garde impériale, n'était déjà plus au régiment lorsque notre jeune colonel y arriva, et le commandant Planzeaux fut chargé de le recevoir.

M. le comte de Périgord, depuis duc de Dino, puis duc de Talleyrand, par suite de la mort du prince de Talleyrand son oncle, avait environ vingt-cinq ans lorsqu'il vint prendre le commandement du 8e régiment de chasseurs à cheval. Marié depuis un an à la princesse de Courlande, il jouissait à cette époque d'une magnifique fortune. Nous fûmes tous flattés de voir à notre tête un jeune homme d'aussi grande espérance, dont le crédit ne pouvait manquer d'être utile à l'avancement des officiers placés sous ses ordres ; mais notre attachement pour lui devint bientôt personnel, à mesure que nous pûmes apprécier les qualités éminentes qui le distinguaient. Charmés d'abord de ses bonnes manières, de sa générosité, du soin qu'il mettait à nous dédommager des ennuis d'une longue route par étapes, en donnant, dans toutes les villes où nous faisions séjour, des bals et des fêtes, nous dûmes joindre à notre dévouement les sentiments de la plus haute estime, lorsque nous pûmes apprécier son courage et le sang-froid qu'il conservait sur le champ de bataille.

J'aurai souvent occasion de parler de lui, parce que les faits de cette campagne mémorable étant encore présents à mon souvenir, j'entrerai à ce sujet dans tous les détails. Il suffit de dire que, dès le moment de son arrivée au corps, ma destinée fut tellement liée à la sienne que les principaux événements de ma vie militaire nous sont pour ainsi dire communs, et que, depuis cette époque, son amitié pour moi et mon dévouement pour lui ne se sont jamais démentis.

En arrivant au corps, je trouvai un de mes chevaux boiteux par suite d'un coup de pied très grave. C'était une belle et bonne jument bai cerise que le major Cabane m'avait vendue au moment de se séparer de nous pour se rendre en France, et y prendre le commandement du dépôt du régiment en garnison à Gray.

Mon second cheval était un jeune normand que le colonel Curto avait fait venir avec deux autres chevaux pour lui, l'année précédente, et que j'élevais depuis ce moment avec tous les soins imaginables. Forcé de le monter tous les jours jusqu'à la guérison de ma jument, cette fatigue se trouva bientôt au-dessus de ses forces, et je fus obligé de m'arrêter pendant trois ou quatre jours pour compléter la guérison de l'une et laisser reposer l'autre.

Cependant, nous étions partis de Trente pour continuer notre route à travers le Tyrol, en passant par Lavisse, Newmarck, Brixen, Botsen, et nous dirigeant vers la Bavière. Cette marche dans les montagnes dura vingt-deux jours. Le froid était si intense que nous étions obligés de faire la majeure partie de l'étape à pied, en conduisant nos chevaux par la bride dans des chemins couverts de glace et de neige, presque partout présentant les difficultés d'une descente rapide et dangereuse ou d'une montée encore plus fatigante.

L'esprit d'indépendance semble tellement inné chez les habitants des pays montagneux, que le portrait du fameux partisan André Hoffer garnissait toutes les maisons où nous étions logés, soit dans les villes, soit dans les villages.

Cet André Hoffer avait joué le rôle de Guillaume Tell dans les Alpes tyroliennes. Ayant arboré le drapeau de l'insurrection, il avait cherché à s'opposer au passage de l'armée française partant d'Italie pour la dernière campagne d'Autriche en 1809, et avait trouvé dans son pays toutes les ressources et tous les avantages que peuvent offrir la sympathie, la conformité des opinions et la parfaite connaissance des localités.

Souvent il prenait position avec sa bande sur les aspérités des montagnes les plus inaccessibles, et de là, dirigeant un feu meurtrier sur la colonne qui suivait la route praticable, il faisait de nombreuses victimes. Quoique sa troupe ne fût jamais assez forte pour arrêter ou même retarder la marche de l'armée française, il fallait cependant se débarrasser à tout prix de cet ennemi aussi actif qu'insaisissable.

Il avait de si nombreux adhérents parmi toute la population, que souvent on donnait au général en chef de faux avis sur sa présence dans tel ou tel village, afin de détourner les recherches qui auraient pu être couronnées de succès. Enfin, l'appât d'une forte somme promise pour sa tête tenta la cupidité de deux misérables, qui vinrent offrir de conduire un détachement dans une cabane située sur le revers d'une côte escarpée, où ils savaient qu'André Hoffer devait passer la nuit.

Un de mes camarades de régiment, nommé Pascal, fut chargé de commander le détachement envoyé pour se saisir de ce redoutable partisan. Pascal, suivi de ses chasseurs et d'un piquet de gendarmes, tous à pied et guidés par le dénonciateur, se mit en marche à onze heures de la nuit ; il parvint, avec les plus grandes difficultés, jusqu'à la cabane, qu'il fit entourer aussitôt ; après quoi un des gendarmes ayant frappé à la porte avec la poignée de son sabre, on entendit dans l'intérieur une imprécation suivie de ces mots : *Je suis trahi!* et presque au même instant la détonation d'un coup de pistolet, dont la balle traversa la porte et blessa le gendarme à l'épaule.

En un moment la porte fut enfoncée ; deux gendarmes et quatre chasseurs se précipitèrent dans l'intérieur obscur ; mais un coup de tromblon, tiré presqu'à bout portant, étendit deux assaillants raides morts et en blessa deux autres.

André Hoffer monta dans un grenier au moyen d'une échelle qu'il tira après lui, et, ayant eu le temps de recharger son arme, continua son feu meurtrier par les lucarnes du grenier, jusqu'au moment où Pascal ayant menacé de mettre le feu à la cabane, et ne voyant aucun moyen de s'échapper, il consentit à se rendre.

On lui lia les mains derrière le dos, et il fut placé au milieu de ce qui restait des chasseurs et des gendarmes composant le détachement.

En descendant le flanc de la montagne bordée de précipices, et suivant un sentier à peine connu des braconniers mêmes qui servaient de guides, et qui marchaient parfois sans autres indications que leur instinct ou leur connaissance de ces lieux sauvages, André Hoffer tenta plusieurs fois de s'échapper, soit en se laissant tomber à terre, soit en cherchant à entraîner avec lui dans un précipice les hommes qui l'entouraient. Il était de grande taille et d'une force extraordinaire. Quatre hommes le contenaient avec la plus grande peine, et la menace qui lui fut faite par Pascal de lui brûler la cervelle s'il tentait de s'évader ne put l'empêcher d'employer tous les moyens que la ruse, la force ou le désespoir purent lui inspirer pour recouvrer sa liberté.

Il fut alors bien démontré qu'il n'avait consenti à se rendre que dans l'espoir de profiter d'une circonstance favorable pour s'échapper pendant sa translation; mais il ne put y parvenir. Arrivé au bas de la montagne, on lui lia les jambes avec de fortes cordes; il fut attaché sur une civière et transporté ainsi à la ville occupée par le général en chef, où il fut exécuté.

Si le Tyrol italien avait été peuplé de montagnards aussi braves que les Suisses, il est probable que ce fameux partisan eût pu mettre de grands obstacles au passage de l'armée française; mais, quoique la majorité de la population fît des vœux en sa faveur, l'enthousiasme qu'il inspirait était tellement tempéré par la crainte de notre armée, si habituée à vaincre, que sa troupe ne s'éleva jamais à plus d'une cinquantaine de combattants, qu'il était encore obligé de disséminer sur divers points d'attaque. Il n'en avait que trois avec lui lorsqu'il fut pris, et tous trois furent tués.

Je n'étais pas encore au régiment lorsque cet événement eut lieu, mais il était trop récent pour que toutes les circonstances n'en fussent point présentes au souvenir de mon camarade, qui me les raconta en traversant les lieux qui en avaient été le théâtre. Il me montra même en passant la cabane dans laquelle André Hoffer avait été pris. Elle était effectivement située à une hauteur prodigieuse, et l'imagination ne pouvait concevoir comment il était possible d'y parvenir. Le fait est que son souvenir occupait encore tous les esprits, et que son portrait était l'ornement indispensable des chaumières comme des châteaux.

Nous sortîmes enfin des montagnes du Tyrol pour pénétrer en Bavière. Dans chaque ville où le régiment devait faire séjour, l'adjudant-major, qui n'était point de semaine, était chargé par le colonel de se rendre chez le bourgmestre pour y prendre la liste et l'adresse de toutes les bonnes maisons, et, avant la fin de la journée, des billets d'invitation étaient distribués pour un bal qui avait lieu le lendemain chez le colonel, toujours logé dans une des principales. La musique du régiment composait l'orchestre, les rafraîchissements étaient servis avec une abondance princière, et un grand souper terminait la fête, qui se prolongeait jusqu'au moment où les trompettes sonnaient à cheval pour se mettre en route. C'est ainsi que nous traversâmes la Bavière, la Prusse et le royaume de Saxe pour ne nous arrêter qu'en Silésie, où nous prîmes des cantonnements dans les environs de Guhrau, occupé par l'état-major.

Chaque compagnie avait un village ; le capitaine et les officiers étaient logés chez le bourgmestre ou seigneur. Cette halte, qui dura six semaines, avait pour but de concentrer les différents corps de l'armée, échelonnés en colonnes de route, avant d'entrer en Pologne, où devaient commencer les opérations stratégiques. Nos soldats, parfaitement logés et nourris, ainsi que leurs chevaux, chez les habitants les plus doux et les plus hospitaliers qu'on puisse rencontrer dans le monde, s'identifièrent si bien avec leurs hôtes, en les aidant dans leurs travaux d'agriculture, comme dans les soins de leur intérieur, qu'ils y étaient aimés comme s'ils eussent fait partie de la famille.

Ces bons paysans nous disaient souvent que la présence de nos soldats chez eux leur était beaucoup plus avantageuse qu'à charge, et que, pour la nourriture qu'ils fournissaient, ils trouvaient d'excellents ouvriers qu'ils seraient obligés non seulement de nourrir, mais de payer fort cher. Aussi, quand nous reçûmes l'ordre de nous remettre en route, toute la population nous accompagna avec les marques du plus profond chagrin, et de bonnes embrassades furent échangées.

Pendant notre séjour dans ce délicieux pays, nous nous visitions journellement d'un cantonnement à l'autre, et nous nous réunissions pour chasser dans la belle forêt de Frichtenwater, qui sépare la Silésie de la Pologne.

Le capitaine Clément, aussi brave militaire que bon camarade et qui devait être une des nombreuses victimes de cette terrible campagne, occupait avec sa compagnie le village de Seith, et demeurait, avec les officiers sous ses ordres, chez un vieux gentilhomme, seigneur de l'endroit. La première fois que ce dernier m'engagea à dîner, je fus étonné de voir à côté de lui une bouteille dont il n'offrait le contenu à personne, mais dont il se versait assez fréquemment une rasade dans un verre à pied. Comme cette liqueur était aussi claire et aussi limpide que de l'eau, je crus d'abord que cela en était réellement, et je n'étais pas tenté de le prier de m'en faire part, tout en rendant justice à sa sobriété, lorsque le capitaine Clément me dit :

« Vous croyez qu'il boit de l'eau ? Demandez-lui-en un peu, et vous verrez. »

J'avançai donc mon verre, en le priant de me permettre de goûter seulement à sa boisson favorite, « à moins, lui dis-je, que ce ne soit quelque drogue qui vous ait été prescrite pour votre santé.

— C'est la seule, me dit-il en m'en versant un peu, que puisse sentir mon palais, et j'en fais usage depuis quinze ans. »

Je l'approchai de ma bouche avec précaution et me convainquis que, s'il me disait la vérité, il buvait depuis quinze ans du trois-six pur à son ordinaire. Je compris alors que le vin le plus capiteux et même l'eau-de-vie devaient être pour lui sans saveur et sans goût. Sa constitution paraissait se ressentir de cette habitude, car, quoiqu'il ne fût pas encore d'un âge avancé, il portait les signes de la vieillesse ; sa figure était pâle et maigre, ses cheveux étaient d'un blanc de neige, ainsi que ses favoris et ses moustaches, et son corps semblait comme desséché. J'ai rencontré dans ma vie peu d'hommes mieux élevés et plus comme il faut. Je ne pense pas qu'il partageât l'opinion de ses paysans sur notre présence dans le pays, mais jamais il ne lui échappa une expression malveillante, soit envers la France, soit envers l'Empereur.

J'ai eu occasion de le revoir à notre retour de Russie, parce que les débris du régiment occupèrent à peu près les mêmes cantonnements, et lorsque je lui appris la mort du capitaine Clément et de tant d'autres de mes camarades, il en fut vivement affecté et versa des larmes sincères, car dans ce moment elles ne pouvaient être de commande, les positions respectives des deux pays se trouvant toutes contraires à ce qu'elles étaient au commencement de cette désastreuse année 1812.

CHAPITRE VII

ENTRÉE EN POLOGNE.

Jusqu'alors notre route n'avait été qu'une promenade de plaisir; une fois entrés en Pologne par la petite ville de Lissa, les fatigues commencèrent. Nous fûmes accablés de marches et de contremarches. Nous partions souvent à la pointe du jour pour revenir coucher à une demi-lieue de notre cantonnement de la veille. Les hommes et les chevaux étaient harassés.

Ces mouvements stratégiques continuèrent jusqu'au passage du Niémen, que toute la cavalerie de l'armée, se montant à 80,000 chevaux, franchit sur trois ponts de bateaux.

Les régiments, ployés en colonnes par quatre, la droite en tête, se formaient successivement sur la droite en bataille, sur la rive opposée, et serraient en masse par régiment.

Ce magnifique bivouac de cavalerie couvrait trois lieues de terrain, et l'aspect des feux qui furent allumés le soir devant le front de chaque corps offrait le spectacle le plus imposant et le plus magnifique qu'il fût possible de voir.

Le lendemain, chaque régiment alla prendre son rang dans le corps d'armée dont il faisait partie.

Le 8ᵉ chasseurs était compris dans la division

Chastel, 3ᵉ corps de cavalerie, sous les ordres du lieutenant général Grouchy.

La division Chastel se composait du 8ᵉ chasseurs, du 6ᵉ et du 25ᵉ de la même arme, du 6ᵉ hussards, d'un régiment de chevau-légers saxons, et d'un régiment de chevau-légers bavarois; chacun de ces deux derniers était fort de 1,200 hommes à cheval; les régiments français en comptaient de huit à neuf cents. La musique des deux régiments étrangers se réunissait souvent devant le bivouac du général, et exécutait des morceaux qui eussent excité la jalousie du plus fameux orchestre du monde. C'était aussi un lieu de rendez-vous pour tous les officiers de la division, qui projetaient les plus agréables parties de plaisir au retour de la campagne.

Le corps des officiers bavarois et saxons se composait de jeunes gens de familles riches. Ils étaient en général parfaitement élevés, et ont fait preuve de la plus grande bravoure, jusqu'au moment où, après le siège de Smolensk, la majeure partie des deux régiments se débanda, chaque soldat retournant dans ses foyers avec armes et bagages.

La plupart des officiers se firent tuer en vain pour empêcher cette désertion et donner le bon exemple; mais rien ne put s'y opposer, et, quand la division arriva sous les murs de Moscou, il restait à peine deux escadrons dans chacun de ces régiments.

Cependant les privations commençaient à se faire sentir, et, quand nous arrivâmes au bivouac, devant Wilna, un morceau de bon pain était déjà un grand régal.

J'allai voir dans cette ville mon ancien camarade et ami Emmanuel le Couteulx de Canteleu, aide de camp du prince de Neuchâtel, et, le lendemain matin, il me rendait ma visite, ayant dans ses poches deux pains blancs dérobés pour moi à la cuisine de son patron, ce qui me composa un déjeuner délicieux.

Cette disette provenait d'abord de l'immense agglomération d'hommes rassemblés sur le même point et affamant le pays, et ensuite, des ordres sévères donnés par le prince d'Eckmühl pour prévenir tout maraudage.

J'eus à cette occasion sujet de déplorer l'inflexibilité de cet ordre : un maréchal des logis de ma compagnie, nommé Reding, modèle de bonne conduite et de bravoure, ne put résister à la tentation de s'emparer d'une poule en traversant le faubourg de Wilna pour revenir au régiment. Le propriétaire s'en étant aperçu, le poursuivit avec acharnement et le conduisit au poste de la garde de police. Un rapport, circonstancié et envenimé, parvint à la connaissance du maréchal Davout : la peine de mort était encourue par quiconque serait pris en flagrant délit ; il fallait un exemple : le maréchal fut inexorable. Ni la chaude intercession du colonel de Périgord, ni les bons antécédents de ce sous-officier ne purent obtenir grâce ; il fut condamné à être fusillé par son peloton, en présence de sa compagnie.

J'étais de semaine, et je devais commander le feu. Exaspéré de cette excessive rigueur, j'allai trouver Reding pendant la nuit qui précéda son exécution, et lui proposai de faciliter son évasion, quelque risque que j'eusse moi-même à courir ; mais il refusa avec la plus grande fermeté.

Amené le lendemain matin sur le terrain désigné,

il sourit dédaigneusement quand on lui proposa de lui bander les yeux, et, après s'être avancé, libre de tous ses mouvements, entre les deux rangs de son propre peloton, il se plaça devant le front de sa compagnie, laissa tomber ses bras à la position du soldat sans arme, et, commandant lui-même le feu avec une précision et un sang-froid dignes du maréchal Ney, tomba frappé de plusieurs balles en pleine poitrine.

Si je n'avais été retenu par l'honneur, si cet événement eût eu lieu en temps de paix, j'aurais donné ma démission, tant je fus outré de cet excès de sévérité.

A mesure que nous approchions de la Russie, les marches et les contremarches se multipliaient. Celles de nuit surtout étaient terribles. La privation de sommeil, que je ne supportais qu'avec beaucoup de peine après une journée de fatigue jusqu'à une heure assez avancée de la nuit, devenait un supplice à l'approche du lever du soleil.

Je ne sais comment expliquer cette sensation; mais, comme je dis ce que j'ai éprouvé et ce dont mes camarades convenaient tous, je puis affirmer qu'il m'était impossible de me tenir éveillé à l'instant où l'aube commençait à éclairer l'horizon.

J'avais acheté d'un officier du régiment une grande et excellente jument isabelle, dont le seul défaut était d'avoir la bouche dure, ce qui l'eût rendue très dangereuse à monter au feu; mais elle avait une grande sûreté de jambes et l'allure du pas si allongée que, sans prendre le trot, elle rattrapait toujours sa distance dans toutes les fluctuations inévitables d'une marche en colonne de route.

Je me plaçais entre deux chasseurs, je chaussais

mes étriers jusqu'au cou-de-pied, j'arrangeais mon portemanteau sur le devant de ma selle, déjà fort élevé, et, croisant les bras, en appuyant ma tête sur le portemanteau, je m'endormais presque aussitôt assez profondément pour éprouver un repos véritable.

Nous avions passé Grodno et n'étions pas encore arrivés à Minsk, lorsque je fus commandé de reconnaissance et appelé auprès du général Chastel pour recevoir ses instructions. Il me montra, sur une carte peu détaillée, la route que je devais suivre.

On n'avait pu se procurer de guides; il fallait donc me diriger sur un village éloigné de trois lieues du bivouac, me garder et m'éclairer en marchant, m'assurer de la présence de l'ennemi, et revenir sur mes pas.

Je partis avec vingt-cinq hommes. A une lieue et demie environ, j'atteignis un village dans lequel je ne m'aventurai pas sans l'avoir fait tourner et éclairer, et que je traversai ensuite. Tous les habitants nous regardaient passer avec étonnement.

Je pris des informations sur le but de ma reconnaissance et sur la distance à parcourir : j'étais à moitié chemin; rien ne me parut suspect. Arrivé à ma destination, je trouvai un parti de Cosaques à cheval et formant une ligne de tirailleurs sur la route en avant du village. Cela était assez clair, et il ne me restait plus qu'à revenir.

Les Cosaques, encouragés par notre petit nombre, nous chargèrent en fourrageurs; mais nous savions qu'en restant bien unis ils ne pourraient nous entamer.

J'avais réuni tout mon monde, fait rentrer mes éclaireurs et mon avant-garde. Je pris le trot et me maintins dans cette allure en garnissant toute la largeur de la route.

En approchant du village que j'avais traversé en venant, je me trouvai encore en présence d'une centaine de Cosaques qui me coupaient la retraite.

Pour éviter une embuscade dans le village, je le tournai par la droite, et je gagnai la route au delà, en me faisant jour au milieu des ennemis.

Ils m'entouraient et cherchaient à m'entamer, sans penser à se réunir en masse, parce que ce n'est point leur manière de combattre : c'est à cela que je dus mon salut.

Cependant, parvenu à une demi-lieue environ du village, un d'entre eux, probablement ivre ou peut-être emporté par son cheval, se précipita sur moi en désespéré, la lance en arrêt.

Son attaque fut si vive que je parai le coup de lance un peu trop tard, de manière que la pointe, se trouvant engagée entre la première et la seconde branche de la coquille de mon sabre, me fit une large entaille à la main droite et m'obligea de lâcher mon arme, heureusement retenue à mon poignet par la dragonne.

Mes chasseurs s'ouvrirent un peu comme pour le laisser passer; mais deux coups de pointe de sabre qu'il reçut en même temps le firent tomber mort, et son cheval continua seul sa course rapide.

Cela servit d'exemple aux autres, et je rejoignis la division, ayant eu le bonheur de ramener tout mon monde et de n'avoir eu que trois hommes blessés assez légèrement.

CHAPITRE VIII

TRAIT DE BRAVOURE.

Nous avions entendu les premiers coups de canon en arrivant à la hauteur de Borisoff. C'était venir de loin au-devant d'eux.

Nous prîmes position sur la rive gauche de la Bérézina, non loin de Mohilow, et construisîmes des baraques de branches d'arbres et de feuillage, parce qu'un ordre de la division nous annonça que nous devions nous y arrêter quelques jours.

L'ennemi occupait la rive droite, et des bandes de Cosaques se présentaient fréquemment, plutôt chargés de surveiller nos mouvements que de faire résistance.

La Bérézina était guéable à un quart de lieue du camp, et nous étions à trois lieues d'une ville nommée Liady, où, d'après le rapport des reconnaissances, se trouvaient en ce moment plusieurs états-majors de l'armée russe et un assez grand nombre de Cosaques irréguliers.

Le général en chef, voulant obtenir une certitude à cet égard, fit demander au colonel de Périgord un officier et cinquante hommes de bonne volonté bien montés, pour une reconnaissance dangereuse qui devait être poussée jusqu'à Liady.

Le tour de service appartenait au lieutenant Monneret, et le choix n'eût pu désigner un officier plus brave et plus expérimenté.

Il avait échangé son sabre d'honneur contre la décoration, lorsque l'Ordre de la Légion d'honneur fut institué, et de nouveaux faits d'armes lui avaient mérité la croix d'officier.

Il traversa la rivière à gué, et, à peine eut-il fait une lieue de l'autre côté qu'il fut entouré et escorté par une foule de Cosaques jusqu'à la ville.

Une terreur panique s'y était emparée de tout le monde, à un tel point que la porte n'en était même pas fermée.

Monneret, sabrant tout ce qui se trouvait sur son passage, s'élança dans la rue principale, la parcourut dans toute sa longueur, sortit par la porte opposée, et, faisant le tour par la campagne, revint par la même route après avoir perdu un tiers de ses hommes.

Il rendit compte de sa mission au général en chef; mais, quelque incroyable que cela paraisse, le gégéral Grouchy refusa d'ajouter foi au rapport de ce brave militaire.

Monneret, cruellement offensé de ce doute, déclara au général qu'il allait retourner à Liady, avec de nouveaux chasseurs, et que, comme preuve de sa présence, il marquerait la porte de la ville de deux coups de sabre en croix.

Il fit à tous ses camarades le même serment, nous priant de contribuer à réhabiliter sa mémoire, car il regardait sa mort comme certaine, sa première reconnaissance ayant donné l'éveil à l'ennemi, qu'il ne pouvait manquer de trouver sur ses gardes en force supérieure.

Quand son peloton fut formé, il nous embrassa,

s'élança sur son cheval, et se présenta sur la route après avoir passé le gué pour la troisième fois.

Ici eut lieu une de ces actions d'éclat digne de passer à la postérité, et cependant presque restée dans l'oubli.

Monneret, entouré d'une masse de Cosaques, se fit jour, bravement soutenu par ses chasseurs; cette fois, la porte de Liady était fermée, il la frappa de deux coups de sabre, et, revenant sur ses pas, fut assez heureux pour rentrer au camp, mais, criblé de coups de lance ainsi que son cheval, et ramenant avec lui une quinzaine de chasseurs.

Trois jours après nous entrions à Liady, formant tête de colonne d'avant-garde, et il n'y a pas un officier du 8ᵉ chasseurs, comme de la division, qui n'ait pu s'assurer par lui-même de la vérité.

Je ne veux pas me permettre de blâmer la conduite du général Grouchy en cette circonstance, parce que, n'ayant point été témoin de son entrevue avec Monneret lorsqu'il lui fit son premier rapport, je ne puis affirmer que la susceptibilité de cet officier ne se soit excitée peut-être trop légèrement. J'ai toujours reconnu dans le général Grouchy, pendant la campagne, toutes les qualités qui distinguent un chef avare du sang de ses soldats, tout en leur donnant l'exemple du courage, mais je rends compte de ce qui eut lieu, sans plus de commentaires.

D'ailleurs, un des chasseurs qui faisaient partie du détachement sous les ordres de Monneret, le capitaine Bouteillé, est encore vivant et habite Paris. J'en appelle à son témoignage.

La campagne était ouverte activement et nous avions rejoint l'armée russe, dont l'arrière-garde nous opposait tous les jours une grande résistance.

Nous nous dirigeâmes sur Orcha et Crasnoë.

En débouchant d'un défilé près du fleuve, nous nous trouvâmes en présence de toute l'arrière-garde russe, moins le corps d'armée du général Bagration qui devait se réunir à elle en passant par Mohilow.

Les régiments se formèrent en avant en bataille sous le feu d'une batterie de canons. Pendant ce mouvement, l'arrière-garde russe se forma en bataillons carrés, ayant soin de se placer de l'autre côté de la grande route, bordée d'une double rangée de peupliers, qui conduit à Smolensk.

Cette précaution était bonne, car nos régiments, après s'être formés en colonne par escadrons pour exécuter des charges successives, ne purent entamer un seul carré, parce que, étant obligés d'ouvrir leurs rangs pour traverser la grande route, ils n'arrivaient point sur les carrés en masse assez compacte pour les enfoncer.

Je parvins jusqu'au premier rang de l'infanterie russe, à travers une grêle de balles et un nuage de fumée, et je ne vis l'ennemi distinctement qu'au moment où mon cheval, lancé à toute bride, s'arrêta court devant les baïonnettes.

J'aurais dû être lancé par-dessus sa tête ; heureusement, je l'étreignis assez vigoureusement entre mes jambes pour pouvoir me remettre en selle, et j'eus le temps de décharger un coup de sabre sur la tête du soldat russe qui se trouvait à ma portée.

Mais il fallait bien suivre le mouvement de mon escadron désuni, et nous allâmes nous reformer à la queue de la colonne, après avoir perdu beaucoup de monde.

Enfin le général Grouchy, convaincu de l'inutilité de nos efforts, fit sonner le ralliement.

Cependant, nous nous étions emparés de trois pièces d'artillerie russe, et nous formâmes une ligne nombreuse de tirailleurs pour maintenir les Cosaques et permettre à notre artillerie, qui n'avait pas encore entièrement franchi le défilé, de prendre position sur le champ de bataille.

Elle commença à tonner sur les carrés russes, qui continuaient bravement leur retraite en longeant la route de Smolensk, et, malgré le soin que mettait l'ennemi à enlever ses blessés, un grand nombre de cadavres indiquait la trace de son passage.

CHAPITRE IX

COMBAT DE MOHILOW.

Le soir même de ce combat, l'Empereur donna ordre au prince d'Eckmühl de se porter sur la ville de Mohilow pour s'opposer à la jonction du corps de Bragation avec l'armée russe.

Huit escadrons, pris dans divers régiments de l'avant-garde, furent réunis à la hâte. Ma compagnie fut du nombre, et, le lendemain matin, nous partîmes avant le jour pour nous porter sur le point désigné.

Ce corps d'armée improvisé se composait d'environ dix mille hommes : infanterie, artillerie et cavalerie, ainsi que d'un train de pontonniers, sapeurs et génie militaire.

Nous arrivâmes vers huit heures près d'un pont en bois construit sur la rivière et aboutissant à la grande route de Mohilow.

Il fut immédiatement coupé ; on éleva aussitôt des retranchements et des palissades de notre côté ; ils furent garnis de canons, et les travaux n'étaient point terminés, lorsque l'avant-garde du corps d'armée de Bagration se présenta sur la rive opposée, débouchant d'un bois épais qui la borde en cet endroit et se prolonge à perte de vue.

Le fleuve a peu de largeur dans cette partie, mais il est encaissé et marécageux.

L'ennemi fit avancer quelques pièces d'artillerie pour les opposer à notre feu, et les grenadiers russes, sous leur protection, entrèrent courageusement dans le fleuve, ayant de l'eau jusqu'à la poitrine, et enfonçant dans la vase à un tel point qu'un grand nombre d'entre eux, atteints par notre feu de mousqueterie, y restaient debout quoique frappés à mort.

Tous les efforts de l'ennemi vinrent se briser contre notre résistance. Le général Bagration ne s'attendait point à trouver le défilé de Mohilow occupé par nos troupes, et cependant son attaque fut héroïque; son infanterie se fit bravement tuer en se renouvelant sans cesse pour franchir le défilé, et il ne battit en retraite que le soir, après avoir perdu plusieurs milliers d'hommes.

Pendant que le combat se livrait, les huit escadrons de cavalerie s'étaient formés en bataille à droite de la route, dans une plaine faisant face au bois que traverse le Borysthène.

Nous avions l'ordre de surveiller ce point dans le cas où l'ennemi aurait trouvé un gué favorable pour passer à l'abri de ce bois, afin qu'il ne vînt point nous prendre en flanc.

Nous restâmes donc toute la journée à cheval et prêts à combattre; mais il ne s'en présenta aucune occasion, parce que le prince Bagration n'avait pas assez de forces pour les diviser, et qu'il devait les réunir toutes pour l'attaque principale.

Avant le coucher du soleil, le corps d'armée russe disparut dans le bois; alors, le prince d'Eckmühl nous envoya un aide de camp pour nous dire que, si nous voulions prendre part à l'honneur de cette glorieuse journée, nous devions nous porter en toute hâte à la poursuite de l'ennemi.

Le pont détruit fut reconstruit avec une rapidité incroyable ; la nuit n'était pas encore tout à fait arrivée lorsque nous le franchîmes, nous dirigeant sur les traces sanglantes de l'ennemi.

Je sentais à chaque instant mon cheval franchir des obstacles, et, lorsque mes yeux commencèrent à s'habituer à l'obscurité de la forêt, je distinguai de nombreux cadavres, ce qui m'expliqua les soubresauts de mon cheval ; car l'expérience a prouvé depuis longtemps que ce noble animal ne foule jamais volontairement le corps de l'homme.

La forêt n'avait pas plus d'une demi-lieue de largeur, nous marchions par quatre au trot, et, peu d'instants après notre passage du pont, nous atteignîmes l'extrême arrière-garde du corps d'armée russe.

On forma aussitôt les escadrons en avant en bataille au galop, et on continua la charge.

Cette fois, l'ennemi n'avait pas eu le temps de se former en bataillons carrés, et nous pûmes sabrer à volonté.

Nous fîmes plusieurs centaines de prisonniers, et la nuit seule put mettre fin au carnage.

On s'arrêta ; des reconnaissances furent dirigées sur plusieurs points.

On plaça les grand'gardes, les postes avancés, les vedettes : nous allumâmes nos feux de bivouac ; le prince d'Eckmühl avait fait venir un convoi de vivres de Mohilow, et, après la distribution, nous nous couchâmes autour de nos feux et nous dormîmes quelques heures d'un sommeil aussi tranquille que si le lendemain et les jours suivants n'eussent pas dû nous présenter les mêmes fatigues et les mêmes dangers.

Je me suis appesanti, autant que mes souvenirs me le permettent, sur les détails de cette journée de Mohilow, parce que j'ai trouvé qu'elle laissait beaucoup à désirer dans toutes les relations de cette mémorable campagne de Russie.

Et cependant il est incontestable, pour tous ceux qui ont assisté à ce combat, qu'il n'est pas le moindre fleuron de la couronne de gloire du brave maréchal Davout.

Le lendemain, nous rejoignîmes l'avant-garde de l'armée, en ne suivant que de loin le prince Bagration, qui fuyait à marches forcées dans la crainte de ne pouvoir rattraper l'armée russe, en retraite sur Smolensk.

Chaque escadron rentra dans son régiment, et nous atteignîmes Smolensk le troisième jour, en continuant à nous battre avec l'arrière-garde russe.

Enfin, il nous parut certain que nous allions éprouver une sérieuse résistance devant cette ville.

Elle nous apparut belle, garnie de nombreux clochers et défendue par une enceinte de remparts dont les fossés étaient très larges et très profonds.

Le Borysthène la sépare en deux parties : la ville neuve, sur la rive droite de notre côté, et la vieille ville, composée de maisons en bois, située sur l'autre rive.

L'avant-garde s'étant arrêtée, l'artillerie se porta en avant pour battre en brèche et enfoncer la principale porte ; mais, avant qu'elle fût arrivée, l'ennemi exécuta une charge de cavalerie pour nous contenir. Il fut vigoureusement repoussé et poursuivi jusque dans la ville : mais alors, comme nous souffrions beaucoup du feu qui partait de toutes les maisons, nous revînmes sur nos pas et fûmes de nouveau poursuivis.

Au retour de cette charge, mon ancien camarade et ami Guidy, officier dans le 6ᵉ hussards, fut blessé et fait prisonnier. Son cheval s'étant abattu sous lui, il ne put se dégager.

Je regrettai vivement qu'il n'eût pas suivi le conseil que je lui donnais souvent de ne pas monter ce cheval devant l'ennemi, parce que son défaut de jambes lui jouerait quelque mauvais tour.

Lorsque les hauteurs furent garnies d'artillerie, une terrible canonnade se fit entendre. Après quelques heures, le feu commença à se manifester dans la ville, et les combattants, dont l'ardeur ne se ralentit même point pendant la nuit, s'apercevaient distinctement comme des démons au milieu des flammes. J'avais été de reconnaissance la nuit précédente ; je fus désigné de grand'garde pour cette première nuit du siège ; aussi, le lendemain matin, quand je revins au régiment, j'étais tellement accablé par le sommeil que, passant mon bras dans la bride de mon cheval, je me couchai par terre à ses pieds, en priant un de mes camarades de me réveiller si nous recevions un ordre de mouvement, et je m'endormis profondément, malgré le bruit de deux cents pièces d'artillerie, sans plus songer aux balles qui arrivaient jusqu'à nous que si je m'étais couché dans mon lit, chez mon père.

CHAPITRE X

PRISE DE SMOLENSK.

Le siège de Smolensk ne nous arrêta pas trois jours. Le surlendemain, la ville était évacuée, mais en feu, et les ponts de jonction sur le Borysthène, coupés.

Nous fûmes obligés de passer à travers cette fournaise, et, arrivés au bord du fleuve, nous fîmes descendre nos chevaux par la berge sans nous occuper de chercher un gué et le traversâmes à la nage.

Pour soulager mon jeune normand, que j'aimais beaucoup, je plaçai mon sabre sur le pommeau de la selle et sur sa tête, et, tenant ma giberne et mon pistolet d'une main hors de l'eau, je nageai à côté de lui ; cependant je m'étais mouillé bien inutilement, car presque partout nos chevaux trouvèrent pied ; en restant à cheval comme mes camarades, je serais donc sorti le corps sec, en majeure partie du moins ; mais j'étais jeune, vigoureux, et je ne craignais pas plus la maladie que la mort.

Au reste, nous trouvâmes de l'autre côté un feu tout allumé et capable de sécher une fontaine.

J'ai déjà dit que la vieille ville où nous arrivions alors était toute construite en bois.

L'armée russe, probablement dans l'espoir d'une plus longue résistance, avait évacué sur Smolensk les blessés de Crasnoë, de Mohilow et de tous les combats précédents.

Un épouvantable spectacle s'offrit alors à nos yeux.

A l'approche de l'armée française, tous ces blessés avaient été entassés dans la vieille ville.

Dès le premier jour du siège, le feu y fut mis par quelques obus; le vigueur de l'attaque, l'activité de la poursuite, n'avaient laissé à l'ennemi que le temps juste de couper les ponts, mais non celui d'évacuer ses blessés, et ces malheureux, abandonnés ainsi à une mort affreuse, gisaient en monceaux de matière, calcinés, rétrécis, conservant à peine la forme humaine, au milieu des décombres fumants et des poutres enflammées.

Un grand nombre d'entre eux, après de vains efforts pour se soustraire au terrible élément, gisaient dans les rues, réduits en charbon, et dans des positions de membres indiquant les tortures atroces qui avaient dû précéder leur mort.

Je frissonnai d'horreur à ce spectacle, qui jamais ne s'effacera de ma mémoire, et nous nous hâtâmes de gagner la campagne, suffoqués par la fumée, par la chaleur, et agités par cet horrible tableau.

Il me semblait avoir traversé l'enfer.

Nous atteignîmes promptement l'arrière-garde russe; on forma une ligne de tirailleurs en traversant la grande route de Smolensk à Moscou, et nous harcelâmes ainsi l'ennemi jusqu'à la nuit, qui mit fin au combat.

D'ailleurs, selon l'ordinaire, le général russe nous annonçait clairement son intention de ne pas aller plus loin en prenant position, et en nous souhaitant le bonsoir à coups de canon.

On était à la fin du mois d'août. La chaleur, dans ce climat et à cette époque de l'année, n'est pas celle des contrées méridionales de l'Europe. Ce n'était pas seulement l'ardeur du soleil que nous avions à supporter, mais plus encore les vapeurs torréfiées de la terre.

Nos chevaux élevaient sous leurs pas un nuage de sable brûlant aussi fin que la poussière, et dont nous étions tellement couverts qu'il eût été difficile de distinguer la couleur de nos uniformes. Ce sable, en s'introduisant dans les yeux, occasionnait d'atroces douleurs. A peine pouvais-je respirer, et, malgré la soif dévorante produite par le concours de ces circonstances, nous ne pouvions nous arrêter pour nous rafraîchir et nous désaltérer dans l'eau limpide des quelques sources que nous traversions. Nos chevaux, plus heureux, y trempaient avec une sorte de fureur leurs naseaux brûlants, mais n'avaient ni le temps ni la possibilité de boire avec le mors dans la bouche. Quelques-uns se roulaient dans l'eau avec délices, malgré les efforts feints ou véritables de leurs cavaliers, qui n'étaient pas fâchés d'avoir un prétexte pour en faire autant. Enfin, je n'ai jamais éprouvé en Italie une chaleur aussi insupportable.

La fumée du bivouac augmentait tous les soirs l'irritation produite par la journée, et je ne sais comment je n'ai point perdu la vue.

Cependant, nous avancions toujours par des combats journaliers d'avant-garde et d'arrière-garde, et nous nous apercevions que la résistance de l'ennemi devenait de plus en plus opiniâtre.

Le 4 septembre, le combat fut une véritable bataille.

L'armée russe avait le dessein manifeste de retarder notre marche pour se donner le temps d'achever les fortifications qu'elle élevait sur le fameux champ de Mojaïsk, vaste plaine sur le sol de laquelle la tradition nationale prétendait qu'une armée russe ne pouvait être vaincue.

Dans la journée du 5 septembre, nous manœuvrions sous le feu du canon, lorsque, dans un mouvement par pelotons, un boulet, après avoir tué le maréchal des logis de droite de celui que je commandais, emporta la jambe de devant de mon cheval, à quelques pouces de mon genou.

Je fus renversé de côté avec lui, comme si on lui eût coupé les quatre jambes à la fois.

La manœuvre s'exécutant au pas, les chasseurs de mon peloton eurent le temps de s'écarter, ce qui me permit de me relever aussitôt. Mon pauvre cheval en fit autant, mais resta immobile, sa jambe ne tenait plus que par quelques lambeaux de chair.

C'était le même que le colonel Curto avait fait venir pour moi à Brescia. Je l'avais élevé, et, depuis le commencement de la campagne, je le soignais moi-même avec la plus grande sollicitude, ne prenant, en arrivant au bivouac, aucune nourriture avant d'avoir pourvu à la sienne.

On ne saurait se faire une idée de l'attachement qu'on éprouve pour ces nobles animaux, quand ils ont partagé si courageusement vos fatigues et vos dangers.

Celui-ci me regardait en hennissant comme pour implorer mon secours. Je l'entraînai hors de la colonne pour qu'il ne fût pas renversé de nouveau, et, quelques moments après, je vis venir mon domestique Bastien, conduisant mes autres chevaux de main.

Il montait la jument baie que j'avais achetée au major Cabanes, et, lorsque mon pauvre *Bonhomme*, c'était le nom du blessé, l'eut reconnue dans la plaine, il courut sur ses trois jambes au-devant d'elle, en hennissant douloureusement, autant que ses forces purent le lui permettre.

A cette vue, mon domestique pleura comme un enfant, et j'avais également les larmes aux yeux.

Je montai sans retard mon cheval de main, en donnant ordre à Bastien de tuer *Bonhomme* pour lui éviter de plus longues souffrances ; mais il m'avoua le soir qu'il n'en avait pas eu le courage, et qu'un sous-officier démonté du 6° hussards lui avait rendu ce service.

Nous nous étions établis pour bivouaquer sur la lisière d'un bois, dont beaucoup d'arbres avaient été frappés par le boulet.

La nuit était très obscure, un vent violent s'était élevé ; après avoir allumé nos feux et soupé avec quelques pommes de terre déterrées par nos chasseurs près de misérables cabanes, nous tâchions de réparer les fatigues de la journée par quelques heures de sommeil, lorsque je fus réveillé en sursaut par un craquement effroyable. L'arbre au pied duquel nous avions placé notre feu, coupé en partie à hauteur d'homme par un boulet et agité par le vent, se brisait entièrement et tombait sur nous.

Je n'eus que le temps de me traîner à quatre pattes hors de la direction de sa chute, et ce mouvement fut tellement machinal que j'aurais pu me diriger tout aussi bien d'un autre côté, de manière à être écrasé. J'en fus quitte pour quelques coups qui me furent cinglés sur les reins par l'extrémité des branches. D'ailleurs, je dois avouer que depuis que la campagne prenait un caractère sérieux, depuis les combats précédents et surtout depuis que la résistance de l'ennemi nous annonçait une grande bataille, mon sommeil n'était jamais bien profond, à moins d'un excès de fatigue.

A cette époque, et même longtemps après cette désastreuse campagne, le moindre bruit suffisait pour me réveiller.

CHAPITRE XI

BATAILLE DE LA MOSKOWA.

Les deux jours suivants, 5 et 6 septembre, nous ne fîmes que très peu de progrès, l'armée russe nous opposant partout la résistance la plus vigoureuse, profitant de toutes les positions propres à l'artillerie pour nous foudroyer, et couvrant sa retraite par une épaisse ligne de tirailleurs composée de Cosaques, de Kalmouks et de Baskirs.

Ces derniers, armés d'arcs et de flèches dont le sifflement était nouveau pour nous, blessèrent quelques chasseurs. Le col du cheval du capitaine Depenou, de mon régiment, fut traversé au dessous de la crinière par une de ces flèches qui avait environ quatre pieds de longueur.

Nous tuâmes en tirailleurs quelques-uns de ces Baskirs, et jamais je n'ai rien vu d'aussi laid que cette race d'hommes.

Enfin, le 6 septembre au soir, l'armée russe se concentra et prit position dans la plaine de Mojaïsk. Notre avant-garde reçut ordre de faire un mouvement sur sa gauche, et il devint évident que nous allions prendre notre position de bataille. Nous nous arrêtâmes à peu de distance de la route de Smolensk à Moscou.

Cette nuit fut très agitée : un bruit confus et continuel de marche de trains d'artillerie, de cavalerie, se fit entendre sans interruption. Chaque division, chaque corps d'armée se portait sur la ligne et occupait le terrain qui lui était désigné par les aides de camp de l'Empereur et des généraux en chef.

Plus d'un esprit fut inquiet, bien des yeux restèrent ouverts, bien des réflexions furent faites sur l'importance du drame qui s'annonçait pour le lendemain, et dont le théâtre, si éloigné de notre patrie, ne nous laissait que la chance de vaincre ou de mourir.

Avant le jour, nous reçûmes l'ordre de nous porter en avant, en longeant la route de Moscou, et de nous arrêter à la hauteur de Borodino. La division se forma en colonne par brigades en avant d'un ravin qui traversait tout le champ de bataille, et au fond duquel coule un ruisseau.

A peine le soleil commençait à éclairer l'horizon qu'un aide de camp du général Grouchy apporta et remit au colonel, pour être lue devant le front du régiment, cette admirable proclamation de l'Empereur : « Voici le soleil d'Austerlitz ! Soldats, vous direz avec orgueil au sein du foyer domestique : Je faisais partie de cette grande armée qui combattit sous les murs de Moscou... »

Cette lecture à peine terminée, le soleil se montra radieux. Le temps était magnifique, et tout le champ de bataille se dévoila à nos regards.

Notre corps d'armée de cavalerie formait l'extrême gauche de la ligne de bataille.

Nous avions à protéger vingt-cinq pièces d'artillerie placées entre nous et la division Montbrun, à surveiller et à éclairer la route de Moscou et le village de Borodino.

La bataille s'engagea sur toute la ligne presqu'au même instant.

Nous avions en face de nous, sur l'extrême droite de l'ennemi, une redoute dont le feu était engagé avec l'artillerie placée à notre droite, mais dont quelques pièces nous étaient réservées.

Tous les boulets portaient en plein ricochet dans nos rangs, et nous les attendions, le sabre à l'épaule.

Nous restâmes dans cette terrible position pendant six heures.

Je montais un charmant cheval gris provenant des haras du roi de Bavière, que j'avais acheté à notre passage à Munich; cet animal était d'une vivacité extrême, et, pendant les premières heures, je ne pouvais l'empêcher de faire des bonds de côté à chaque boulet qu'il voyait venir, jusqu'à ce qu'enfin, rendu de fatigue et tout en sueur, il consentit à rester immobile.

Mais il semblait qu'il eût comme le courage de la résignation à son sort, car, à peine s'était-il calmé qu'un effroyable choc le fit se cabrer et se renverser sur moi. Il avait été atteint au milieu du poitrail, et le boulet était sorti par le flanc droit. Je me relevai aussitôt, tout étourdi de cette chute, mais je sentais dans la jambe droite un engourdissement qui ne me permettait point de poser le pied par terre. Je crus avoir la jambe emportée, sachant, par de nombreux exemples, que, dans le premier moment, on n'éprouve que cette sensation.

Mon camarade Guillemier s'empressa de me rassurer.

— Ton pied est au bout de ta jambe, sois tranquille; mais tu peux te vanter d'en être quitte à bon marché, me dit-il.

Cependant, je sentais que j'étais blessé et que j'avais du sang dans ma botte. Je fis prendre par mon chasseur le harnachement de mon cheval, qu'il plaça sur le dos du sien, et descendis dans le ravin.

Après m'être déchaussé avec beaucoup de peine et de souffrance, je m'aperçus que j'avais le pouce du pied droit cassé et l'ongle brisé dans les chairs. Je trempai mon pied dans le ruisseau, ce qui me procura un grand soulagement; j'entourai de bandages faits avec mon mouchoir la partie blessée, je coupai ma botte et me dirigeai de l'autre côté du ravin, vers le lieu où je devais retrouver mon domestique et le seul cheval qui me restât.

La bataille était dans sa plus grande chaleur, et rien n'annonçait la victoire.

Je passai en boitant à côté des ambulances. Là, près d'un fourgon, gisaient une foule de malheureux blessés formés en cercle autour d'un feu placé au centre et servant à faire cuire des tablettes de bouillon.

Les chirurgiens et leurs aides, en bras de chemise et les manches retroussées, tenaient en main le fatal bistouri ou la scie terrible. Ils coupaient un bras ou une jambe, déchiquetaient les chairs et, tout couverts de sang, montraient la plus grande activité dans les pansements.

Des juremens affreux, des cris de désespoir, des gémissements lamentables signalaient l'approche de ces ambulances improvisées et renouvelées sans interruption par les résultats de la bataille.

Je me détournai avec horreur, et j'appelais Bastien à grands cris, en me dirigeant du côté des équipages de la division, lorsqu'en passant près d'une masure couverte en chaume je m'entendis appeler d'une voix étouffée.

Je m'approche, me penche vers un homme couché près du mur de la cabane sur un peu de paille et enveloppé dans un manteau, et, malgré ses traits altérés par la souffrance, je reconnais mon ami et camarade Duvergne, comme moi élève de l'École militaire, mais arrivé deux ans avant moi au 8ᵉ chasseurs.

Détaché du régiment pour l'escorte du roi de Naples, depuis le passage du Dniéper, je ne l'avais vu que rarement, car il devait suivre un patron qui lui laissait peu de repos.

Il avait été frappé, au commencement de la bataille, par un biscaïen qui lui laboura le flanc gauche.

Transporté en arrière par quelques chasseurs de l'escorte, il avait été déposé en ce lieu, et n'était point encore pansé.

Il était si épuisé par l'effort qu'il venait de faire pour m'appeler, qu'il fallut me mettre à genoux et placer mon oreille près de sa bouche pour recueillir ses paroles.

Il écarta son manteau pour me montrer sa blessure. La trace sanglante du passage du biscaïen, les côtes brisées, un gonflement prodigieux du côté, tout cela était un affreux spectacle pour un frère d'armes.

Il me demanda, avec un intérêt rendu doublement touchant par sa position, des nouvelles du régiment. Je dus lui annoncer toutes nos pertes et lui indiquer la terrible position que nous occupions depuis le matin.

— Tu es blessé aussi, mon cher Combe, me dit-il d'une voix de plus en plus faible.

— Ce n'est rien, lui répondis-je ; le pouce du pied

droit cassé et mon cheval traversé par un boulet. As-tu vu passer mon domestique ?

— Il n'y a pas plus d'une heure que je l'ai vu se diriger de ce côté ; et ses yeux noirs et doux m'indiquaient seuls la direction.

Je l'embrassai en sanglotant ; c'était un adieu éternel, nous le comprenions tous deux. Il va sans dire cependant que mon premier soin, en retrouvant mes chevaux et mon domestique, un quart d'heure après, fut de donner ordre de le transporter à l'ambulance de la division. J'en chargeai spécialement mon Bastien, garçon plein de dévouement et d'intelligence, qui parlait également l'allemand et le polonais, et dont les soins et l'infatigable activité m'étaient du plus grand secours depuis le commencement de la campagne.

Mais tous les secours furent impuissants ; j'appris plus tard que le malheureux Duvergne, transporté à l'hôpital de Moscou, y était mort presque aussitôt après sa translation.

Cependant, je m'étais fait hisser sur ma jument baie, qui me restait seule, avec un autre cheval plus que médiocre monté par Bastien, et, traversant une seconde fois le champ de bataille pour rejoindre mon régiment à travers une grêle de boulets qui sillonnaient la terre autour de moi, je me replaçai à la tête de mon peloton, et reçus pour récompense de mon zèle les éloges les plus flatteurs de mon brave colonel.

Le pauvre 8ᵉ chasseurs était plus que décimé ; ses rangs étaient tristement éclaircis, et un grand nombre de cadavres d'hommes et de chevaux jonchaient le terrain que nous occupions depuis le lever du soleil.

Il était onze heures environ ; un vacarme effroyable d'artillerie retentissait dans la plaine ; la terre tremblait sous le bruit des charges de cavalerie, lorsqu'enfin nous vîmes accourir à toute bride un aide de camp du général Grouchy, qui nous apportait l'ordre de charger en faisant un mouvement sur notre gauche pour traverser la route un peu au-dessus de Borodino. Jamais homme condamné au supplice ne ressentit plus de joie en recevant sa grâce que nous n'en éprouvâmes à exécuter cette manœuvre, qui nous délivrait d'une inaction si funeste.

Les régiments se plièrent en escadrons au galop en soutenant cette allure jusqu'au moment où, arrivés sur le flanc droit de l'ennemi, ils se trouvèrent en présence des cuirassiers russes.

Nous nous formâmes en avant en bataille, et en colonnes par régiment en masse.

Le 6e hussards tenait la tête ; il chargea vigoureusement et ébranla les cuirassiers russes, de sorte que le 8e chasseurs, qui venait en seconde ligne, se précipitant comme la foudre, acheva leur défaite.

Ils tournèrent bride dans le plus grand désordre, et nous sabrâmes avec rage, comme pour nous dédommager et réparer le temps perdu.

Les cuirassiers russes ne portant de cuirasses que sur la poitrine, nous pouvions les pointer avec avantage dans leur fuite.

Nous étions tellement acharnés, que beaucoup d'entre nous les poursuivirent longtemps après que les trompettes eurent sonné le ralliement, et, pour rejoindre notre division, il fallut nous faire jour à travers une nuée de Cosaques.

Les cuirassiers russes, enfin ralliés, se reportèrent en avant pour charger.

Ils s'arrêtèrent à cent pas de notre front. Nous nous tenions fermes sur les étriers, le sabre à la main, disposés à les bien recevoir.

Les Cosaques, selon l'habitude, s'étaient retirés des deux côtés pour laisser le champ libre.

L'ennemi, à la vue de notre bonne contenance, parut hésiter; il n'osa pas entamer la charge et exécuta un demi-tour par pelotons, au pas, avec autant de régularité que dans une manœuvre de champ de Mars. Les Cosaques s'abattirent dans l'intervalle comme une troupe de loups furieux et sans plus d'ordre. On envoya une grande quantité de tirailleurs pour les contenir; mais comme la bataille n'était point encore entièrement gagnée, et que nous avions l'ordre de ne point avancer, le reste de la journée se passa ainsi, et nous établîmes notre bivouac en avant de Borodino.

Comme je souffrais beaucoup de mon pied blessé, le colonel m'autorisa à me caser aussi bien que possible avec trois de mes camarades également blessés et le chirurgien aide-major nommé Gérard, que nous aimions beaucoup au régiment.

La matinée qui suivit cette journée mémorable fut très meurtrière pour le 8ᵉ chasseurs. C'était notre tour de prendre la tête de colonne.

A la pointe du jour, les avant-postes furent attaqués, et nous nous portâmes en avant pour les soutenir; mais nous eûmes à combattre, outre une très forte arrière-garde, une foule innombrable de Cosaques et une batterie de trente pièces de canon, qui nous attendit à petite portée et nous cribla de mitraille.

Plus de soixante chasseurs furent tués, et nous eûmes un grand nombre de blessés, surtout parmi les sous-officiers.

Les lieutenants Naudet, Vermot et Guillemain ; les capitaines Périola, Antoine, Buchotte et Outhier, reçurent des coups de lance plus ou moins graves. Quant à moi, j'eus le bonheur de n'être point touché et de pointer quelques Cosaques.

Nous avions à notre gauche des lanciers polonais avec lesquels il y avait plaisir à combattre, quand ce n'eût été que pour admirer leur brillant courage et la fureur avec laquelle ils se précipitaient sur l'ennemi, partout où il se présentait et quelle que fût sa force.

Dans un mouvement de flanc que nous fîmes pour suivre les tirailleurs et ne pas rester inutilement exposés au feu du canon, lorsque mes yeux cherchaient à percer le nuage de fumée et de poussière qui nous entourait, je me sentis saisir la jambe par deux mains qui s'y cramponnaient avec une force extrême.

J'étais sur le point de me débarrasser par un coup de sabre de cette vigoureuse étreinte, lorsque je vis un jeune officier polonais, d'une beauté remarquable, qui, se traînant sur ses genoux et fixant sur moi ses yeux ardents, s'écria :

— Tuez-moi, tuez-moi, pour l'amour de Dieu, pour l'amour de votre mère !

Je sautai à bas de mon cheval, je me penchai vers lui ; on l'avait en partie déshabillé pour examiner sa blessure, et ensuite abandonné parce qu'il était hors d'état d'être transporté.

Il avait l'épine dorsale et le flanc coupés par un éclat d'obus, comme si on eût fait cette horrible blessure avec une faux tranchante.

Je frissonnai, et, me précipitant à cheval :

— Je ne puis vous secourir, mon brave camarade, et mon devoir m'appelle, lui dis-je.

— Mais vous pouvez me tuer, reprit-il, c'est la seule grâce que je vous demande.

Une grande quantité de chevaux erraient dans la plaine; j'ordonnai à un de mes chasseurs de me donner son pistolet et d'en prendre un autre dans la première fonte où il en trouverait ; et, le présentant tout armé à ce malheureux, je m'éloignai en détournant la tête.

J'eus cependant le temps de remarquer avec quelle joie féroce il se saisit de cette arme, et je n'étais pas à une longueur de cheval qu'il s'était fait sauter la cervelle.

Je ne pense pas avoir commis une mauvaise action en lui rendant ce service, et, quoi qu'en puissent dire les rigoristes, ma conscience ne me l'a jamais reproché, car sa mort était certaine, et ses douleurs atroces.

Enfin, nous parvînmes hors de la direction de l'artillerie ennemie, et, la fumée s'étant dissipée, nous nous trouvâmes sur le flanc droit de la position qu'elle occupait.

Le capitaine d'artillerie Dufour, que nous avions surnommé *capitaine Mitraille*, parce qu'il s'avançait toujours assez près de l'ennemi pour le mitrailler, venait de se placer en batterie et faisait un feu d'enfer, pour démonter les pièces russes.

Ce brave et ancien militaire, commandant trois batteries d'artillerie légère, était attaché à notre division de cavalerie. Tous les officiers le connaissaient et l'aimaient, non seulement parce qu'il était d'une bravoure remarquable, mais parce que, au bivouac, sa gaieté et ses vieux proverbes de corps de garde nous attiraient autour de lui.

Il disait quelquefois, en fixant ses yeux sur un verre d'eau-de-vie avant de l'avaler :

« Si tu deviens caporal à ton rang d'ancienneté, tu as le temps d'attendre. »

Et effectivement, depuis vingt ans qu'il faisait la guerre, il en avait assez bu, et son goût pour les liqueurs fortes était assez connu pour que cette bêtise fût risible.

Se fiant sur notre secours comme sur lui-même, il s'était avancé trop témérairement, lorsqu'un grand nombre de Cosaques réguliers et autres, s'élançant d'un bois voisin où ils étaient embusqués, l'entourèrent de tous côtés dans l'espoir de l'enlever, lui et ses pièces ; mais il se défendit comme un lion jusqu'au moment où, voyant le danger qu'il courait, d'un commun accord, mus comme par une même pensée, nous nous précipitâmes au galop de nos chevaux pour le dégager.

Quelques canons étaient déjà au pouvoir des Cosaques ; nous les reprîmes aussitôt et les ramenâmes au capitaine Dufour, qui les reçut de nos mains avec la joie et l'attendrissement d'un bon père retrouvant ses enfants.

Nous nous formâmes en bataille, entre son artillerie et le bois ; en moins d'une heure les pièces ennemies étaient démontées, et, après quelques vigoureuses charges en fourrageurs, nous étions maîtres de la position, où nos feux furent établis dans les bivouacs occupés la veille par les Russes.

L'armée d'Italie, commandée par le prince Eugène, devait se concentrer pour se diriger sur Moscou ; mais les avant-gardes étaient spécialement placées sous les ordres du roi de Naples.

CHAPITRE XII

ÉPISODE.

Depuis le passage du Dniéper, nous avions souvent remarqué, sur la ligne des tirailleurs ennemis, un jeune officier cosaque parfaitement monté sur un magnifique cheval de l'Ukraine. Dans plusieurs occasions, il s'était approché de nos tirailleurs à portée de la voix, et il nous adressait alors des injures en très bon français. Outrés de cette conduite, Monneret et moi lui avions offert le combat singulier, lui laissant le choix de son adversaire; l'autre s'engageant sur l'honneur, non seulement à ne pas soutenir son compagnon d'armes, mais encore à écarter nos chasseurs de manière à laisser le champ libre aux combattants, pourvu que, de son côté, il s'engageât à éloigner ses Cosaques.

La première fois que nous lui fîmes cette proposition amicale, j'avais cédé le pas à Monneret, comme je le devais par condescendance pour mon ancien : j'avais fait écarter nos chasseurs, et mon camarade, mettant son cheval au petit galop, le sabre solidement maintenu dans la main par la dragonne, s'avança bravement sur son adversaire, qui ne devait faire usage que de son sabre ou d'une lance, à son choix, le pistolet étant interdit. Mais en ce moment, voyant une vingtaine de Cosaques qui manœuvraient des deux côtés, dans l'intention évidente de prendre Monneret par derrière et de lui couper toute retraite, je piquai aussitôt des deux pour le prévenir. L'officier cosaque, voyant sa trahison déjouée, se sauva à toute bride, accompagné de nos huées et des épithètes de lâche et de fanfaron que nous ne lui épargnions pas, et nous nous fîmes jour à travers les Cosaques, qui se dispersèrent en voyant arriver sur eux nos tirailleurs, indignés comme nous de ce guet-apens.

La seconde fois, il nous jura si bien qu'il attendrait celui de nous qui voudrait s'avancer que j'ajoutai foi à sa parole, et, franchissant la ligne des tirailleurs, suivi seulement à distance par Monneret, je n'étais plus qu'à quelques pas de mon homme, lorsqu'il tira vivement un pistolet de sa fonte et le déchargea sur moi, heureusement avec une telle précipitation qu'il ne prit pas même le temps de viser.

Je ne fus pas atteint, et j'espérais bien lui faire sentir la pointe de mon sabre; mais il se garda bien de m'attendre, et comme, ainsi que je l'ai dit, il montait un cheval très vite, je dus me résoudre à revenir parmi mes tirailleurs, en me promettant bien, ainsi que mon frère d'armes, de le traiter en Cosaque à la première occasion et de ne plus agir à son égard avec des façons aussi chevaleresques.

Nous nous trouvions donc, selon l'ordinaire, sur la ligne, quelques jours après la bataille de la Moskowa. Un brouillard épais nous entourait depuis le lever du soleil, lorsque nous vîmes venir dans la plaine, un peu en avant des Cosaques, un cavalier qu'à sa tournure et à son cheval nous crûmes reconnaître pour notre fanfaron; Monneret me dit aussitôt :

— Tâche de l'amuser et de fixer son attention, de manière qu'à la faveur du brouillard je puisse le tourner et le mettre entre nous deux. Nous verrons s'il nous échappe encore cette fois.

Je m'avançai en conséquence au petit trop sur le cavalier, ayant l'air de ne point vouloir l'attaquer, et élevant mon sabre comme si je lui faisais un signal.

Pendant ce temps, Monneret ayant fait un détour, arriva comme la foudre derrière lui. Mais, trop brave et trop généreux pour user de son avantage, il se contenta de lui crier :

— Chien de poltron, nous te tenons enfin ! Défends-toi, ou je te tue.

Et déjà la pointe de son sabre était à deux pouces de la poitrine de son adversaire.

J'avais réglé l'allure de mon cheval de façon à arriver en même temps que Monneret, et je tenais mon pistolet armé et mon sabre suspendu à mon poignet par la dragonne, tout prêt à faire feu, dans le cas probable où notre proie tenterait encore de nous échapper.

Cependant le cavalier n'avait pas même mis le sabre à la main. Il s'arrêta court, nous regardant avec sang-froid. Nous le tenions entre nous deux et nous disposions à l'emmener prisonnier, lorsque, revenu de sa surprise, il nous demanda si nous étions fous, et si nous n'avions pas assez d'ennemis à combattre, puisque nous attaquions nos compagnons d'armes.

Il faisait plus clair à chaque instant, et le soleil, en s'élevant à l'horizon, dissipait le brouillard. Rien ne peut dépeindre notre confusion, lorsque nous reconnûmes l'uniforme des aides de camp du roi de

Naples. C'était le brave général Déry, qui, en amateur, et coiffé d'une espèce de képi, venait voir ce qui se passait sur la ligne.

Il se nomma, reçut nos humbles excuses avec toute l'aménité possible, rit beaucoup de notre rancune contre l'officier cosaque et fut assez bon pour ajouter que, si nous eussions été moins généreux, il pouvait payer cher l'imprudence qu'il avait commise en sortant si matin et par un brouillard aussi épais sans les insignes de son grade. J'eus la douleur de voir tuer ce brillant officier général à quelques pas de moi, le 18 octobre, ainsi que j'aurai occasion de le raconter plus loin.

Cependant, les journées de combat se succédaient sans interruption pour nous, cavalerie légère d'avant-garde. L'armée ennemie se retirait avec un ordre admirable, ne laissant point de blessés et peu de morts après elle. Depuis le passage du Borysthène, nous éprouvions déjà de grandes privations par suite de la rareté des vivres. Une seule distribution avait été faite à Smolensk; mais plus nous avancions dans ce pays sauvage, plus la disette se faisait durement sentir.

Les deux régiments de chevau-légers saxons et bavarois appartenant à notre division s'étaient tellement fondus par la désertion qu'à peine pouvaient-ils fournir deux escadrons chacun. Nous étions donc trop faibles pour pouvoir, comme l'infanterie, envoyer aux vivres par grande masse, à quelque distance de la route. Si nous arrivions à portée d'un village ou d'un hameau, nous le trouvions en flammes; les Cosaques ne l'abandonnaient qu'après y avoir mis le feu, dévasté tout ce qu'ils ne pouvaient emporter, et enfoncé les tonneaux de bière ou d'une eau-de-vie d'avoine appelée vodka, fort en usage dans le pays.

Pas un mouton, pas un animal qui pût nous servir de nourriture, si ce n'est, de temps en temps, une poule maigre échappée à l'émigration générale, ou un jeune poulain trop faible pour suivre sa mère, et qui hennissait dans la campagne.

Quand nous faisions cette trouvaille, nos chasseurs le mettaient dans les rangs; il suivait, bon gré, mal gré, les mouvements du régiment, et on le tuait en arrivant au bivouac pour le manger en biftecks, tout ce qu'il y a de plus au naturel, c'est-à-dire sans aucune espèce d'assaisonnement.

Je ne pouvais m'habituer à me nourrir de chair de cheval et ne le faisais jamais qu'après plusieurs jours de diète forcée, quand j'étais dans l'alternative d'en manger ou de mourir de faim. Cette viande est tellement coriace et filandreuse qu'il semble que l'on soit obligé de broyer entre ses dents une poignée de chanvre. Le cœur et le foie de l'animal, ainsi que la chair de poulain, sont plus supportables; mais je faisais un bon repas lorsque j'étais assez heureux de découvrir une cachette de pommes de terre.

Grâce à l'intelligence de mon domestique Bastien, il m'arrivait quelquefois d'excellentes aubaines dont je faisais part à mes camarades de compagnie et surtout à mon colonel.

Comme les chevaux n'étaient pas rares, Bastien se procurait facilement un cognat (petits chevaux du pays). Il se couvrait d'une gospodine (sorte de paletot en peau de mouton), ainsi que d'un bonnet, dépouille de quelque Cosaque, et, s'éloignant à une assez grande distance de l'armée, il finissait toujours par découvrir un village encore peuplé.

6

Là, à l'aide de son déguisement et de sa connaissance de la langue russe, il se faisait passer pour un habitant d'un village incendié par les Français et demandait des vivres pour sa famille en fuite. Si on refusait parfois de lui en donner, on ne refusait jamais de lui en vendre; et comme les poches des hommes tués n'étaient pas toujours vides et qu'il jugeait parfaitement inutile d'enterrer les morts avec leur argent, il se procurait ainsi, en monnaie du pays, de quoi payer ce qu'il m'apportait le soir au bivouac.

Dans une de ces excursions, il arriva à un château magnifique appartenant à un seigneur russe et confié à la garde de quelques paysans serfs. En visitant l'écurie, il s'aperçut que, dans la précipitation du départ, on y avait oublié un joli cheval gris souris; mon pourvoyeur me jura ses grands dieux qu'il avait offert de le payer, mais que les paysans n'avaient pas voulu accepter d'argent, disant qu'il pouvait le prendre, puisque le maître n'avait pas jugé à propos de l'emmener.

Il était impossible de n'être pas convaincu par une aussi bonne raison; aussi ne se fit-il aucun scrupule de s'emparer du cheval. Il nous rejoignit le soir avec ce qu'il appelait sa nouvelle acquisition, et bien chargé de comestibles qu'il avait peut-être achetés de la même manière, car il s'en trouvait en abondance dans le château et ses dépendances.

Nous marchions sur Moscou, mais lentement; l'armée russe ne battant plus en retraite comme avant la prise de Smolensk, mais défendant le terrain pied à pied et nous tuant beaucoup de monde à coups de canon, toutes les fois que son artillerie trouvait une bonne position pour se mettre en batterie.

Chaque soir, après le coucher du soleil, harassés

de fatigue, mourant de faim et de soif, nous établissions nos bivouacs, soit dans une plaine, soit dans quelque bois de sapins. Là, couchés aux pieds de nos chevaux, nous attendions que les maraudeurs eussent découvert un village, un hameau ou seulement une cabane abandonnée. Cette bonne nouvelle nous était annoncée par quelques chasseurs rejoignant leur compagnie, chargés de paille, de chaume, de pommes de terre, enfin de tout ce qu'ils avaient pu arracher à l'incendie.

Alors, chacun se précipitait de ce côté dans l'espoir de trouver un peu de nourriture pour soi-même, ou au moins pour ses chevaux, mais il était bien rare qu'il y en eût assez pour contenter cette foule affamée, et il fallait, bon gré, mal gré, se résoudre à manger le morceau de cheval mis en réserve dans la journée, et que nous faisions griller au feu du bivouac, au bout de la pointe de notre sabre en guise de broche.

Nos pauvres chevaux passaient une partie de la nuit à broyer péniblement le vieux chaume qui, depuis bien des années, servait de toiture à des huttes de paysans.

Notre brave colonel, si habitué à toutes les jouissances du luxe, à toutes les douceurs du confortable, nous donnait l'exemple de la résignation comme du courage. Souvent, lorsque ses domestiques étaient parvenus à se procurer des vivres, il me faisait appeler pour les partager avec lui, et, de mon côté, lorsque Bastien m'en apportait, je ne manquais jamais de lui en faire part.

Mais, je le répète, même avant d'avoir atteint les bords du Dniéper, la disette était si affreuse que nous restions souvent une semaine sans autre nourriture que du cheval grillé.

CHAPITRE XIII

ENTRÉE A MOSCOU.

Enfin, le 14 septembre, au débouché d'une forêt, nos tirailleurs étant arrivés sur une hauteur au pied de laquelle s'étendait une plaine magnifique traverversée par la Moskowa, nous aperçûmes à l'horizon l'immense capitale primitive de ce vaste empire, la grande Moscou, où nous espérions jouir de quelques jours d'un repos si chèrement acheté.

Ce magnifique spectacle surpassa de beaucoup tout ce que notre imagination avait pu se figurer sur le luxe asiatique. Une quantité incroyable de clochers et de dômes peints de couleurs éclatantes, surmontés de croix dorées et réunis entre eux par des chaînes dorées aussi, se distinguaient au loin, tranchant sur les teintes rougeâtres produites par le soleil à son déclin. Le vaste et antique Kremlin et son clocher, terminé par une grande croix qu'on assurait être d'or massif, mais qui était au moins en argent doré et étincelant, dominait ce tableau. La rivière de la Moskowa, fort large en cet endroit, traversait cette agglomération de palais somptueux, de vastes jardins, et serpentait dans la plaine où nous descendions.

Tout cela était d'un effet magique et nous fit éprouver une joie d'autant plus vive que, le feu du canon ayant cessé de se faire entendre, on parlait sur toute la ligne d'une suspension d'armes qui devait servir de préliminaire à la paix. Nous approchions donc gaiement des bords du fleuve, que nous passâmes à gué, et nous établîmes nos bivouacs sur la rive opposée.

Il était environ cinq heures du soir. Un de mes camarades nommé Pascal, le même qui avait été chargé de s'emparer du partisan André Hoffer, et qui était fils d'un riche propriétaire du Dauphiné, se réjouissait avec moi à l'idée des plaisirs que nous espérions goûter à Moscou, lorsque, presque d'un commun accord, comme frappés en même temps de la même pensée, nous nous écriâmes : « Eh ! pourquoi attendre à demain ? Montons un cheval frais, et allons passer la nuit à Moscou ; nous reviendrons de très bon matin, afin de nous trouver en selle avec le régiment. » Ce coup de tête était presque une folie ; mais nous étions trop jeunes, trop étourdis et de trop bon appétit pour résister à l'appât d'un fin souper et d'une nuit de plaisir.

En un instant, malgré les remontrances de nos vieux camarades plus prudents, nous fûmes prêts. Je montai le cheval gris trouvé par Bastien, et nous partîmes au galop sur la grande route de Moscou.

Parvenus aux avant-postes, occupés par les chevau-légers de notre division, nous demandâmes à l'officier commandant la grand'garde si l'armée ennemie avait évacué la ville, et si nous pouvions nous y aventurer.

Il trouva notre escapade très dangereuse ; nous dit que les reconnaissances avaient bien poussé jusque sous le mur d'enceinte, mais que, quoique la porte fût ouverte, on n'avait pas encore osé pénétrer dans les rues.

L'officier bavarois ajouta qu'il savait que, sur un autre point, le roi de Naples, entouré de son état-major, s'était abouché avec les Cosaques, qui lui avaient montré le plus grand enthousiame, et que pour répondre à leurs éloges sur sa bravoure chevaleresque bien connue de la plupart d'entre eux, il leur avait distribué les montres de tous ses aides de camp et des autres officiers de son état-major.

Malgré l'incertitude de ces renseignements, nous piquâmes des deux, et nous galopions depuis dix minutes environ, lorsque nous vîmes distinctement une colonne de cavalerie qui se dirigeait de notre côté. L'éloignement où nous étions encore ne nous permettant pas de reconnaître les uniformes, et ne sachant si nous aurions affaire à des amis ou à des Russes, nous mîmes le sabre à la main, et, nous écartant un peu dans la plaine, nous marchâmes en avant avec plus de précaution. Arrivés à portée de fusil, quelques hommes d'avant-garde, sous le commandement d'un sous-officier, se détachèrent, vinrent à nous, et nous pûmes reconnaître l'uniforme français.

Remettant alors notre sabre dans le fourreau, nous nous approchâmes de la colonne, où se trouvait le général Bruyères, qui la commandait. Il nous demanda d'où nous venions, où nous allions, et à quel corps nous appartenions. Trop avancés pour reculer, et n'étant point d'ailleurs sous les ordres de ce général, encouragés même par son air de bonté, nous lui avouâmes tout.

— Je suis trop heureux d'apprendre où se trouve l'armée d'Italie, que j'ai ordre de rejoindre et après laquelle je cours depuis trois heures, pour vous faire des observations ou des reproches, nous dit-il.

Allez vous amuser à Moscou... si vous pouvez.

Nous ne nous le fîmes pas dire deux fois, et, partant à fond de train, nous longeâmes la colonne de cavalerie et ne tardâmes pas à nous trouver à l'entrée de la ville, indiquée par une grande porte ouverte à deux battants comme pour nous offrir l'hospitalité.

Nous allions en franchir le seuil, lorsque je vis une vieille femme qui, arrêtant d'une main mon cheval par la bride et soutenant de l'autre les coins de son tablier, m'invitait par ses cris et ses gestes à prendre ce qu'il contenait. Je me penchai vers elle, et, plongeant la main dans son tablier, je la retirai munie d'une grande poire cuite, semblable à celles qui se vendent en plein vent sur les quais ou sur le pont Neuf, à Paris ; mais, alléché par l'espérance d'un souper délicat, je rejetai avec mépris ce que j'eusse accepté la veille avec reconnaissance.

Nous pénétrâmes dans une rue superbe, garnie des deux côtés de trottoirs et d'hôtels magnifiques, et nous remarquâmes que ces hôtels étaient séparés les uns des autres par de grands murs de jardin ; ce qui nous expliqua l'étendue de cette vaste capitale.

Cependant, quoique la nuit fût à peine close, nous ne rencontrions pas un seul habitant ; pas une lumière n'était allumée, pas une seule persienne ouverte ; pas le moindre bruit, le moindre signe de vie à l'intérieur comme à l'extérieur des maisons : partout le plus profond silence, le silence du tombeau...

Nous arrêtâmes nos chevaux ; nous étions effrayés.

La grande résolution prise par l'ennemi d'évacuer

la ville se montrait à nos yeux comme un fantôme menaçant et terrible. Toute illusion était détruite. Adieu nos espérances de repos, de retour tranquille dans notre patrie, dont nous étions si éloignés. Devant nous, une suite incalculable de combats et de misère. Telles furent les cruelles réflexions qui frappèrent spontanément notre esprit, et se manifestèrent par cette désolante exclamation qui les comprenait toutes :

« La ville est évacuée !... »

Pour le moment, il n'y avait plus à songer à un bon souper, à une nuit de plaisir. J'en étais déjà à regretter les poires cuites de la vieille femme.

Nous étions comme étourdis de ce coup inattendu du sort, comme frappés de la foudre ; nous restions immobiles, livrés à nos tristes réflexions et ne sachant quel parti prendre, lorsqu'un bruit d'abord sourd et confus, mais devenant de minute en minute plus clair et plus distinct, nous annonça l'approche d'un train d'artillerie.

Bientôt nous distinguâmes des voix proférant des jurements en français. La rue s'éclairait de la lueur rougeâtre des torches portées par des artilleurs placés en avant-garde. Nous approchâmes et fîmes connaissance avec le major Chopin qui, après une pointe dirigée assez avant dans la ville, cherchait à en sortir et se dirigeait presque au hasard, heureusement du bon côté.

Nous lui donnâmes tous les renseignements qu'il désirait, lui demandant en échange si, sur la route qu'il venait de parcourir, il n'aurait point remarqué quelque chose comme un hôtel garni, un restaurateur, une auberge ou même un bouchon ; nous n'y regardions pas de si près.

Il se mit à rire et nous assura qu'il n'avait rencontré âme qui vive.

« Si vous voulez, mes jeunes fous, ajouta-t-il, faire comme mes canonniers, qui viennent d'enfoncer une porte à deux cents pas d'ici, allez les rejoindre et prenez ce que vous trouverez. »

J'avoue que, pour ne pas compromettre la dignité de l'épaulette, nous aurions dû résister à la tentation ; mais, d'un côté, le désappointement de retourner au bivouac comme nous en étions partis, pour être en butte aux railleries de nos camarades ; de l'autre, la colère qui nous animait en nous voyant déçus de toutes nos illusions par l'évacuation de la ville ; tout, sans parler d'une faim dévorante, contribua à nous faire commettre une action que non seulement nous ne nous serions pas permise, si les habitants eussent été chez eux, mais que nous aurions même réprimée de tout notre pouvoir.

Quoi qu'il en soit, après quelque hésitation, nous poursuivîmes notre chemin et ne tardâmes pas à nous trouver devant une maison de belle apparence. Elle retentissait d'un bruit de voix et de rires ; la porte donnant sur le trottoir était enfoncée, et une vive lumière brillait par les soupiraux des caves, semblables à des yeux de feu, dans l'obscurité profonde qui nous entourait.

Nous mîmes pied à terre, et, après avoir attaché nos chevaux, nous pénétrâmes dans l'intérieur. Marchant avec précaution et guidés seulement par le bruit des voix souterraines, nous trouvâmes les premières marches d'un escalier, et un instant après, une suite de caves construites en voûte, vivement éclairées par des torches placées soit contre le mur, soit entre les tonneaux.

Les canonniers, qui avaient déjà fait de copieuses libations, chantaient à gorge déployée ; mais notre arrivée inattendue les fit rentrer d'abord dans le plus profond silence ; malgré l'autorisation tacite du major Chopin, ils se regardaient comme pris en flagrant délit. Nous nous empressâmes de les rassurer, et procédâmes à l'inspection des caves.

Les noms des plus respectables vignobles de France, inscrits en grosses lettres sur chaque barrique, nous causèrent beaucoup de joie et nous rappelèrent chaudement la patrie :

On lisait : *château-margaux,* 1804, 1805 ; *médoc, sauterne,* 1803, 1804, etc. Nous trouvâmes une grande quantité de petits fûts de la contenance de dix à vingt bouteilles ; il y avait du vin de Frontignan et plusieurs espèces des meilleurs crus d'Espagne. Enfin nous ne pouvions mieux tomber ; nous n'avions qu'à choisir, et, après avoir appris d'un canonnier que nous étions chez un pharmacien, nous dûmes penser qu'il débitait à ses pratiques plus de toniques que de drogues.

En traversant d'une cave dans une autre, nous vîmes un soldat russe, ivre-mort, couché dans le vin qui s'était écoulé par le robinet d'un tonneau presque vide.

Plus loin, appuyés contre le mur, leur chapeau à large bord rabattu sur les yeux, enveloppés d'une gospodine de peau de mouton, les bras croisés sur la poitrine, l'air farouche, immobiles comme des statues, nous aperçûmes deux hommes de haute taille qui nous considéraient avec des regards sauvages et étonnés, mais sans exprimer la moindre crainte.

Peut-être avaient-ils la main droite armée d'un

poignard caché, et je pense que deux hommes seuls auraient couru de grands dangers avec eux ; mais comme ils étaient sans arme apparente, ils n'excitèrent point notre méfiance.

Cependant j'avais de la peine à m'expliquer leur présence. Tout en remplissant un petit fût de bordeaux et un autre de malaga, je demandai à Pascal comment il se faisait que ces hommes, au lieu de suivre l'émigration générale de leurs compatriotes, fussent restés cachés dans leurs caves. Étaient-ce des déserteurs de l'armée russe ou des paysans serfs qui cherchaient à s'affranchir de la servitude, en profitant de l'entrée de l'armée française dans Moscou ?

Nous nous perdions en conjectures, car si le grand acte de l'évacuation était évident, la résolution désespérée d'incendier la ville n'avait point encore été mise à exécution, puisque le feu ne se manifesta que le lendemain, jour de l'entrée solennelle des Français.

CHAPITRE XIV

MOSCOU.

Le feu fut allumé dans les principales maisons de la ville, à des distances très rapprochées, spontanément, par les mêmes hommes dont nous avions eu trois à notre disposition. Les prisons avaient été ouvertes, et l'écume de ce peuple barbare avait été répartie dans Moscou, avec l'ordre de mettre le feu.

Les pompes à incendie avaient été enlevées, et les incendiaires n'exécutèrent que trop fidèlement la mission dont ils avaient été chargés. Mais, si leur grâce leur avait été promise en récompense, bien peu en profitèrent ; car un ordre de l'Empereur fit fusiller sur-le-champ tous ceux qui furent surpris occupés à ce terrible devoir, ou se cachant dans le dessein évident de l'exécuter.

Cependant, pour en revenir à mon récit, nous avions la tête plus qu'échauffée par la simple dégustation des vins. Après avoir rempli chacun nos deux petits fûts de vieux bordeaux et de malaga, nous remontâmes avec plusieurs canonniers portant des torches. Une grande quantité de bocaux en porcelaine, étiquetés, rangés avec soin, un fort beau comptoir, des balances, etc., nous annonçaient la boutique d'un riche apothicaire. Quant à nous, une fois remontés à cheval, nos deux petits tonneaux, placés des deux côtés de la selle, nous donnaient assez l'apparence de deux cantiniers. Nous revînmes donc sur nos pas; mais le grand air acheva ce que nos premières libations avaient commencé.

A peine arrivés hors de la ville, la tête nous tourna, et l'instinct seul de nos chevaux nous dirigeait sur la route. Après avoir fait environ un quart de lieue, je sentis que je ne pouvais aller plus loin, et nous nous arrêtâmes à la porte d'une belle ferme abandonnée, que nous trouvâmes heureusement ouverte.

Je ne me rappelle pas comment nous découvrîmes une échelle appuyée contre le mur d'un grenier et comment nous y montâmes. Tout ce que je sais, c'est qu'il s'y trouvait beaucoup de bon foin, et que, malgré notre malaise, avant de nous jeter dessus pour dormir, nous n'oubliâmes pas nos pauvres chevaux, qui eurent de quoi en faire litière.

Lorsque je me réveillai, le jour commençait à paraître. Nous avions placé nos quatre précieux barils, en guise d'oreillers, sous le foin qui nous servait de lit : je secouai Pascal encore endormi et ronflant comme un orgue d'église, et nous descendîmes pour faire boire nos chevaux et partir.

Moins d'une demi-heure après, nous avions rejoint le régiment.

Je laisse à penser si nous fûmes bien accueillis; tout le monde y était déjà inquiet de nous : on savait, par les officiers de la division Bruyères rencontrés la veille, que l'armée n'avait point pénétré dans Moscou. Comment donc avions-nous pu y passer la nuit? Si l'ennemi y était encore, nous devions être prisonniers ou tués. Enfin, notre retour réjouit fort nos camarades, car les camarades de régiment étaient de vrais amis, de véritables frères d'armes.

D'ailleurs, il n'y a pas de liens plus forts entre les hommes que le partage des mêmes dangers, des mêmes privations. Jamais je n'ai entendu un seul officier du 8ᵉ chasseurs souhaiter la mort ou l'éloignement d'un autre officier supérieur en grade, pour avoir sa place. Chacun cherchait à se distinguer par sa subordination et par son courage, aucun par des rodomontades qui eussent pu nuire à un ami dans l'esprit de nos chefs.

Nous nous connaissions tous pour ce que nous étions, et je n'ai jamais entendu un de mes compagnons d'armes témoigner la moindre jalousie de ce que les sous-officiers et les brigadiers s'achetaient les tours de service pour m'accompagner lorsque j'étais de grand'garde ou de reconnaissance.

Un seul, nommé F..., bon garçon du reste, mais sans éducation, se permit quelques critiques sur la préférence marquée du colonel pour moi. Un bon coup de sabre d'amitié au premier sang, que nous nous donnâmes, rétablit l'équilibre d'harmonie. Je le blessai au-dessus du genou, je reçus une entaille sur le bras droit, et tout fut fini. Nous étions meilleurs amis qu'avant.

Notre distribution de vin terminée, on sonna à cheval, et nous nous portâmes en avant, sur la route que je venais de parcourir avec Pascal. Les approches de la ville étaient garnies de Cosaques, ce qui nous fit penser que notre mort, ou au moins notre captivité, n'avait peut-être dépendu que de quelques instants de retard.

Le canon ne se faisait point entendre ; nous fîmes

halte dans un champ de pommes de terre, sur la gauche de la ville; et, comme nous eûmes la permission de mettre pied à terre, la récolte en fut bientôt faite. Chacun remplit sa musette d'excellentes pommes de terre en parfaite maturité. C'était une précaution que nous espérions bien être superflue en entrant à Moscou.

Nous restâmes jusqu'à trois heures de l'après-midi dans cette inaction ; mais je connaissais la position de notre chambre à coucher de la nuit précédente, et, comme on ne se battait pas, Bastien, que j'y envoyai, me rapporta du fourrage et de l'avoine pour mes chevaux.

Il en arrivait, au reste, de tous côtés, ainsi que des vivres. A trois heures, nous nous formâmes en colonne par pelotons, et, au lieu d'entrer dans la ville, nous la tournâmes par la gauche, pour aller nous établir dans un faubourg, près de la Moskowa.

Nous attachâmes nos chevaux à des arbres fruitiers qui formaient de nombreux vergers et préparâmes notre bivouac.

Déjà le feu se manifestait sur une multitude de points différents. Les troupes qui avaient pénétré dans l'intérieur de Moscou en sortaient précipitamment et dans le plus grand désordre.

D'abord, nous pensâmes que l'incendie avait été allumé par nos propres soldats, qui, après tant de fatigues et de privations, n'avaient pu résister à l'attrait du pillage ; mais la vérité ne tarda pas à se faire connaître, car les incendiaires furent pris en flagrant délit et massacrés sur-le-champ.

Ainsi que je l'ai dit, les pompes à incendie avaient été emmenées. On fit d'inutiles efforts pour établir des chaînes depuis le fleuve. Que pouvait-on contre un fléau si terrible, qui se manifestait sur mille points divers, tout à coup, et comme produit par la même étincelle électrique ?

Le quartier marchand ou bazar, formé d'une agglomération de maisons construites en bois et d'une étendue considérable, renfermait encore des richesses incalculables. Les productions de l'Inde et de la Chine, avec celles de l'Europe, des magasins considérables de thé, de denrées coloniales, les plus riches fourrures, les plus belles étoffes de soie de Lyon, les produits de l'industrie parisienne, des arts et du commerce des deux mondes, tout s'y confondait pour se dévorer et alimenter ce vaste incendie.

Nos chasseurs revenaient de tous côtés chargés de butin. Nous étions dans l'abondance, je puis même dire dans le gaspillage. Les uns mettaient le pot-au-feu, d'autres faisaient rôtir un gigot de mouton ; des casseroles remplies de ragoûts de toute espèce entouraient les feux du bivouac. En attendant ce bon repas, on buvait du vin chaud en fumant sa pipe.

Je m'approchai de la ville et rencontrai un grenadier de la garde impériale, qui m'offrit de me vendre une magnifique pelisse à capuchon entièrement doublée de renard bleu de Sibérie, fourrure extrêmement rare même en Russie. Il m'en demanda 80 francs que je n'hésitai pas, comme on le pense bien, à lui donner. Elle valait au moins 1,000 écus. J'en ai marchandé une à Kœnigsberg à mon retour de la campagne, et on m'en a demandé ce prix, quoiqu'elle fût bien moins grande et sans capuchon.

C'était pour moi la plus précieuse acquisition, et je puis affirmer que tant que j'ai conservé cette bonne couverture je me trouvais aussi bien et aussi chaudement couché par terre que si j'eusse été dans le meilleur lit.

Dès les premiers jours de l'occupation, l'Empereur avait été contraint de se retirer au château de Petrowsky, à une lieue environ de Moscou ; mais, comme on était parvenu à se rendre maître du feu autour du Kremlin, et que le Kremlin lui-même n'avait point souffert, il vint ensuite y établir sa résidence, avec tout son état-major.

J'allai, dans cette ancienne demeure des Czars, rendre visite à mon ami Emmanuel le Couteulx, aide de camp du prince de Neuchâtel, et je trouvai sur une table du salon de service, parmi une foule de journaux et de papiers arrivés de Paris, le bulletin très exact de la bataille de Mojaïsk. Le nombre des morts, sur le champ de bataille, y était porté à soixante mille, et certainement ce chiffre n'était point exagéré, de l'aveu de tous ceux qui ont assisté à cette boucherie. Le recensement des hommes morts de notre côté s'élevait à vingt mille, et nous avions tué quarante mille Russes.

CHAPITRE XV

DÉPART DE MOSCOU POUR LA POSITION DE WINKOWO.

Après six jours de repos, la division Chastel, réunie à la division de dragons du général Lahoussaye, fut placée sous les ordres du roi de Naples pour former une avant-garde de 12,000 hommes. Les quatre régiments de dragons étaient les 7e, 23e, 28e et 30e. Les frères Brétenet, avec lesquels j'étais lié, appartenaient à ce dernier régiment. Tous deux, officiers de la plus grande distinction, furent victimes de cette désastreuse campagne. Le plus jeune fut tué le 18 octobre. Nous tournâmes la ville en longeant le fleuve, que nous passâmes sur un beau pont de bois, pour nous porter sur la route de Kalouga.

L'arrière-garde russe nous attendait, à deux lieues environ de Moscou, dans une bonne position. Elle nous salua vigoureusement à coups de canon, mais nous avions une nombreuse artillerie pour lui répondre. Après quelques heures de combat, l'ennemi battit en retraite, et nous nous arrêtâmes à Voronowo, où était situé le château du fameux Rostopschin.

Ce gouverneur de Moscou, usant largement de la carte blanche qui lui avait été donnée par l'empereur de Russie, avait ordonné l'évacuation de la ville, et pris toutes les mesures nécessaires pour assurer l'exécution de son incendie, œuvre barbare mais patriotique.

Du reste, il donna lui-même l'exemple ; car j'ai lu sur une pierre de taille, débris de son château incendié, ces mots tracés en langue française avec un charbon.

« *J'ai mis moi-même le feu à mon château, pour empêcher les chiens de Français de s'en rendre maîtres.*

« *Signé :* ROSTOPSCHIN. » (*Sic.*)

Nous avions bien fait de nous précautionner de provisions portées par nos chevaux de main, car le château et ses vastes dépendances ne nous offrirent aucune ressource.

Tout ce qui n'avait pu être emporté était souillé et dévasté. Les tonneaux de bière, de vin et d'eau-de-vie étaient défoncés et répandus ; des monceaux de cendre noire, entourés de débris de murailles, nous indiquaient seuls l'emplacement des greniers à paille et à foin.

Quelques chasseurs, en furetant avec leur fourreau de sabre dans un tas d'avoine brûlée, s'aperçurent que les couches inférieures avaient été préservées du feu. Ce fut une bonne découverte pour nos chevaux, et on eut de quoi en mettre en réserve pour la journée suivante, qui s'annonçait aussi incertaine que celles qui avaient précédé notre entrée à Moscou.

CHAPITRE XVI

ARRIVÉE A VINKOWO.

Le 4 octobre, nous atteignîmes, toujours en combattant, la position de Vinkowo.

Elle fut pour nous les colonnes d'Hercule, et nous ne devions pas aller plus loin.

Avant d'y arriver, nous eûmes à traverser un bois derrière lequel nous attendait, à bonne distance dans la plaine, une forte ligne d'artillerie ennemie.

Dès que la tête de colonne se présenta sur la route, elle fut accueillie par une volée de coups de canon qui mirent le désordre dans nos rangs.

Le général Chastel donna aussitôt ordre de former les escadrons pour être prêts à charger dès que nous serions en plaine. Pour cela, il fallait franchir le fossé de gauche qui bordait la grande route. Je me trouvai, dans ce mouvement, à côté de mon camarade Guillemier, qui, voulant me faire les honneurs d'un passage plus facile, m'engageait à passer devant lui; je ne voulus pas y consentir, par déférence pour mon ancien; mais au moment où il se décidait en riant et en me saluant à me précéder, un boulet passant entre sa tête et la mienne me coupa la respiration et produisit sur le cou de Guillemier une commotion si forte qu'il en resta enflé pendant plusieurs jours.

La soirée de ce jour de combat fut très meurtrière. L'ennemi, décidé à ne plus reculer, avait fait ses dispositions de défense, et nous accablait de boulets et d'obus.

Le colonel de Périgord, ayant demandé un cheval frais, venait de s'enlever sur l'étrier pour se mettre en selle, en passant la jambe droite sur la croupe, lorsqu'un boulet, ricochant entre les quatre jambes de l'animal, lui fit faire un tel bon en avant que le colonel, quoique fort bon cavalier, eut bien de la peine à se placer à cheval. Si son pied eût quitté terre une seconde plus tard, il avait la jambe emportée.

Je m'approchai de lui, vivement inquiet : il était sain et sauf, aussi calme, aussi plein de sang-froid et de douceur qu'à son ordinaire.

Il me remercia par un serrement de main et me dit :

— Mon brave Combe, nous ne sommes pas au bout de nos peines, et notre patrie est bien loin...

Je me replaçai à la tête de mon peloton, un peu ému à ce souvenir. Nous descendîmes dans une vallée assez profonde, où nous nous trouvâmes à l'abri du boulet. Une seule grande ferme se montrait encore intacte, et l'état-major s'y établit pour la nuit. On plaça les grand'gardes, les postes avancés et les vedettes sur les hauteurs et sur les flancs opposés de la colline. De là, nous apercevions en panorama les bivouacs de l'armée ennemie, séparée de nous par une plaine traversée par une petite rivière dont je ne me rappelle pas le nom, mais qui doit être une des branches de la Moskowa.

Le lendemain 5 octobre, avant le jour, comme nous montions à cheval, nous apprîmes que le général Lauriston porteur de propositions de paix, après avoir eu une conférence avec le roi de Naples, était passé pendant la nuit pour se rendre d'abord auprès du général russe Kutusow, et ensuite auprès de l'empereur Alexandre. En conséquence, au lieu de nous porter en avant, nous reçûmes l'ordre de retourner à nos bivouacs, et on annonça une suspension d'armes.

Mais avant qu'elle fût dénoncée, je dois faire mention d'un trait de courage du chasseur Bouteillé, dont j'ai déjà parlé.

Se trouvant de grand'garde et se fiant à la bonté d'un cheval russe qu'il avait pris à la bataille de la Moskowa, il franchit la rivière qui nous séparait de l'armée ennemie, et se précipitant tout en criant : En avant ! comme s'il eût été suivi par toute la grand'garde, sur un poste composé de quatre hommes et un caporal, il tua ce dernier d'un coup de sabre, et, chassant les autres devant lui à grands coups du plat de son arme, il les contraignit, avec l'aide d'un de ses camarades nommé Pagot, à passer la rivière dans un endroit où elle était guéable, et présenta ses prisonniers au lieutenant Naudet, commandant la grand'garde, puis ensuite au colonel, qui, malgré sa taille, le fit comprendre dans la compagnie d'élite, juste récompense de son courage.

Nos vedettes se rapprochèrent des vedettes russes, leur faisant face, mais ayant ordre de ne pas tirer. La joie était générale ; on s'embrassait, on se félicitait, on construisait mille châteaux en Espagne sur le retour en France, sur le bonheur de revoir ses parents, ses amis.

Toutes les privations, toutes les souffrances, tous les dangers étaient oubliés. On préparait au feu du bivouac le reste des provisions apportées de Moscou, pour faire tous ensemble un repas de noce.

Le bon capitaine Fauconnet, fils du général de ce nom, ancien militaire, commandant ma compagnie et ayant quatre frères au service, en perdait presque la tête. Il sautait, nous serrait dans ses bras et voulait que le souper fût suivi d'un bal. Il fut victime de son illusion et ne put résister au coup qui la détruisit.

La gaieté qui distingue si éminemment le caractère français avait repris tout son empire ; nos soldats, placés en vedettes en face et à petite distance des vedettes russes, s'amusaient à leur dire des sottises pour charmer l'ennui de leur faction.

Dans une visite des postes que fit Naudet étant de service, il me raconta qu'il avait trouvé, l'air triste et découragé, un de nos chasseurs connu par son humeur joviale. Naudet lui ayant demandé la cause de sa tristesse dans un moment où tout le camp était livré à la joie, il répondit :

« Croyez-vous, mon lieutenant, qu'il soit possible d'être de bonne humeur quand on est obligé de passer deux heures en présence d'une pareille frimousse, sans pouvoir seulement lui appliquer un coup de poing ? »

Cependant l'armistice ne nous donnait pas de vivres. Les convois qu'on nous envoyait de Moscou étaient interceptés et pillés par les Cosaques irréguliers. Les détachements formés dans le but de nous procurer des approvisionnements, et dirigés sur divers points à quelques lieues de la position, étaient attaqués par ces hordes sauvages, toujours en nombre supérieur, et ne rapportaient rien ou fort peu de chose.

Ce fut dans une de ces corvées, commandée par le sous-lieutenant Darcy, que mon pauvre Bastien fut pris, avec le cheval gris qu'il montait : ce qui sembla justifier ce proverbe : *Bien mal acquis ne profite pas.*

Comme il était habillé en bourgeois, on allait le relâcher lorsqu'il s'avisa, pour son malheur, d'adresser la parole à des Cosaques en langue polonaise.

Aussitôt une grêle de coups de bois de lance tomba sur ses épaules; il fut entraîné et ne dut la vie qu'à un officier cosaque qui intervint et ordonna de ne point le tuer.

— Mais, ajouta-t-il, nous ne faisons aucun quartier aux Polonais, qui ne nous en font pas ; et, si tu avais eu un uniforme, tu serais mort.

Bastien eut beau jurer qu'il n'était point Polonais, mais Prussien ; qu'il n'était point combattant, mais au service d'un officier ; le sous-lieutenant Darcy, également fait prisonnier avec la majeure partie de nos chasseurs, eut beau certifier la vérité de ce qu'il disait, rien ne put le fléchir, et il dut subir son sort.

J'appris tous ces détails le lendemain même par un parlementaire, qui vint au camp demander du secours et de l'argent pour nos prisonniers de la veille.

J'envoyai à Bastien une bonne partie de ma bourse et lui engageai ma parole qu'au retour de sa captivité je le reprendrais à mon service, et qu'en cas de ma mort il trouverait toujours un asile chez mon père, dont je lui envoyais l'adresse à Paris.

Je regrettai vivement ce bon domestique, dont je n'ai plus eu de nouvelles : outre son intelligence et ses soins, qui m'étaient si nécessaires, je perdais encore un cheval précieux.

Il ne me resta plus que ma bonne jument baie, et un assez mauvais cheval polonais, aux yeux vairons, dont les jambes de devant n'étaient pas très sûres. Je l'avais acheté pour Bastien à Wilna.

CHAPITRE XVII

VOYAGE A MOSCOU.

Cependant les hostilités pouvaient reprendre d'un jour à l'autre, j'avais le plus pressant besoin de me remonter, et mes camarades n'avaient pas de chevaux à vendre.

Je profitai donc de la suspension d'armes pour demander à m'absenter, et le colonel me permit de me rendre pour quelques jours à Moscou, en me joignant à un fort détachement, commandé par un chef d'escadron, envoyé pour ramener un convoi de vivres.

J'avais deux correspondants à l'armée : M. Soulanges, secrétaire du prince Eugène et attaché à son état-major, et M. Boudin, attaché aux postes de l'armée. Tous deux étaient chargés, par mon père, de me fournir les fonds dont je pourrais avoir besoin. Je descendis chez M. Boudin, logé à Moscou dans l'hôtel même de la poste, échappé à l'incendie ; tout son magnifique ameublement était intact, et il n'eut qu'à s'y installer avec son bonnet de nuit. Les appartements étaient occupés par les employés de l'administration, au nombre desquels était M. Guilard, ancien ami de ma famille. Je trouvai délectable un lit de sangle avec un matelas, sans draps ni couvertures, qui me fut offert. Comme j'avais d'ailleurs apporté ma bonne pelisse, je ne craignais pas le froid.

Il était tard quand j'arrivai à Moscou. M. Boudin me fit servir un morceau de viande froide, du pain bis et du bon vin. Tout cela me parut exquis, car nous étions revenus, depuis quelques jours, à Winkowo, à notre ordinaire de cheval braisé.

Le lendemain fut un jour mémorable pour moi, puisqu'il me donna la preuve d'une vérité historique dont Voltaire fait mention dans son *Histoire de Charles XII*. Il nous apprend qu'après un jeûne volontaire et absolu de plusieurs jours, ce roi guerrier fit chez son beau-frère un repas très copieux, pour éprouver la force digestive de son estomac. Sans avoir fait subir au mien une semblable épreuve, puisque j'avais bien soupé la veille, j'eus l'occasion de me convaincre de la vigueur de ma constitution, en faisant, dans le courant de la journée, un déjeuner et trois dîners abondants.

Comme le héros suédois, je voulais savoir jusqu'à quelle quantité je pourrais porter mes provisions *intrà muros*.

Voici donc ce qui m'arriva :

Dès le matin, je me rendis à l'état-major du prince Eugène, où je savais devoir trouver, outre M. Soulanges, mon bon et ancien ami de pension le comte Louis Tascher de la Pagerie, cousin de S. M. l'impératrice Joséphine (1). J'étais sûr d'une bonne réception de la part de cet excellent jeune homme si plein de qualités de cœur et d'esprit. Nous nous embrassâmes cordialement, car je n'avais pas eu occasion de le voir depuis notre entrée en campagne, et il m'invita à déjeuner à la table des

---

(1) Grand maître de la maison de S. M. l'impératrice Eugénie, sous le second Empire. — (*Note des éditeurs.*)

officiers d'état-major du prince. Elle était aussi bien servie qu'à Paris, et j'en profitai largement, tout en faisant connaître à Louis Tascher le motif de mon voyage à Moscou. Il me dit alors qu'il avait mon affaire, une fort belle jument gris étourneau prise à la bataille de la Moskowa avec un colonel de la garde impériale russe, et qui lui avait été vendue pour 300 francs.

Après le déjeuner, nous descendîmes dans la cour, où l'on fit sortir de l'écurie une de ces magnifiques bêtes du Caucase, dont le type est si précieux ; elle portait la marque de l'empereur de Russie, un A, surmonté d'une couronne. Avant de la monter, Tascher me dit de frapper légèrement sur la selle, et aussitôt ce bel animal, portant en avant ses jambes de devant sans bouger celles de derrière, s'étendit de telle sorte que son ventre n'était pas à deux pieds de terre.

Je sautai en selle très facilement, et la jument, reprenant sa position naturelle, fit de gracieuses courbettes, comme pour témoigner son impatience de courir. Je n'en demandai pas davantage et payai le prix convenu au comte, qui eut la bonté de me prier d'accepter la selle et la bride.

Enchanté de ma nouvelle acquisition, je sortis pour prendre des informations sur un officier du régiment, le capitaine Fanneau de Lahorie, qui, d'une faible santé, n'avait pu suivre l'avant-garde à Winkowo.

Frère du général Lahorie compromis dans la conspiration de Mallet, cette parenté entrava son avancement, et ce fut grand dommage, car il était impossible de trouver dans l'armée française un officier plus distingué, plus brave et d'un caractère aussi ferme dans le service que doux et bienveillant dans les rapports sociaux.

J'eus bien de la peine à le découvrir dans une jolie petite maison du faubourg de Kalouga, où il s'était casé très confortablement avec son chasseur.

Deux heures sonnaient lorsque je frappai à sa porte. Il fut bien heureux de me revoir, n'ayant appris aucune nouvelle du régiment depuis son départ de Moscou. Comme il allait se mettre à table et que son domestique, assez bon cuisinier, lui avait servi un dîner fort appétissant, je ne me fis point prier pour le partager avec lui, et nous bûmes une bouteille d'excellent champagne.

C'était mon second repas bien complet.

Je restai avec le capitaine Fanneau jusqu'à cinq heures, lui fis admirer ma belle jument dont son chasseur avait eu soin, et me rendis de là chez M. Boudin, qui m'avait averti qu'il dînait à cinq heures et demie précises, et qu'il comptait sur moi.

Il y avait nombreuse compagnie des employés supérieurs des postes. Une table abondante et richement servie était dressée. J'aurais eu mauvaise grâce à ne pas faire honneur au dîner de mon correspondant : je ne parlai donc pas de mes antécédents, et mangeai de fort bon appétit.

Le courrier de Paris arrivait ordinairement à cinq heures et demie du soir, et les employés subalternes, occupés à trier les lettres, ne pouvaient dîner qu'à huit heures.

En sortant de la table de M. Boudin, je me rendis dans les bureaux pour serrer la main à Guilard, que je trouvai fort occupé de son travail. J'attendis, en fumant ma pipe, qu'il l'eût terminé, et alors, sans me rien dire, il me ramena dans la salle à manger de l'hôtel, où une nouvelle table était servie. Cette fois, il n'y avait pas deux heures que j'avais fait mon troisième repas, et je ne me croyais pas en état de faire honneur à un quatrième ; mais, excité par les railleries de ces messieurs, qui me défiaient et me pressaient de manger par simple mesure de précaution pour l'avenir, je goûtai au potage, que je trouvai bon, et l'appétit venant en mangeant, je m'en tirai aussi bien que les autres convives, à leur grand étonnement et au mien.

J'appris de ces messieurs qu'une troupe d'acteurs français, n'ayant point voulu suivre l'émigration forcée ordonnée par le gouverneur de Moscou, donnait des représentations dans la salle de spectacle d'un superbe hôtel respecté par les flammes, et appartenant à un grand seigneur russe. Je me serais bien gardé de manquer une aussi bonne occasion, et me rendis au spectacle avec l'ami Guilard.

On jouait les *Jeux de l'Amour et du Hasard* et les *Fausses Infidélités*.

La salle était parfaitement éclairée, et les acteurs assez bons. Il y avait même quelques jolies femmes parmi les spectateurs ; tous, comme on le pense bien, officiers de l'armée. Les comptoirs du foyer étaient occupés par des grenadiers de la garde impériale qui, les manches de chemise roulées sur les bras et en tablier blanc, servaient des rafraîchissements qu'ils faisaient payer fort cher.

Ayant rencontré cinq ou six de mes amis du 9ᵉ régiment de ligne, camarades de garnison à Brescia, et les ayant invités à prendre un verre de punch, ce punch me coûta cinq francs le verre. Heureusement j'étais en fonds, et les plaisirs d'un spectacle français, dans les circonstances où nous nous trouvions, ne pouvaient trop se payer.

Le lendemain, de grand matin, je me remis en route pour Winkowo, avec la même escorte qui était venue chercher un convoi de vivres. Nous couchâmes à Woronowo, à quelque distance de la route, dans une grange que l'incendie n'avait pu atteindre, et où nous trouvâmes une douzaine de maraudeurs de l'armée installés auprès d'un grand feu allumé au centre.

A l'arrivée des officiers du détachement, non seulement ils prétendirent nous empêcher d'approcher du feu, mais ils poussèrent même l'insolence et l'insubordination jusqu'à vouloir nous interdire l'entrée de la grange. Sans prendre la peine d'appeler les soldats de l'escorte, nous mîmes le sabre à la main et, tombant à bras raccourcis sur ces misérables, écume de l'armée, nous les chassâmes de ce lieu de refuge, et nous nous y enfermâmes de notre mieux. Après avoir réuni nos provisions de bouche et soupé, nous étions endormis depuis deux ou trois heures environ, lorsque je me réveillai, suffoqué par une épaisse fumée.

Le feu avait été mis aux quatre coins de la grange par les mêmes hommes que nous en avions chassés. J'étouffais, et, dans le premier moment, je ne me souvenais plus de la position de la porte d'entrée que nous avions barricadée, lorsqu'elle fut enfoncée par nos soldats d'escorte. J'eus assez de présence d'esprit pour ne point oublier mon portemanteau, qui me servait de traversin, et je me précipitai, avec mes camarades à travers les flammes.

Deux des incendiaires avaient été pris en flagrant délit par nos hommes et massacrés sans autre forme de procès. Les autres étaient parvenus à s'échapper.

Par bonheur, nos chevaux étaient restés en dehors, au bivouac, sans quoi il nous eût été impossible de les sauver, car l'expérience a souvent prouvé que ces animaux se trouvent, en pareille circonstance, tellement paralysés par l'asphyxie, qu'ils sont incapables de se mouvoir, et qu'il faut les traîner de force hors du danger.

Le lendemain, je rejoignis mon régiment à Winkowo. Tous mes camarades me firent compliment de ma nouvelle monture, et, sans aucun doute, si j'avais à choisir parmi tous les chevaux que j'ai eus dans ma vie, cette belle jument serait en tête de la liste.

CHAPITRE XVIII

PREMIER JOUR DE LA RETRAITE.

Nous étions arrivés au 16 octobre : le froid se faisait sentir rigoureusement, et les nuits étaient dures.

La suspension d'armes, qui durait encore, nous permettait d'espérer un heureux résultat de la mission du général Lauriston, et nous étions dans une sécurité parfaite, supportant avec courage et gaieté les plus grandes privations.

Le 17 au soir, je fus désigné pour être de grand'garde. Ma confiance était telle que pour faire cette corvée, que j'avais tout lieu de croire pacifique, je montai mon cheval polonais, comme mon souffre-douleur.

Notre grand'garde de brigade, composée de vingt-cinq hommes du 8ᵉ chasseurs sous mes ordres et de vingt-cinq housards du 6ᵉ, avec un officier, était placée sous le commandement d'un capitaine de ce dernier régiment, dont je tairai le nom (quoique je le connaisse parfaitement), parce que sa conduite, dans l'affaire du lendemain que j'ai à raconter en détail, doit être couverte du voile de l'oubli.

Me trouvant plus ancien de grade que l'officier des housards, je fus placé le premier aux postes avancés, qui fournissent les vedettes, le service, en temps de guerre, commençant toujours par la tête. Nous étions sans feu, les chevaux sellés et bridés ; la grand'garde ayant les siens sellés sans être bridés, et ceux des régiments que nous gardions, placés en deçà du ravin par rapport à nous, n'étant ni sellés ni bridés. On verra plus tard pourquoi j'insiste sur ces détails. La division de dragons du général Lahoussaye était placée au delà du ravin.

Nous nous trouvions dans une plaine bordée par une petite colline dont la pente était très douce ; nos régiments à un demi-quart de lieue environ de nous, et nos postes avancés, à une moindre distance de la grand'garde, étaient établis à mi-côte en arrière de leurs vedettes, qui couronnaient la hauteur.

Un grand bois de sapin très épais s'étendait à notre droite, bien au delà du ravin.

La description de ces lieux, encore si présents à ma mémoire, était indispensable au récit des événements qui signalèrent la journée du 18 octobre, journée si fatalement inscrite dans les annales de la campagne de Russie, puisqu'elle fut la première de cette désastreuse retraite et qu'elle détruisit complètement toutes les illusions dont nous nous bercions depuis quatorze jours.

La nuit était magnifique ; il gelait de quinze à dix-huit degrés.

Avant de rentrer à la grand'garde, je montai pour la troisième fois à cheval afin de faire l'inspection de mes vedettes.

Tout était calme, tranquille ; les feux des bivouacs russes se montraient brillants de l'autre côté de la petite rivière ; rien ne paraissait indiquer une attaque pour le lendemain : cependant, je ne sais quel pressentiment me portait à me méfier de ce calme apparent.

Depuis notre séjour à la position de Winkowo et l'annonce de l'armistice, nous avions reçu la visite de quelques jeunes officiers de dragons russes. Nous avions été les voir à leur bivouac, et il s'était établi entre nous une espèce de liaison, de franc-maçonnerie militaire.

Ceux que j'avais eu occasion de voir étaient des jeunes gens de bonne famille, ayant reçu une éducation distinguée et parlant notre langue avec beaucoup de facilité.

Parmi les confidences échangées entre nous, au coin du feu, ils n'avaient pu se défendre de nous témoigner leur crainte sur le sort qui nous était réservé.

« On vous trompe, me dit un soir un de ces jeunes gens ; on vous amuse par des négociations, par l'espérance d'une paix prochaine ; mais elle ne se fera pas... Nous recevons journellement des recrues de toutes les parties de notre vaste empire, et on n'attend, pour vous attaquer, que l'arrivée de notre grand auxiliaire, *le froid*...

« Comment pourrez-vous résister, privés de vivres, et forcés de rétrograder par une route entièrement dévastée ? En vérité, quoique je me rende peut-être coupable envers ma patrie en vous révélant cette politique, je ne puis garder le silence, et l'intérêt involontaire que m'inspirent tant de braves officiers est au-dessus de toute considération. »

Ces paroles, l'intime conviction que l'officier russe paraissait avoir basée sur des renseignements certains, me faisaient faire de tristes réflexions.

Je n'étais pas tranquille ; mes idées, ordinairement si riantes, si insoucieuses de l'avenir, étaient dans cet état de malaise, de découragement qu'on ne peut expliquer, et par lequel il semble que la Providence veuille nous annoncer une grande époque dans notre existence.

Ma tournée de vedettes terminée, je rejoignis le poste et ne tardai pas à être relevé par l'officier du 6ᵉ housards ; mais, de retour à la grand'garde, il me fut impossible de dormir. Enveloppé dans ma bonne pelisse, je fumais tristement pipe sur pipe en attendant le retour de mon cheval, que j'avais envoyé à l'abreuvoir, et dont mon sabre, enfoncé en terre par le fourreau, soutenait la bride.

Il était à peu près six heures du matin, et l'horizon commençait à se colorer des premiers rayons du soleil, lorsque je me relevai vivement comme frappé d'une commotion électrique : plusieurs coups de feu venaient d'être tirés par nos vedettes...

En moins de deux minutes, mon cheval fut bridé, mon ceinturon de sabre accroché, et je sautai en selle.

Il ne pouvait y avoir de doute, nous étions attaqués par l'ennemi. Le feu plus nourri des postes avancés se fit entendre presque aussitôt, et peu d'instants après, nos vedettes, nos postes avancés, se précipitèrent pêle-mêle avec une foule de Cosaques sur la grand'garde.

Le capitaine qui la commandait s'approcha de moi pour me prier d'en prendre le commandement, jusqu'à son retour du bivouac où il allait, disait-il, se rendre en toute hâte pour changer de cheval, ne pouvant se fier à celui qu'il montait pour la journée qui se préparait.

« Je vous ferai observer, capitaine, lui dis-je, que je suis dans le même cas, et que je serais bien aise d'en faire autant ; j'attendrai donc votre retour. »

Il partit au grand galop, et je ne le revis plus de la journée, ce qui me mit dans l'obligation de soutenir ma responsabilité comme commandant la grand'-garde avec la seule conviction qui puisse exercer une fâcheuse influence sur un officier de cavalerie : celle d'avoir entre les jambes un cheval sur lequel il ne peut compter ni pour combattre, ni pour profiter d'une occasion, ni pour assurer sa retraite.

Cependant cette considération devint de peu d'importance, en raison des événements qui se pressaient.

Je savais que les régiments, dont les chevaux étaient dessellés et débridés, ne pourraient se former et franchir le ravin, si les Cosaques tombaient à l'improviste sur leur bivouacs. Je rassemblai aussitôt mes deux pelotons au milieu même des Cosaques.

Ma bonne pelisse, que j'avais laissée auprès du feu, excita plusieurs fois mes regrets ; mais il fallut en faire le sacrifice, car elle eût été fort gênante sur le pommeau de ma selle.

Je me portai donc en avant, non-seulement avec mes cinquante hommes de grand'garde, mais encore avec un nombre à peu près égal de dragons qui, attaqués vivement aussi et voyant mes pelotons réunis, se joignirent à nous.

C'est ainsi que je pus former aussitôt une ligne de tirailleurs assez étendue, et que je parvins à donner aux Cosaques assez d'occupation pour les empêcher de fondre sur notre division. Pendant ce temps, le soleil se montrait radieux au-dessus de l'horizon.

Je vis, en ce moment, accourir à toute bride notre général de brigade Gauthrin, brave et ancien militaire, qui venait s'assurer par lui-même de l'état des choses. Il s'approcha de moi et me demanda si j'étais l'officier commandant.

« Oui, mon général, lui dis-je ; je suis le plus ancien lieutenant, et M. le capitaine M... est allé changer de cheval. »

Il me fit l'honneur de me répondre :

« Tant mieux, mon ami, j'en suis bien aise, car j'ai toute confiance en vous. Tenez tant que vous pourrez ; car nous ne sommes pas à cheval. Je vous ferai avertir quand nous aurons franchi le ravin. »

Les Cosaques nous inspiraient si peu de crainte que, malgré la quantité innombrable qui nous attaquait, nous étions bien convaincus qu'en restant unis et les pelotons bien formés, non seulement ils ne parviendraient point à nous entamer, mais encore n'oseraient nous dépasser.

Cependant, je faisais bonne contenance, soutetenant ma ligne de tirailleurs et la dirigeant, lorsque tout à coup les Cosaques s'ouvrirent et se jetèrent des deux côtés, pour faire place à quatre pièces de canon amenées au galop à la prolonge.

Ces pièces se mirent en batterie à demi-portée, et nous saluèrent de deux coups à mitraille et de deux à boulets qui, après avoir traversé nos rangs, allèrent porter la mort jusque dans nos régiments.

La boîte à mitraille, qui éclatait à deux pas de mes pelotons, faisait pleuvoir sur nous une grêle de fer et de plomb, comme si on nous eût jeté, à un pas de distance, une poignée de petites pierres.

Les hommes et les chevaux tombaient autour de moi... Je me contentai de fermer un instant les yeux, pour n'être point aveuglé par le sable que faisait jaillir cette nuée de projectiles, étonné de ne point sentir de blessures, mais résigné à une mort inévitable.

Je reçus quatre coups de canon dans cette terrible position, sans bouger, le sabre à l'épaule, et ne pouvant manœuvrer pour les éviter sans démasquer le front de nos régiments : je me trouvais dans une de ces circonstances de guerre où il faut faire à son devoir le sacrifice de sa vie.

Au quatrième coup de canon, je sentis mon cheval fléchir sous moi ; je crus qu'il avait une jambe brisée et me penchai pour m'en assurer, car autant eût valu, pour moi, recevoir un boulet en pleine poitrine. Il n'avait que l'os à découvert et, quoique boitant, se soutenait assez bien.

Enfin, le général Gauthrin revint lui-même, au milieu du feu, me prévenir que le ravin était franchi, et que je pouvais battre en retraite.

— Courage, mon cher Combe, me dit-il, vous nous avez déjà sauvés par votre bonne contenance ; la journée sera chaude, nous comptons sur vous : que Dieu vous conserve !

J'avais remarqué, sur la lisière du bois de sapins dont j'ai parlé, un bataillon carré d'infanterie polonaise qui, après un feu meurtrier sur l'ennemi, continuait son mouvement de retraite.

Je résolus d'exécuter le mien en échiquier, avec cette masse de héros.

En conséquence, lorsque le bataillon s'arrêta pour reprendre l'offensive, j'ordonnai le demi-tour par pelotons, au trot, et me reformai en bataille près des bivouacs occupés récemment par ma brigade.

Le commandant polonais comprit mon intention et, quand il me vit en bataille, exécuta à son tour son mouvement rétrograde, se porta au delà du ravin, sur la crête, et, faisant face en tête, attendit à bonne portée l'approche de l'ennemi.

Mais celui-ci, intimidé par cette manœuvre, et n'osant pas s'aventurer inconsidérément jusqu'au fond du ravin, qui pouvait masquer une embuscade, s'arrêta court : les plus hardis Cosaques, s'élevant sur leurs étriers, plongeaient leurs regards en avant pour s'assurer de notre nombre et sonder le terrain.

Cette hésitation me donna le temps de passer le ravin à mon tour, et, malgré cela, ils restèrent plus d'un quart d'heure sans oser s'y aventurer. Je me trouvais en ce moment sur l'emplacement que la division de dragons La Houssaye occupait la veille.

Le convoi de vivres, auquel je m'étais joint pour revenir de Moscou, se composait, entre autres choses, d'eau-de-vie, dont un tonneau à moitié vide était encore là debout et défoncé. Je profitai du moment de répit que me procurait l'incertitude de l'ennemi, pour faire mettre pied à terre à deux sous-officiers, et remplir les bidons de mes hommes. Ils en burent une bonne rasade et se trouvèrent ranimés, prêts à tout et pleins de confiance en moi. Pour ma part, je me gardai bien d'y toucher ; car, outre le peu de goût que j'ai toujours eu pour le vin et les liqueurs fortes, ne comptant plus sur le retour de mon capitaine fugitif, je sentais que j'avais besoin de tout mon sang-froid et de toute ma présence d'esprit.

Le bataillon carré, continuant sa retraite, alla se reformer à la distance de trois cents pas environ, et j'en fis autant ; ce qui laissa un grand espace libre à l'ennemi. Déjà il était aux prises avec mes tirailleurs, lorsqu'un effroyable bruit d'artillerie se fit entendre de tous côtés.

Les boulets sillonnaient la terre dans tous les sens, se croisant sur ma gauche, devant et derrière moi, et portant le carnage dans les rangs du bataillon polonais.

En exécutant mon mouvement de retraite, je vis un boulet ricochant dans ma direction de telle manière qu'il allait me couper en deux, lorsque, par une impulsion machinale, j'arrêtai brusquement mon cheval, et le boulet lui passa sous la ganache.

Il devenait donc évident que nous étions coupés et qu'il faudrait nous faire jour en passant sur le corps de l'armée russe.

Ce fut en ce moment que je vis venir le général Déry, le même que Monneret et moi avions pris pour un officier cosaque.

J'étais placé à la tête de mes deux pelotons, et, à quatre pas de moi, je vis ce brave militaire, atteint mortellement d'une balle dans la poitrine, se pencher sur le cou de son cheval, en abandonnant les rênes, son sabre soutenu à son poignet par la dragonne, ses mains cherchant à se cramponner à la crinière. Il resta quelques secondes dans cette position et tomba enfin sur le dos.

Comme les tirailleurs se repliaient sur nous, mêlés avec les Cosaques, quelques-uns de ces derniers eurent la barbarie de percer de coups de lance le corps du général, qui se roulait sur le sable dans les dernières convulsions de l'agonie. A cette vue, saisis de rage, nous nous précipitâmes sur le groupe et en tuâmes une dizaine.

Deux Cosaques, renversés de cheval et seulement blessés, cherchaient à se retirer sous leur gospodine comme un limaçon dans sa coquille; mais mes chasseurs exaspérés, s'étant emparés de leurs lances, les percèrent de mille coups. Cette lâche barbarie, ainsi que la vengeance que mes soldats en avaient tirée, porta leur exaltation au plus haut point. Je ne commandais plus à des hommes, mais à des diables.

Toujours prêts pour la charge, nous fîmes des prodiges. Je tuai plusieurs Cosaques, selon mon principe d'escrime, à coups de pointe de sabre.

Deux fois, je fus attaqué bravement, comme dans un tournoi. Je laissai approcher mon ennemi jusqu'à ce que son genou droit touchât presque le mien, et, après une parade du fort de ma lame, je ripostai par un coup droit, la main en quarte, le tranchant à gauche, et perçai mon sauvage de part en part, de sorte que la force d'impulsion de mon cheval doublant la mienne, la poignée de mon sabre arriva jusqu'à son flanc.

Cependant, nous étions parvenus à nous faire jour, ce qui nous était indiqué par la direction des boulets ne venant plus que d'un seul côté; mais le général Sébastiani avait perdu vingt-cinq pièces de canon.

Le roi de Naples, après avoir assuré le mouvement de retraite, vint parcourir la ligne des tirailleurs, dans son costume si brillant et si remarquable. Il s'arrêta devant moi et me demanda quelques renseignements.

Je lui rendis compte, en peu de mots, de ce que j'avais fait et de la manœuvre que j'exécutais depuis le commencement de la journée, avec le bataillon carré polonais que je lui montrai à ma droite. Mon sabre et mon uniforme lui prouvaient que je ne m'étais pas contenté de manœuvrer.

Il me demanda mon nom et fut assez bon pour me dire :

— Tu ne me parles pas de toi, et, quoique bien jeune, tu t'es conduit comme le capitaine le plus brave et le plus expérimenté : je te donne la croix, tu l'as bien gagnée.

A ces mots du Bayard de l'armée, je me sentis tellement ému que je ne pus répondre que par un salut du sabre. Murat continua sa tournée, et je me livrai, avec une ardeur surnaturelle, à tous les hasards du combat. Je me regardais presque comme invulnérable, invincible, et je me serais précipité seul contre toute l'armée russe.

Je n'eus cependant pas le bonheur de recevoir alors la décoration. La précipitation de la retraite et les embarras inévitables qui en furent la suite ne permirent point sans doute au roi de Naples d'exécuter sa promesse ou de s'en souvenir; mais j'eus au moins l'honneur d'une mention honorable qui est inscrite sur mes états de service, et je fus mis à l'ordre du jour de ma division. Enfin, ainsi que mes pressentiments de la nuit me l'avaient annoncé, cette journée fut dans ma vie une époque dont le souvenir est à l'abri du temps.

Je ne puis encore concevoir comment j'ai pu échapper au carnage occasionné, dans le peloton que je commandais, par les quatre coups de canon à mitraille qui tuèrent ou mirent hors de combat les deux tiers de mes hommes; comment, avec un mauvais cheval blessé, j'ai pu suffire à plus de vingt charges dans la journée et me battre corps à corps presque continuellement jusqu'à la nuit. Si la fin de ma carrière militaire était plus heureuse, je pourrais croire à une prédestination.

Le soir, à mon retour au bivouac, je fus embrassé et entouré par tous mes camarades du 8ᵉ, qui me croyaient mort et étaient convaincus de m'avoir vu tomber au second coup de canon du matin.

La nouvelle s'en répandit même au quartier général du prince Eugène, et M. Soulanges en parla dans une lettre qu'il écrivit à Paris. On la cacha soigneusement à ma bonne mère ; mais ma sœur et toute ma famille la regardèrent comme certaine.

Cependant le destin me réservait, ce même jour, une compensation, une bien douce récompense, un secours providentiel.

J'étais assis auprès de mon feu du bivouac, me faisant rendre compte des pertes qu'avait éprouvées le régiment. J'apprenais que le bon capitaine Clément avait eu le bras emporté, que Saur avait une terrible blessure à la cuisse, que Vermot, le capitaine Périola et Guillemin, ainsi qu'un grand nombre de sous-officiers et de chasseurs, étaient blessés de coups de lance. Je m'efforçais de calmer mon pauvre capitaine Fauconnet, qui avait entièrement perdu la tête, non par crainte, mais parce que son moral, déjà affaibli par les privations et les souffrances, n'avait pu résister à la perte des illusions dont nous nous étions habitués à dorer l'avenir depuis quinze jours. Je me disposais néanmoins à apaiser ma faim dévorante avec un morceau de cheval que je faisais griller sur la braise, lorsque je m'entendis appeler à haute voix et à plusieurs reprises.

Un moment après, je vis arriver le vaguemestre du régiment portant sous son bras une petite boîte en bois blanc, primitivement destinée à contenir des flacons d'eau de Cologne. Il me la remit, et mon cœur battit violemment en reconnaissant sur une carte clouée l'écriture de ma mère. Je l'ouvris aussitôt; une lettre était placée sous le couvercle... Quel bonheur ! des nouvelles de Paris, de mon père, de ma mère bien-aimée, de toute ma famille, de mes amis ! Non, rien ne peut se comparer, dans le monde, à la sensation que j'éprouvai alors. Sous la lettre, je trouvai, artistement rangées, des tablettes de bouillon et de chocolat.

En vérité, la manne ne vint pas plus à propos au peuple de Moïse dans le désert que ce précieux gage, cette attention si prévoyante de la tendresse maternelle ne m'arriva, à moi, dans ces plaines glacées.

M. Anglès, inspecteur général des postes, directeur général du service des estafettes de l'Empereur et allié à ma famille, avait confié ce dépôt à un courrier dévoué, qui l'avait apporté de Paris à Moscou en onze jours, attaché derrière son dos par une lanière. Je ne crois pas qu'un seul officier de l'armée puisse se vanter d'un semblable bonheur.

Je portai vite une partie de mon trésor à mon cher colonel ; je lui donnai, de Mme la comtesse de Périgord, des nouvelles contenues dans la lettre de ma mère, et, après avoir échangé avec le capitaine Buchotte quelques tablettes de bouillon contre un pain de munition qu'il s'était procuré, je ne sais comment, et cachait soigneusement, je fis, avec mes camarades de compagnie, un délicieux souper.

Pendant que nos deux soupes, l'une au chocolat, l'autre au bouillon, chauffaient, je me rendis à l'ambulance pour voir le pauvre capitaine Clément et l'ami Saur. Je leur remis une partie de mes tablettes, qu'ils reçurent avec reconnaissance et qui, effectivement, leur furent d'un grand secours. Le capitaine était si affaibli par la perte de son sang que je pouvais à peine l'entendre. Il souffrait horriblement, n'ayant été pansé qu'à la hâte sur le champ de bataille, et l'amputation ne devant être pratiquée que le lendemain matin. Il me supplia d'assister à cette cruelle opération, et, quoiqu'il m'en coutât, on pense bien que je n'hésitai pas à le lui promettre.

Le lendemain, je me rendis auprès de lui avec notre chirurgien-major Veuillet, son aide-major Gérard, Naudet et le capitaine Buchotte. Nous plaçâmes l'enclume de la forge de campagne à côté du fourgon d'ambulance; le blessé y fut assis avec toutes les précautions possibles; Naudet se plaça derrière lui, le soutenant dans ses bras ; je me mis à genoux pour que sa tête s'appuyât sur ma poitrine et l'opération commença. L'os avait été brisé si près de l'épaule que Veuillet, très habile chirurgien, fut obligé de procéder à la désarticulation de l'humérus, à son point de jonction avec l'épaule.

Tout fut terminé en moins d'un quart d'heure, qui me sembla bien long et pendant lequel le courageux patient ne fit entendre que quelques plaintes étouffées par le mouchoir qu'il serrait entre ses dents. Nous le replaçâmes dans le fourgon pour en extraire Saur, dont la blessure, quoique moins grave, était cependant si large et si horrible qu'il fallut employer plein un chapeau de charpie pour la tamponner. Cette blessure, la plus extraordinaire qu'il soit possible d'imaginer, fut reçue dans les circonstances suivantes :

Le cheval que montait Saur, voulant se dérober à un boulet qu'il vit ricocher dans sa direction, se jeta de côté si brusquement que son cavalier, ne pouvant prévoir ce mouvement, fut presque désarçonné, et que sa cuisse droite se trouva séparée de la selle. Ce fut en ce moment que le boulet, passant entre la selle et la cuisse de Saur, lui enleva toute la chair, sans entamer l'os, et effleura les côtes du cheval sans le tuer.

Je pourrais être taxé d'exagération si je n'avais pour témoin de ce fait, peut-être unique, tout ce qui peut rester des débris du 8ᵉ chasseurs; d'ailleurs, je crois que Saur lui-même, retiré à Schlestadt, son pays, vit encore (1). Son retour en France est presque un miracle. Il fut sauvé par les soins et le dévouement d'une cantinière du régiment, qui le coucha dans sa charrette. Elle parvint à surmonter tous les obstacles, toutes les privations, tous les dangers de la retraite, et le ramena dans son pays.

Pour en revenir à mon récit, le pansement n'était point terminé, lorsqu'un sous-officier vint à toute bride chercher Gérard pour aller donner ses soins au neveu du capitaine Périola, dangereusement blessé en tirailleur par une balle qui lui laboura le crâne. Ce jeune et brave sous-officier était couché devant le front du régiment.

Son oncle, qui lui servait de père et en avait toute l'affection, était debout auprès de lui, les bras croisés sur la poitrine, son sabre nu suspendu à son poignet par la dragonne. De grosses larmes sillonnaient son mâle visage, et sa douleur, si expressive, se manifestait par des sanglots et par cette touchante

---

(1) Non seulement ce brave camarade vit encore, mais après avoir pris connaissance de la publication de mes Mémoires dans le *Moniteur,* il n'a pas hésité, malgré son grand âge, à partir de Schlestadt, uniquement dans le but de venir passer une semaine avec moi à Paris, afin, m'a-t-il dit, de ne pas mourir sans avoir le bonheur de m'embrasser.

exclamation : « Il est perdu, il est perdu ; mon pauvre enfant est perdu !... »

Après avoir coupé les cheveux du jeune homme, Gérard examina sa blessure, la sonda, et se releva aussitôt.

Il n'y avait aucun espoir, la cervelle était atteinte.

Nous entraînâmes le malheureux capitaine et reprîmes nos places de bataille.

Le feu était engagé depuis le lever du soleil ; nos tirailleurs s'étant repliés sur nous, le mouvement de retraite commença.

Nous nous dirigeâmes sur Moscou, et, sans y entrer, nous tournâmes la ville par la droite, pour prendre la route de Malojaroslavetz, que nous atteignîmes le 24 octobre, après une suite de journées et de combats nous présentant les mêmes chances de danger et les mêmes privations.

La petite ville de Malojaroslavetz (en français : village des roses), placée sur une hauteur, était défendue par la rivière de l'Oka, qui est une des branches de la Moskowa.

Nous y trouvâmes l'ennemi en force pour nous couper la retraite du côté de l'Ukraine, mais il n'avait pas eu le temps de détruire le pont, ce qui fait que l'Empereur, au lieu de tourner cette position, ce qui, assurait-on, eût été facile, résolut de l'attaquer de front.

En conséquence, le 4ᵉ corps, sous les ordres du prince Eugène, précipita son infanterie sur le pont et dans la rivière, qu'elle franchit à gué sur plusieurs points. Le général Dailzons fut tué sur le pont à la tête de sa colonne. La canonnade et la fusillade s'engagèrent vivement des deux côtés, et le 4ᵉ corps fit des prodiges de valeur.

Nos soldats, après avoir passé la rivière, avaient à combattre sur la colline que dominait la ville, et le faisaient avec désavantage; notre artillerie ne pouvait démonter les pièces russes; enfin, après une journée terrible, un combat qui se prolongea même longtemps pendant la nuit, nous ne pûmes forcer la position et nous établîmes nos bivouacs non loin de la rivière.

Cette journée est une des plus brillantes de la glorieuse carrière militaire du prince Eugène.

CHAPITRE XIX

BATAILLE DE MALOJAROSLAVETZ. — ATTAQUE
DU BIVOUAC DE L'EMPEREUR.

Ce fut le lendemain, 25 octobre, qu'un parti de Cosaques attaqua à l'improviste le quartier général de l'Empereur, qui faillit être enlevé.

Ce fut ce même jour aussi que mon ancien ami le Couteulx de Canteleu, en revenant d'une charge faite avec les grenadiers à cheval de la garde impériale, s'étant emparé de la lance d'un Cosaque qu'il avait tué, revenait en s'amusant à faire le moulinet. Comme il n'était coiffé que d'un bonnet de police et que cette alerte avait eu lieu un peu avant le jour, un grenadier à cheval de la garde le prit pour un Cosaque et lui plongea son sabre au travers du corps. La lame, pénétrant par le dos, au-dessous de l'épaule gauche, sortit au-dessous de la clavicule. Il fut assez heureux, cependant, pour survivre à cette grave blessure, à la grande satisfaction de ses nombreux amis, et surtout à la mienne; car j'ai toujours eu pour lui, jusqu'à sa mort, tout l'attachement d'un frère.

Les Cosaques, repoussés du quartier général de l'Empereur, traversèrent notre bivouac pendant que mes chevaux étaient à l'abreuvoir. Je courus au-devant d'eux avec une bride sous le bras, bridai au plus vite ma jument du Caucase, et, en quelques minutes, je fus à la tête de mon peloton.

Nous nous portâmes en avant dans la plaine, sur la gauche, et attendîmes en bataille que le jour nous permît de distinguer l'ennemi. Dès qu'il fut possible de l'apercevoir, nous vîmes une foule innombrable de Cosaques et de Baskirs qui garnissaient la plaine sans plus d'ordre qu'un troupeau de moutons.

Je fus désigné avec mon peloton pour aller en tirailleurs. Avant de nous étendre, nous chargeâmes sur un groupe d'ennemis et en tuâmes cinq ou six, parmi lesquels se trouvait un de leurs popes, coiffé d'un énorme bonnet d'astrakan noir en forme de cône. Près de la selle de son cheval, je trouvai un gros livre de prières enfermé dans un sac de peau.

J'aurais voulu le conserver par curiosité et comme souvenir; mais il était trop volumineux, trop gênant à emporter, et, après l'avoir maintenu un instant sur le devant de ma selle, je fus obligé de le jeter, car je n'avais pas trop de mes deux bras pour diriger mon cheval et manier mon sabre.

Monté comme je l'étais, j'éprouvais un grand plaisir à combattre. Rien n'inspire plus de confiance à un cavalier qu'un bon cheval. Je pouvais fondre sur mon ennemi comme la foudre, le poursuivre et l'atteindre, m'arrêter tout à coup au milieu de la course la plus impétueuse et parcourir ma ligne de tirailleurs avec une vitesse incroyable. Enfin, il me semblait être monté, je ne dirai pas sur Pégase,

> Car mon astre en naissant ne m'a pas fait poète;

mais sur l'Hippogriffe, et en état de franchir tous les obstacles.

L'attaque sur Malojaroslavetz ayant échoué, nous fûmes forcés de revenir sur nos pas pour rejoindre la grande route de Moscou à Smolensk, la même que nous avions parcourue en vainqueurs et qui, dans notre retraite, devait nous être si funeste.

L'armée, en se retirant, brûlait sur son passage tout ce qui avait échappé primitivement à l'incendie. Chaque soir, en nous arrêtant, nous voyions sur divers points de l'horizon les lueurs rouges produites par des villages ou des hameaux en feu. Plus de ressources, si ce n'est celles apportées de Moscou ; mais nous, qui avions fait partie de l'avant-garde de Vinkowo, où nous mourions de faim, comment aurions-nous pu nous en procurer ?

Plus de Bastien pour moi ; la détestable chair de cheval sans sel pour nourriture ; pour boisson, de la neige fondue : telle était notre perspective pour soutenir des combats journaliers et supporter un froid horrible de 18 à 20 degrés.

En passant près de Moscou, un de mes chasseurs m'avait apporté un pain de sucre. Je le suspendis au pommeau de ma selle, et ce fut mon seul aliment pendant quatre ou cinq jours.

Le wodka, que nous trouvions en petite quantité dans les tonneaux défoncés, était plein de débris de paille à demi brûlée ; cependant on regardait comme une bonne fortune d'en découvrir, et il soutenait mes forces, malgré les affreuses douleurs d'estomac que me faisait éprouver la digestion des corps étrangers qu'il contenait, et que je n'avais ni le temps ni les moyens d'en extraire.

L'égoïsme commençait à s'emparer de tous les cœurs. Chacun gardait soigneusement ce qu'il pouvait se procurer. Plus de camaraderie, plus de confiance. Le découragement se peignait sur tous les visages.

Les Cosaques, que nos soldats avaient jusque-là méprisés, leur inspiraient alors une sorte de terreur par la guerre de partisans qu'ils nous faisaient avec un acharnement et une activité incroyables, tombant à l'improviste sur les détachements qui s'écartaient de la route, sortant comme une troupe de loups furieux des bois les plus épais et y trouvant un refuge, grâce à leurs excellents petits chevaux, après nous avoir fait le plus de mal possible sans jamais accorder de quartier.

On comprendra facilement que ces attaques, multipliées à toute heure du jour et de la nuit par ces hordes sauvages et guerrières, auxquelles on ne peut refuser le mérite d'entendre parfaitement la guerre de partisans, soient parvenues à exercer la plus fâcheuse influence sur le moral de nos malheureux soldats, accablés par la fatigue, les privations, et engourdis par le froid.

On n'osait plus s'écarter et on se réunissait sans distinction de grade ou d'uniforme. Les cavaliers démontés de toutes armes se formaient en masse avec les soldats d'infanterie de tous les régiments. Toute subordination, toute discipline devenait impossible. L'arrière-garde seule tenait ferme et contenait l'ennemi.

J'avais été obligé d'abandonner mes deux belles juments, ne pouvant trouver à les nourrir. Mon pauvre cheval polonais, grattant la neige avec ses pieds de devant pour découvrir la mousse ou quelques brins d'herbe, se soutenait encore.

Nous revîmes le champ de bataille de Mojaïsk. A la place que mon régiment avait occupée, je reconnus le corps de mon petit cheval gris. La presque totalité des cadavres russes gisait encore par terre, sans sépulture.

Si le froid n'eût pas été aussi intense, si tous ces morts n'eussent pas été gelés et aussi durs que des pierres, il est incontestable que ces cadavres auraient occasionné une épidémie qui eût mis le comble au désastre.

Plus nous avancions, plus la désorganisation augmentait ; on nous promettait une distribution à Smolensk, mais nous en étions encore bien loin, et notre détresse était profonde.

CHAPITRE XX

SÉPARATION D'AVEC L'ARMÉE FRANÇAISE.
FUITE DANS LES FORÊTS.

Un soir, en compagnie de cinq de mes camarades :
Naudet, Vermot, Monneret, le capitaine Buchotte
et Frank, je m'écartai de la grande route, afin de
chercher un refuge pour la nuit, dans une forêt située à une assez grande distance sur notre droite.
Après y avoir pénétré assez avant et avoir établi
notre bivouac dans une espèce de carrefour, nous
nous endormîmes. Le lendemain, en nous éveillant,
nous étions, dans toute la force du terme, ensevelis
sous la neige, qui nous couvrait entièrement d'une
couche de près de deux pieds d'épaisseur.

Le jour était déjà très avancé quand nous sortîmes de notre linceul glacé. Notre feu était éteint,
toute trace de nos pas effacée par la neige, qui continuait à tomber sans interruption, et il nous fut
impossible de reconnaître le côté par lequel nous
étions venus, de sorte qu'au lieu de nous diriger
vers l'armée française, nous nous enfonçâmes davantage dans les profondeurs de la forêt, résolus, quoi
qu'il arrivât, à ne pas nous séparer.

Marchant presque au hasard, nous arrivâmes, à
la tombée de la nuit, dans un hameau encore habité.
Des femmes, quelques paysans âgés et des enfants

composaient seuls sa misérable population. Quoique très surpris à notre aspect, ils ne cherchèrent point à fuir ou à nous attaquer.

Nous demandâmes l'hospitalité par des signes qui, joints à notre mine de naufragés, leur inspirèrent la pitié. Chacun de nous fut invité à suivre un hôte ; mais comme il n'eût pas été prudent de nous éloigner les uns des autres, nous choisîmes deux cabanes contiguës situées à l'extrémité du village, avec un hangar pour nos chevaux, et moyennant finances, on nous apporta du pain noir, du lard et du wodka.

J'étais, avec Naudet et Monneret, dans une des cabanes. Un grand feu, dont la fumée ne s'échappait qu'en partie par une ouverture pratiquée dans la toiture, formait au-dessus de nous un nuage si épais que nous étions obligés, pour ne pas être suffoqués, de nous tenir courbés, ou assis sur de mauvaises escabelles.

La neige tombait à gros flocons, et l'aspect de ce misérable pays, vu à travers de petites vitres en verre jaune et terne, le danger de notre position, l'incertitude de notre avenir, tout semblait concourir à nous plonger dans les plus sombres réflexions. J'en fus tiré tout à coup par cette exclamation : *Mama ! mama !* prononcée très distinctement par un enfant dont le berceau, suspendu comme un hamac, par quatre cordes, aux poutres du toit, et placé dans un coin obscur, avait échappé à nos regards.

Rien ne peut rendre l'impression que ce mot, presque français, produisit sur nous. Il nous rappelait tout ; il concentrait en lui seul tous nos souvenirs de famille, de bonheur et de patrie.

Les yeux du bon Naudet se fixèrent sur les miens,

de grosses larmes sillonnaient nos joues creuses, et, sans nous rien dire, nous nous serrâmes la main en détournant la tête, comme honteux d'une faiblesse, si excusable pourtant.

Je pris l'enfant dans mes bras et le caressai beaucoup ; je le remerciais ainsi de la douce émotion qu'il m'avait causée. Quoique couvert de haillons, il était superbe, et la mère parut très touchée de cette marque d'attention. Elle sortit et nous rapporta, peu d'instants après, une brassée de fougère et de mousse qu'elle étendit soigneusement par terre pour notre coucher. Elle répéta plusieurs fois le mot *Kosaqui*, *Kosaqui*, et nous fit comprendre qu'elle nous avertirait de leur approche, mais qu'en attendant nous pouvions dormir tranquilles.

En vérité, si cela nous fut possible, le sommeil ne vint pas pour longtemps nous apporter l'oubli de notre misère; car, si notre moral n'était pas affecté au point d'avoir peur des Cosaques, il l'était cruellement par la crainte de ne pouvoir rejoindre les débris de l'armée française, et de nous enfoncer dans cet affreux pays de manière à n'en plus pouvoir sortir.

A peine l'horizon commençait-il à se colorer d'une teinte rougeâtre, que notre hôtesse se précipita dans la cabane en criant : *Kosaqui, Kosaqui!* et en témoignant, par ses gestes, la terreur la plus vive. Était-elle inspirée par la seule présence des Cosaques, ou par la crainte des mauvais traitements que son humanité pour des Français pouvait lui attirer ? Nous pensâmes que ce dernier sentiment l'emportait.

En un instant nous étions à cheval et loin du village. Un parti de Cosaques s'approchait à travers la neige épaisse qui tombait toujours et dont la terre était couverte, nous nous efforçâmes de gagner le bois; mais nous avions été aperçus, et une vingtaine de ces sauvages se mirent à notre poursuite.

Au lieu de pénétrer très avant dans le fourré, nous résolûmes de nous arrêter, autant pour les tromper que pour pouvoir nous défendre, et, nous réunissant en groupe dans un épais massif, non loin de la lisière de la forêt, le pistolet d'une main, le sabre de l'autre et la bride entre les dents, nous attendîmes notre sort dans le plus profond silence. Ils nous traquèrent comme des bêtes fauves : nous les entendions s'appeler, passer et repasser à peu de distance, s'éloigner, se rapprocher de nous, et ce ne fut que par la protection spéciale de la Providence qu'ils ne nous découvrirent point.

Le moindre mouvement d'un de nos chevaux pouvait nous trahir; leur trace sur la neige aurait dû servir d'indice à nos ennemis. Heureusement, ils n'eurent point l'idée de s'arrêter, pour la suivre, à l'entrée de la forêt; mais au contraire, en y pénétrant eux-mêmes en désordre et sur plusieurs points à la fois, ils croisèrent cette trace, la confondirent avec celles de leurs propres chevaux et se privèrent ainsi du moyen le plus sûr de parvenir jusqu'à l'épais fourré qui nous servait de refuge. D'ailleurs, on n'accorde pas aux Cosaques l'admirable instinct des sauvages de l'Amérique.

Nous demeurâmes dans cette position plus de quatre heures, longtemps encore après que tout bruit eut cessé de se faire entendre, et jusqu'à ce que le silence prolongé de la forêt nous eût donné la certitude que les recherches, ou avaient cessé, ou se dirigeaient d'un autre côté. Alors Monneret, à pied et presque en rampant, se rendit sur la lisière du bois.

Toute la plaine était déserte ; le village même où nous avions passé la nuit apparaissait dans le lointain, morne et comme inhabité.

Il eût été de la dernière imprudence de s'engager dans cette forêt, sans issue pour nous, presque impénétrable, et où nous n'avions aucun moyen de nous diriger. Nous la côtoyâmes donc, et découvrîmes le soir une petite ville assez bien bâtie, dont j'ignore le nom, mais dans laquelle nous nous gardâmes bien de nous aventurer ; les cabanes nous offraient plus de chances de sûreté et plus d'humanité.

Nous nous enfonçâmes dans le bois jusqu'à la nuit close, et alors je m'approchai, avec Monneret, d'une masure où brillait une lumière. Un paysan, avec sa famille rangée autour du feu, l'habitait. A notre entrée, tout le monde se leva, et les enfants effrayés se réfugièrent en criant dans les bras de leur mère.

Ainsi que la veille, nous fûmes assez heureux pour obtenir des secours, et nous comprîmes que la ville contenait beaucoup de Juifs, ce qui fit que nous nous félicitâmes de nouveau de n'y avoir point pénétré. Une paysanne s'y rendit et nous rapporta des vivres.

Monneret possédait une certaine quantité de roubles en papier, ce qui nous fut d'un grand secours tout le temps que dura notre course si aventureuse. Comme il n'en connaissait pas plus que nous la valeur, il dut se contenter de recevoir, sans observations, la monnaie qui lui fut remise en sus des provisions.

Le lendemain, en tournant la ville, nous passâmes, au moyen d'un bac, une rivière très large. Nous n'avions pas atteint la rive opposée que des

Cosaques se montrèrent sur celle que nous venions de quitter. Il paraît que cette rivière n'était pas guéable, car, malgré leur impatience de nous rejoindre, ils n'osèrent s'y risquer. D'ailleurs, un bain froid n'était pas de saison, car le courant charriait des glaçons, assez gros pour que le péager eût beaucoup de peine à en garantir le bac.

Monneret lui donna plusieurs roubles, en lui faisant comprendre qu'il ne fallait pas retourner du côté où se trouvaient les Cosaques. Il eut l'air d'y consentir, mais je ne sais s'il nous tint parole. Au reste, il ne faut pas s'étonner des sentiments d'humanité et presque de sympathie dont nous fûmes l'objet de la part des habitants du pays. Ils leur étaient autant inspirés par la déférence que les paysans de ces contrées, encore dans la servitude, sont portés à avoir pour les classes plus élevées, que par leur antipathie contre les Cosaques, qui, hors de chez eux et sur pied de guerre, n'épargnent pas plus les amis que les ennemis.

Nous nous éloignâmes au plus vite du rivage, sans savoir où nous allions, et à la grâce de Dieu. Cependant le soleil qui se montrait par intervalles nous permettait de nous orienter à peu près dans la direction que devait suivre l'armée, en battant en retraite.

Je ne m'appesantirai point davantage sur les incidents, les inquiétudes, les alertes successives, les fuites précipitées et les dangers de chaque heure que nous eûmes à éprouver et à surmonter pendant trois jours et deux nuits que dura cette terrible émigration forcée.

Enfin, nous rencontrâmes un Juif, et, craignant d'être trahis si nous le laissions poursuivre sa route, nous résolûmes de nous servir de lui, bon gré, mal gré, comme de guide. Nous l'entourâmes. Il se jeta à genoux et nous demanda grâce en allemand. Franck parlait assez bien cette langue, et nous la comprenions tous. Le capitaine Buchotte lui mit un pistolet sur la poitrine, et Monneret lui présenta plein sa main de roubles en papier, tandis que Franck lui disait :

« Si tu nous conduis sains et saufs jusqu'à la route de Smolensk à Moscou, et jusqu'à ce que nous ayons rejoint l'armée française, l'argent sera à toi. Mais je te préviens qu'au moindre indice de trahison, nous te brûlons la cervelle. »

Il n'y avait pas à hésiter. Notre guide nous fit côtoyer une petite rivière, nous mena par des sentiers à travers la forêt, et, après une marche longue et pénible, lorsqu'il nous restait à peine une heure de jour, nous distinguâmes, avec une joie indicible, le bruit du canon de l'arrière-garde.

En débouchant dans une plaine, nous pûmes apercevoir dans le lointain les débris de notre armée s'avançant en une masse confuse. Le Juif nous devenait inutile ; il fut payé, rendu à la liberté, et, nous élançant à travers la plaine, nous rejoignîmes bientôt nos compatriotes près d'une petite ville nommée Tolotzin.

Ce fut avec beaucoup de peine que nous trouvâmes le bivouac du pauvre 8e chasseurs, ou plutôt de son squelette.

Nous embrassâmes nos camarades, qui ne pouvaient revenir de leur surprise en nous voyant, et je me couchai sur un peu de paille, à côté d'une espèce de chenil qui servait de refuge au colonel. Mais le ciel me réservait encore un secours inespéré, car à peine commençais-je à jouir d'un sommeil tranquille, pour la première fois depuis plusieurs nuits, que je fus réveillé en sursaut par un homme qui me tirait par mon manteau :

« Êtes-vous M. Julien Combe ? » me dit-il.

Sur ma réponse affirmative :

« Je suis le valet de chambre de M. Combe-Sieyès votre frère, ajouta-t-il ; il vous attend dans la ville avec la plus vive impatience, et c'est la troisième fois de la journée qu'il m'envoie à votre recherche. Il est désolé et vous croit mort ou prisonnier. Il va être bien heureux de vous revoir. »

Mon colonel eut la bonté de m'engager à ne pas perdre une minute, et m'autorisa même à accompagner mon frère le lendemain et tant que je voudrais, le régiment ne faisant aucun service, à cause de sa faiblesse numérique.

Je suivis donc le domestique, en pataugeant dans la boue et dans la neige.

Depuis longtemps je n'avais plus de chaussettes ; mes bottes étaient usées et presque sans semelles ; je les avais garnies de paille, et tout cela tenait ensemble, tant bien que mal, au moyen de ficelles. Mon pantalon gris et ma veste d'uniforme étaient troués et usés jusqu'à la corde ; je portais depuis plus d'un mois la même chemise, et il ne m'en restait qu'une de rechange dans mon portemanteau ; encore était-elle en si mauvais état que je pouvais à peine m'en servir.

Jamais je n'avais porté de gilet de flanelle. Mon manteau seul, plus que râpé par les nuits de bivouac, me restait pour me garantir contre une température variant de 18 à 20 degrés.

C'est en ce pitoyable état que je fus introduit

dans une petite maison composée seulement d'un rez-de-chaussée et construite en bois.

Le domestique dit en m'ouvrant la porte :

« Monsieur, voici votre frère », et aussitôt j'entendis, dans l'obscurité, la voix de mon frère qui s'écriait : « Est-ce toi, Julien ? est-ce toi, mon ami ? »

Et nous fûmes dans les bras l'un de l'autre; nous pleurions comme des enfants et ne pouvions nous séparer.

Le domestique avait allumé une bougie dont mon frère avait apporté une provision dans sa calèche. Quand il aperçut mon visage amaigri et mon état de misère, il courut chercher dans sa voiture les trésors que ma mère m'envoyait de Paris : deux paires d'excellentes bottes, six chemises, des chaussettes. Il me donna un pain blanc, du chocolat, un reste d'eau-de-vie brûlée, et me laissa le temps de faire honneur à toutes ces richesses, avant d'entamer la conversation.

Le reste de la nuit se passa, comme on le pense, en causeries si bonnes, si douces, si intimes ! Jamais deux frères n'avaient été liés d'une amitié plus étroite. Mon dévouement, ma confiance en lui étaient sans bornes. Jamais nous n'avions été séparés avant l'époque de mon entrée à l'École militaire, qui coïncida avec celle de la création des auditeurs au conseil d'État, dont il fit partie.

Je fis la journée du lendemain dans la calèche de mon frère. Bien enfermé avec lui, les pieds dans une chancelière, je jouissais de mon bien-être en homme qui a eu le temps d'en perdre l'habitude, mais qui retrouve, comme d'anciennes connaissances, le luxe et le confortable de la vie.

Cependant, je ne voulais pas m'écarter des débris de mon régiment, et mon frère avait hâte de s'éloigner. Chargé du portefeuille de l'Empereur, il devait suivre les mouvements du quartier général du comte Daru, intendant général de l'armée.

J'attendis donc le 8e et le rejoignis avec quelque peine, car, ainsi que je l'ai dit, tout était confusion et désordre.

Le surlendemain, la journée de marche devait nous faire atteindre Smolensk, lorsque le matin mon cheval, n'ayant pu trouver à manger et au bout de ses forces, fit encore une demi-lieue et refusa de marcher. Je mis pied à terre, autant pour le soulager que pour me réchauffer moi-même en marchant; mais rien ne put le faire aller plus loin.

Je plaçai mon pistolet à ma ceinture, fis un petit paquet du linge que mon frère m'avait apporté, et, ayant remercié mon pauvre cheval de ses services, je fus obligé de l'abandonner, sur la route, à sa destinée inévitable.

Effectivement, à peine m'étais-je éloigné de quelques pas qu'il fut tué par des soldats d'infanterie, coupé en morceaux et emporté ainsi en détail pour le repas du soir.

Me voici donc à pied et ayant à parcourir une longue route avant de parvenir à un pays habité.

Arrivés à Smolensk, la distribution dont on berçait notre espoir n'eut pas lieu. Tout avait été pillé et saccagé par la garde impériale même. A cette nouvelle, le découragement et la désorganisation n'eurent plus de bornes. L'Empereur voulut créer des escadrons sacrés, composés d'officiers encore montés, de tous grades et de toutes armes ; mais la discipline y devint impossible : tout le monde voulait commander, personne ne voulait obéir, et chacun s'en fut pour son compte.

C'est ainsi qu'après le passage du Borysthène l'armée se précipita en masse confuse sur la Bérésina qui, d'après les mesures prises par les Russes, devait être notre tombeau.

Peu habitué à la fatigue d'une longue marche à pied, au bout de quelques jours je ne me sentis pas la force d'aller plus loin. Mon moral n'était cependant point affecté, et dans toutes les occasions je me réunissais aux groupes de combattants qui s'organisaient à la hâte pour repousser les attaques des Cosaques.

Ce fut dans une de ces surprises que M. Anglès, inspecteur général des postes, le même qui m'avait fait parvenir à la position de Winkowo une boîte de tablettes de bouillon et de chocolat, n'ayant pu s'échapper, fut entièrement dépouillé et laissé sur la neige sans autre vêtement qu'une paire de besicles en or, que ces sauvages prirent probablement pour ses propres yeux, puisqu'ils les lui laissèrent. Il faut avouer qu'elles lui offraient peu de ressources contre les rigueurs de la température. Aussi ce fut avec la plus grande peine et après les plus grandes souffrances qu'il parvint à gagner le quartier général, où il se présenta, moitié gelé, dans ce simple appareil.

Il conserve précieusement ces besicles comme souvenir de ce cruel épisode de sa vie.

Enfin, deux jours avant d'arriver sur les bords de la Bérésina, après quelques jours de marche, accablé de fatigue, mourant de faim et de froid, mes bottes brûlées par la neige et le feu du bivouac, je m'assis sur le bord de la route, résolu à subir toutes les conséquences d'une dure captivité et résigné même à la mort. Je voyais passer devant moi cette foule de soldats déguenillés, à la face livide, aux yeux hagards. Tout uniforme, toute distinction de grade étaient confondus. Chacun s'était couvert de vêtements enlevés aux morts.

Ils suivaient le chemin d'un air morne et sauvage. Les cavaliers démontés s'étaient affublés de leur couverture de cheval, percée au centre pour donner passage à la tête, qui, coiffée d'un casque, d'un shako, d'un kolback, ou enveloppée de linges en guenilles et tachés de sang, dominait cet étrange manteau. A peine jetaient-ils un coup d'œil sur moi; encore n'était-ce point par compassion, mais pour s'assurer si j'étais mort, afin de s'emparer de mes dépouilles.

Pas un mot ne me fut adressé, pas une main secourable ne me fut tendue...

L'arrière-garde approchait. La canonnade se faisait entendre par intervalles, ainsi que le feu de l'infanterie. Dans peu d'instants, j'allais subir mon sort, lorsque mon heureuse étoile fit passer devant moi un ancien ami de ma famille, Guilard, employé aux postes de l'armée et dont j'ai déjà parlé. Il me reconnut, fut assez humain pour s'arrêter, me fit boire une gorgée d'eau-de-vie qu'il avait en réserve dans une petite gourde, me souleva par le bras, me remit sur pied et, tout en me soutenant, m'entraîna en avant.

« J'ai conservé tout mon courage, lui dis-je; mais, mon ami, je ne me sens pas la force d'aller plus loin. J'éprouve un engourdissement général qu'il ne m'est pas possible de vaincre. Ne pense qu'à toi, abandonne-moi à mon sort. Tu connais ma famille depuis longtemps ; si tu es assez heureux pour échapper à ce désastre et revoir notre patrie, porte mes derniers vœux, mes derniers soupirs à ma bonne mère, à mon père, à toute ma famille. Adieu, embrasse-moi et continue ton chemin. »

Cet engourdissement, nous le savions par de nombreux exemples, était l'avant-coureur d'une congélation générale. Loin de céder à mes instances, il m'entraîna plus rapidement, me secoua de toutes ses forces, me fit boire encore un peu d'eau-de-vie, et je fus tout étonné, au bout d'un quart d'heure, de sentir mon sang réchauffé circuler avec vitesse, les forces me revenir comme par enchantement, enfin d'être en état de me passer des soins de Guilard.

Je lui dois donc la vie, sans aucun doute. Plus tard, lorsque je sentais la moindre atteinte de ce fatal engourdissement, je savais à quoi m'en tenir et le dissipais au moyen d'un violent exercice.

CHAPITRE XXI

LA BÉRÉSINA.

Après mille dangers, nous atteignîmes les bords de la Berésina. Un pont de bateaux avait été jeté sur le fleuve, qui charriait en ce moment d'énormes glaçons.

L'ennemi s'était déjà rendu maître de la rive opposée. Son artillerie, placée sur une hauteur, nous attendait pour nous foudroyer en flanc. La nôtre avait passé le pont pendant la nuit; elle se mit en batterie pour démonter les pièces russes et garantir de leur feu cette troupe désordonnée de fuyards qui se précipitaient sur le pont sans garde-fous.

Là, la force physique s'ouvrait seule un passage. Les voitures des cantinières étaient renversées dans le fleuve avec tout ce qu'elles contenaient; ceux qui se trouvaient sur les bords du pont étaient précipités et entraînaient avec eux dans le gouffre celui que leurs mains saisissaient pour s'y accrocher avec la force convulsive du désespoir.

Les boulets ennemis portaient le carnage dans cette foule et jonchaient le pont de cadavres qu'il fallait franchir. On glissait dans le sang, et si, en s'accrochant à ses voisins, on ne pouvait éviter une chute, la mort était certaine; on était foulé aux pieds, écrasé, étouffé... Il fallait se faire jour le sabre à la main, frapper sans pitié, se maintenir le plus possible au milieu du pont et se ruer en avant, tête baissée, comme un taureau furieux.

Quelle effroyable boucherie! quel affreux concert de cris lamentables, de hurlements de douleur et de désespoir! que de blasphèmes, que de jurements dignes de l'enfer!... Le bruit du canon était dominé, absorbé par ce tumulte, par la chute des voitures qui se brisaient sur les glaces ou les brisaient elles-mêmes par leur choc. Des hommes, des femmes, et même des enfants, se cramponnaient aux glaçons et étaient entraînés avec eux par le courant rapide du fleuve.

Comment ai-je encore échappé à cette effroyable catastrophe? Comment n'ai-je pas pris une part active à cet épisode sanglant qui se passait sous mes yeux, et dont l'horreur était telle que son souvenir, pendant bien des années, a maintes fois troublé mon sommeil? Cela a dépendu d'une circonstance fortuite. J'avais rencontré la veille M. Joly de Fleury, auditeur au conseil d'État, ami de mon frère, et il m'avait offert une place dans une calèche légère, attelée de trois cognats de front, appartenant à un paysan qui la conduisait lui-même. Une proposition si agréable et si opportune ne pouvait qu'être acceptée avec empressement et reconnaissance, et nous étions arrivés à la nuit close jusqu'aux bords assez escarpés de la Bérésina.

Dans ce moment commençait à s'effectuer le passage de notre artillerie. Le pont était interdit à tout ce qui n'en faisait pas partie, et, à plus forte raison, aux voitures qui auraient pu occasionner de l'encombrement.

Ni les instances de de Fleury, ni son titre d'auditeur, ni même le subterfuge dont il usa en implorant la pitié de l'officier commandant en faveur d'un officier blessé qu'il transportait, disait-il, dans sa voiture, rien ne pouvait parvenir à fléchir l'inflexibilité de la consigne, lorsque quatre chevaux qui traînaient une pièce de canon s'abattirent en descendant la berge, pendant que la tête du train d'artillerie continuait sa route.

Nous étions descendus près de la rivière ; l'officier nous dit alors :

— Voilà une circonstance heureuse pour vous ; profitez-en et passez vite, car, si je vous retrouve sur le pont, je fais tout jeter à l'eau.

Il n'y avait pas de temps à perdre, même en remerciements ; les cognats étaient vigoureux, la voiture légère : en deux minutes nous nous trouvâmes sur la rive opposée, où les officiers d'artillerie nous admirent à leur bivouac.

La journée fatale du lendemain commença par l'engagement de notre artillerie avec celle de l'ennemi. Nous avions été obligés de nous retirer un peu en arrière sur le rivage ; mais Joly de Fleury m'avait quitté pour continuer son chemin, et c'est ainsi que je fus témoin de ce drame sanglant.

Enfin, après un combat acharné, le feu de l'ennemi fut éteint par le nôtre, et la brillante conduite de l'illustre et immortel maréchal Ney, qui enleva la position, mit un terme au carnage ; sans quoi l'armée française tout entière, selon les prévisions des généraux russes, était anéantie.

Dans la soirée, je me joignis de nouveau à mon brave colonel, dont le cuisinier, bien superflu depuis longtemps, avait eu les reins coupés au passage du pont, et, me réunissant à ce qui restait de mes camarades, je m'éloignai de ce rivage funeste en prenant la direction de Minsk.

Le lendemain, je rencontrai encore Joly de Fleury. Il n'avait plus sa petite calèche, mais un traîneau attelé des trois mêmes cognats que le paysan lui avait vendus en le quittant.

Il me proposa de l'accompagner et de conduire moi-même son traîneau, ce que j'étais en état de faire beaucoup mieux que lui, qui, faible, d'une santé délicate et élevé dans une boîte de coton, en enfant gâté de la fortune, se trouvait dans un piteux état.

Nous arrivâmes ainsi un peu au delà de Minsk; mais, parvenus à quelques lieues de cette ville, un de nos chevaux refusa d'aller plus loin. Il fallut le dételer et l'abandonner sur la route.

A une lieue de là, un second cheval tomba et ne put se relever; enfin, le dernier qui nous restait éprouva le même sort à quelques pas d'une grange, où nous trouvâmes des soldats accroupis autour d'un bon feu.

Il gelait à plus de 23 degrés, et ils n'eurent pas l'inhumanité de nous refuser une place. Le pauvre de Fleury se désolait : ne se sentant pas la force de marcher, privé de tout moyen de poursuivre son voyage, il regardait sa mort comme inévitable. Je tâchai de le rassurer par une foule de raisons qui ne me paraissaient pas à moi-même bien claires et bien concluantes.

Depuis deux jours que j'étais devenu son compagnon de route, je le soignais comme un enfant, allant chercher le bois pour notre feu de bivouac, me procurant, à force d'argent, quelques provisions que j'apprêtais et dont il avait toujours la meilleure part, lui rendant enfin les mêmes services qu'une nourrice, car ses mains délicates, engourdies par le froid, ne pouvaient lui servir, et si cet aimable garçon s'était attaché à moi pour les soins que je lui rendais, je m'étais également attaché à lui par la même raison.

Cependant, trois de mes doigts, dont deux de la main droite et un de la gauche, éprouvaient un commencement de congélation. Elle se manifesta par la boursouflure, qui est le premier degré ; trois grosses cloches se formèrent comme à la suite d'une brûlure et ne tardèrent pas à crever, laissant la chair à vif. De Fleury me sacrifia avec empressement son dernier mouchoir pour faire de la charpie et des bandes.

Ce pansement était à peine terminé, quand nous vîmes s'arrêter à la porte de la grange un bon traîneau fermé, à capote par derrière, attelé de quatre vigoureux cognats de front et contenant deux hommes que nous reconnûmes, à leur uniforme, pour des officiers polonais. L'un d'eux sortit du traîneau, remit les guides à son compagnon et, s'approchant de notre cercle, nous dit :

— Camarades, l'officier que vous voyez dans ce traîneau est un colonel polonais, mon oncle. Il a les mains et une partie des pieds gelés ; je suis à peu près dans la même position ; nous nous trouvons donc tous deux hors d'état de marcher et de conduire nos chevaux. Nous offrons une place dans notre traîneau, jusqu'à Wilna, à celui d'entre vous qui se sentira la force de nous servir de cocher.

— J'accepte la proposition, répondis-je aussitôt ; mais je ne puis abandonner mon compagnon de voyage, M. Joly de Fleury, auditeur au conseil d'État, que vous voyez dans l'impossibilité d'aller plus loin sans mon secours ; admettez-le donc avec moi, et je m'engage à vous conduire à Wilna.

L'officier retourna vers le traîneau et, après une courte délibération avec le colonel, revint nous faire part de son consentement.

L'oncle et le neveu se placèrent dans le fond. A tout seigneur tout honneur, c'était bien le moins. Le traîneau était bien garni de paille et de foin ; de Fleury y fourra ses jambes, s'entortilla dans son manteau et prit place devant le colonel. Quant à moi, tournant le dos à tout le monde, je m'assis sur le siège, m'emparai des guides et du fouet, malgré la douleur que me causaient mes trois doigts gelés, et nous partîmes avec vitesse.

Le temps était gris, une neige fine et glacée couvrait la route ; les chevaux, pleins de vigueur, nous entraînaient rapidement, lorsque, parvenu au sommet d'une montagne assez escarpée et n'étant pas bien sûr d'avoir la force de contenir un attelage de quatre chevaux de front, dans la descente rapide que présentait la route sur le revers opposé, je m'arrêtai, tant pour laisser souffler les chevaux que pour me consulter avec messieurs de l'intérieur.

— Mettrons-nous pied à terre, afin que les chevaux puissent maintenir le traîneau, ou les laisserons-nous, livrés à eux-mêmes, glisser sur les pieds de derrière ? leur demandai-je.

La question fut débattue. J'opinais pour que trois de nous marchassent jusqu'au bas de la descente et que le colonel restât seul dans la voiture, que je pourrais conduire en marchant à côté sans quitter les rênes ; mais je fus le seul de mon avis. Mes deux paresseux, bien enveloppés, les pieds chaudement enfouis dans le foin, ne voulurent pas les sortir de cette position confortable pour s'exposer au froid et à la neige.

— Laissez aller les chevaux, me dirent-ils, et advienne que pourra!

Je partis, et ce qui devait arriver arriva. Les chevaux, lancés en avant et poussés par le traîneau, se livrèrent à une course désordonnée que je ne pus modérer ni même diriger. La bande droite du véhicule rencontra une pierre, ou un petit monticule de glace, ou un obstacle quelconque; bref, la secousse fut si violente que nos quatre individus, y compris le cocher, lancés ensemble au milieu de la route, tombèrent pêle-mêle dans les bras ou dans les jambes les uns des autres, heureusement sans se faire de mal.

Le neveu du colonel et moi ne pûmes nous empêcher de rire comme des fous; mais le colonel et de Fleury grognaient de tout leur cœur et me donnaient au diable, comme si cela eût été de ma faute. Ils finirent cependant par suivre notre exemple.

Au bas de la côte, nous retrouvâmes le traîneau renversé dans le fossé, et les chevaux en état de vagabondage dans la plaine. Le jeune officier et moi parvînmes à les réunir après bien des courses. Nous avions une provision de cordes de rechange. En moins d'une heure, le désastre était réparé, chacun avait repris sa place, et nous étions en route de nouveau.

CHAPITRE XXII

WILNA.

Notre colonel polonais, une fois arrivé dans sa patrie, y trouvait facilement des ressources pour nous et pour nos chevaux. Le matin même de notre arrivée à Wilna, il fit monter à ma place, sur le devant du traîneau, un paysan qu'il chargea de nous y conduire; mais le rustre fut assez maladroit pour nous verser en pleine route, n'ayant point su éviter un monticule de glace, et les chevaux courant grand train, nous fûmes une seconde fois lancés dehors par la violence du choc. Je tombai sur le pauvre Joly de Fleury.

Le paysan, étant parvenu à arrêter les chevaux, revint sur ses pas pour nous prendre et nous aider. Lorsqu'il voulut relever de Fleury, il le trouva en proie à une si grande colère qu'il n'en reçut pour tout remerciement que des coups de poing; mais dans l'état de faiblesse de mon pauvre compagnon de route, sa fureur était si risible et ses coups tellement impuissants, que le robuste paysan les prit probablement pour des caresses, car il n'y fit pas la moindre attention, et continua à donner ses soins au colonel avec autant de calme et de sang-froid que s'il eût été en butte aux chiquenaudes d'un enfant gâté.

Nous riions tous trois de si bon cœur que de Fleury, qui n'avait d'ailleurs souffert dans sa chute que l'inconvénient du déplacement, finit par partager notre hilarité.

Tout étant prêt et remis en ordre, nous partîmes grand train et arrivâmes, vers quatre heures, à Wilna.

Le colonel y possédait une maison ; mais elle était entièrement démeublée. Il nous fut facile de nous procurer, par des Juifs, de la paille fraîche et des vivres. On alluma un bon feu dans le poêle d'une chambre, où nous nous installâmes tous les quatre. On nous apporta une table et des chaises, somptuosité dont j'avais perdu l'habitude, et, après le meilleur, je puis dire le seul repas que j'eusse fait depuis Moscou, nous pûmes jouir d'un sommeil long et paisible.

Un médecin avait été appelé pour visiter les mains et les pieds endommagés par la gelée. Mes trois doigts étaient à peu près guéris ; mais le colonel souffrait horriblement.

Le lendemain matin, je fis prendre des informations sur mon frère : j'appris qu'il était arrivé depuis deux jours, et, après avoir acheté une redingote fourrée, je sortis pour me rendre auprès de lui.

La température s'était abaissée à un tel point que le thermomètre marquait 30 degrés de froid. Malgré ma fourrure, j'eus bien de la peine à le supporter. Ma respiration se solidifiait en sortant de ma bouche et se convertissait en glaçons qui pendaient à mes moustaches. L'air atmosphérique me gelait les poumons et arrêtait presque la circulation du sang. A peine pouvais-je tenir mes yeux ouverts ; et, après avoir rejoint mon frère, je n'osai pas m'exposer à une seconde sortie et me contentai d'écrire une lettre au colonel pour le remercier de ses bons secours et de son hospitalité. Je lui donnai mon adresse à Paris, lui jurant, ainsi qu'à son neveu, une amitié éternelle, et leur exprimant à tous deux mes vœux les plus sincères pour notre réunion en des temps meilleurs.

Comme les débris de l'armée française, vivement poursuivis, se ruaient sur la ville, et que l'armée russe y entra le surlendemain, je ne sais si ces deux braves officiers furent tués ou faits prisonniers, mais je n'eus pas le bonheur de leur payer ma dette de reconnaissance, et toutes les informations que je pris sur leur compte demeurèrent infructueuses. Quant à Joly de Fleury, s'étant réuni au quartier général du comte Daru, il parvint à gagner les devants avec quelques-uns de ses camarades, et je ne le revis qu'à Paris.

Cependant, tout n'était point fini pour nous. La ville était encombrée de soldats, d'officiers et de tout le matériel qui échappait au désastre. Elle était même dépassée par un grand nombre, et la montagne située à peu de distance, sur la route de Kœnigsberg, se trouvait obstruée par une telle quantité de caissons d'artillerie et de voitures de toute espèce, que le passage en était devenu presque impraticable.

Il n'y avait pas de temps à perdre. Par les soins de mon bon et généreux ami Anglès, mon frère, affaibli par la dysenterie, fut couché à côté de lui, dans un traîneau fermé. Je me plaçai sur le devant, avec un courrier d'estafette d'une vigueur et d'une activité incroyables, entièrement dévoué à M. Anglès.

A huit heues du soir, quatre bons chevaux attelés à grandes guides nous enlevèrent rapidement, et nous atteignîmes en peu d'instants la fameuse montagne de Wilna, qui fut comme le second acte du drame de la Bérésina. Le courrier me confia les guides, et, mettant pied à terre, il cria :

— Place, place à une estafette de l'Empereur !

A ce nom toujours magique et qui, malgré nos misères, n'avait rien perdu de son influence, chacun met la main à l'œuvre. On écarte les voitures, les caissons, les pièces de canon ; on fait place partout ; de pauvres blessés, des hommes à moitié morts de froid et de faim rassemblent ce qui leur reste de force pour aider le courrier à se frayer un passage.

Pendant ce temps, nous attendions au bas de la montagne, entourés de mourants que le froid terrible de cette nuit (il atteignit jusqu'à 30 degrés) saisissait, et dont le râle et les derniers soupirs firent pour nous de cette demi-heure un siècle de souffrances. Le courrier vint enfin nous prévenir que la la route était libre. Il alluma une torche dont il s'était pourvu, et nous atteignîmes le haut de la montagne.

Avant de prendre mon essor de ce point culminant et de terminer le récit des malheurs de cette campagne, je dirai que, le lendemain même, les Cosaques, après avoir tourné Wilna, portèrent dans cette foule la terreur et la mort. La confusion fut à son comble, à tel point que le pillage du trésor de l'armée eut lieu en commun.

Nos soldats se battaient à coups de poing avec les ennemis pour enlever l'or contenu dans les caissons. Les sacs d'argent, trop lourds pour être emportés, étaient méprisés et laissés à terre.

Un chasseur de mon régiment, nommé Foulon, parvint à s'emparer de cette manière d'un sac contenant vingt mille francs en or, et à sortir sain et sauf de la bagarre ; mais la conservation de cette fortune fut pour lui la source de mille dangers, de mille inquiétudes, jusqu'à son arrivée à notre cantonnement de Silésie, où les débris du malheureux 8e chasseurs se réunirent. Là, il eut l'excellente idée de distribuer toute la somme parmi les officiers du régiment, en échange de mandats payables sur leurs appointements. Le colonel de Périgord lui prit une dizaine de mille francs, Pascal et moi chacun deux mille, et nos camarades se partagèrent le reste. De retour en France, Foulon fut remboursé en totalité, se retira du service, se maria, et s'établit à Besançon.

Je reviens à mon histoire.

Nous pouvions nous comparer à des oiseaux échappés de leur cage et prenant leur vol à tire-d'aile.

En deux nuits et un jour nous franchîmes la distance qui sépare Wilna de Kœnigsberg, ne nous arrêtant que pour relayer, et une heure seulement à Grodno, où Anglès remplaça son traîneau par une caisse de voiture bien fermée montée sur patins.

Le froid, quoique moins vif, variait de 25 à 26 degrés. Le temps était superbe. Nous glissions sur une belle route de glace, à train d'estafette, c'est-à-dire faisant au moins quatre lieues à l'heure. Bien entortillé dans une bonne fourrure, les jambes dans des bottes également fourrées, et la figure même couverte, j'étais assis, à côté du courrier, sur le siège faisant corps avec la voiture, et je voyais avec délices fuir des deux côtés le paysage entièrement couvert d'une neige éblouissante. Quelques villages, quelques hameaux épars lui donnaient seuls un peu de vie et devenaient moins rares à mesure que nous approchions de Kœnigsberg.

Nous arrivâmes dans cette ville le lendemain de notre départ de Wilna, à neuf heures du matin, et descendîmes à l'hôtel de Paris, sur la grande place.

CHAPITRE XXIII

KŒNIGSBERG.

Nous avions une grande avance sur les restes de l'armée. La Prusse, quoique déjà sourdement agitée, n'avait pas encore osé secouer notre joug. Nous pouvions donc jouir de la vie et du bien-être dans toute leur plénitude. Ce bonheur ne peut être bien compris que par ceux qui ont éprouvé de pareilles épreuves, d'aussi dures privations, et qui, ainsi que nous, ont échappé comme par miracle, pendant près de six mois, à des dangers de tous les jours, de toutes les heures.

Les hommes élevés dans l'aisance, ou même ceux qui se procurent par leur travail les douceurs du foyer domestique; ceux dont l'existence est tranquille, pour lesquels une partie de campagne, un bal, une fête est un événement; à plus forte raison ceux qui sont blasés sur les plaisirs du monde par l'habitude du confortable, pour bien comprendre notre bonheur, pour l'apprécier, devraient, pendant huit jours seulement, s'imposer les mêmes fatigues, les mêmes privations que je venais d'éprouver depuis le passage du Niémen jusqu'à mon retour à Kœnigsberg.

Excepté mes deux nuits sur un lit de sangle, à Moscou, chez M. Boudin, il y avait six mois que j'étais privé de cet objet de première nécessité, qui répare les forces du plus pauvre paysan, du plus malheureux ouvrier en France. Depuis six mois je couchais par terre au bivouac, souvent dans l'eau, dans la boue, sur la neige.

Les nombreuses forêts de sapins qui couvrent le sol de la Russie ne nous fournissaient qu'un bois résineux, donnant plus de fumée que de chaleur, et qu'il fallait encore alimenter toute la nuit, sous peine de se trouver sans feu en se réveillant.

Un homme qui, après une journée de chasse, rentre chez lui et s'assoit à une bonne table avec ce qu'il appelle un appétit d'enfer, ne peut comprendre les cruelles douleurs de la faim, les tiraillements de l'estomac, le rétrécissement des intestins produits par plusieurs jours d'inanition. Un dîner succulent et le repos d'un bon lit lui procurent toutes les forces nécessaires pour recommencer le lendemain.

J'ai parlé de mon antipathie pour la chair du cheval : il m'est souvent arrivé de rester pendant trois ou quatre jours sans prendre aucune nourriture avant de me résoudre à en manger. Comment pouvais-je résister à la fatigue d'autant de jours passés à cheval et à combattre depuis le lever jusqu'au coucher du soleil?

Qu'on se fasse donc une idée, s'il est possible, du bien-être que je ressentis, que je humai par tous les pores.

Nous nous étions intallés, mon frère, M. Anglès, Desaix, officier d'ordonnance de l'Empereur, de Galtz de Malvirade et moi, dans une même chambre de l'hôtel de Paris. Nous commandâmes le dîner le plus recherché, les meilleurs vins ; nous passâmes la soirée à causer du passé, et le sujet était inépuisable, tout en fumant la pipe auprès d'un grand bol de punch; puis, nous nous couchâmes de bonne heure, et moi pour la première fois depuis six mois dans un excellent lit. Mais j'eus autant de peine à dormir qu'en éprouverait le sybarite le plus raffiné s'il se trouvait dans l'obligation de coucher sur la dure. Je me retournais dans tous les sens, j'avais trop chaud ; mon sang circulait avec tant de force que je sentais comme un picotement général sur toute ma peau.

J'ai oublié de dire qu'aussitôt après mon arrivée à Kœnigsberg, j'avais envoyé chercher des chemises, des chaussettes, des bottes, et qu'à prix d'argent j'avais déterminé un tailleur à me confectionner en quelques heures une veste d'uniforme et un pantalon gris.

Accompagné d'un garçon de l'hôtel qui portait tous mes vêtements neufs et que, pour cause, j'avais soin de tenir à distance, je m'étais rendu au bain et en étais sorti un tout autre homme, délivré d'un million d'ennemis qui, depuis longtemps, vivaient aux dépens de mon pauvre et sec individu.

Ce fut donc pour moi une véritable résurrection. Ne pouvant dormir, je ne laissai dormir personne dans la chambre; je rallumai la bougie, je soufflai de la fumée de tabac dans le nez des dormeurs, enfin je me livrai à mille accès de gaieté et de folie.

Tous les jours, pendant le temps que nous passâmes à Kœnigsberg, à huit heures du matin on apportait pour chacun de nous et on posait près de chaque lit une demi-douzaine de petits pâtés chauds et une demi-bouteille de vin de Madère, simplement pour nous ouvrir l'appétit et nous disposer au déjeuner, qui était suivi d'une promenade autour de la ville, ou de courses chez les marchands de fourrures, très nombreux à Kœnigsberg, qui est un des grands entrepôts de ce genre de commerce. Nous avions pour ces promenades de jolis traîneaux, stationnés sur des places comme les fiacres ou les cabriolets à Paris.

Depuis quinze jours nous jouissions de cette vie, lorsque nous vîmes arriver les premiers soldats de l'armée française, semblables à des squelettes sortis de leur tombe et traînant après eux les lambeaux de leur linceul.

Ils étaient dans un état fait pour inspirer la pitié à des sauvages même : et cependant je vis, par la fenêtre de l'hôtel, un malheureux cuirassier français, à peine garanti du froid par une mauvaise couverture de cheval percée au milieu pour livrer passage à sa tête enveloppée de linges sales et sanglants, et pouvant à peine se soutenir à l'aide d'un bâton ; je le vis, dis-je, renversé brutalement par un soldat prussien de cavalerie conduisant un traîneau chargé de foin, qui non seulement le heurta avec intention, sans l'avertir, mais lui donna même un coup de fouet en passant.

A ce trait de lâche barbarie, je ne pus contenir mon indignation, et, me précipitant le sabre à la main à la poursuite du Prussien, je parvins en peu d'instants à le rejoindre. D'un coup vigoureux du plat de mon arme je le fis glisser de son traîneau par terre et, le saisissant au collet, lui appliquai une correction prolongée ; mais ses cris et mon attaque ayant attiré une foule de ses camarades armés, je n'aurais pu me défendre seul contre tant d'hommes, si mes amis de l'hôtel et plusieurs bourgeois, témoins de l'action du soldat et indignés comme moi, n'étaient venus à mon aide. Seulement, alors, j'avais été obligé de me servir, pour ma défense personnelle, du tranchant au lieu du plat de mon sabre, et plusieurs blessures en étaient résultées.

Il n'en fallait pas davantage pour exciter une émeute et mettre le feu à la traînée de poudre. Les autorités locales eurent beaucoup de peine à contenir le régiment prussien, qui fut consigné dans son quartier, et je devais m'attendre à la visite de quelques-uns de ses officiers ; mais pas un ne me fit cet honneur.

Peu de jours après, ce qui restait du 8e chasseurs était arrivé à Kœnigsberg, et le rendez-vous général nous fut donné en Silésie, dans les mêmes cantonnements que nous avions occupés avant la campagne.

CHAPITRE XXIV

VOYAGE. — RETOUR EN FRANCE.

Comme j'avais loué un traîneau avec Pascal, nous partîmes ensemble pour nous rendre à Glogau.

Nous nous dirigeâmes sur Elbing, en traversant sur la glace une petite pointe de mer qu'on appelle le *Frischehaff,* qui fait partie du golfe de Dantzig et s'avance dans les terres. Ce bras de mer, étant toujours gelé l'hiver, est fréquenté comme une grande route, ce qui évite un long détour aux voyageurs.

L'intensité du froid avait beaucoup diminué, et lorsque nous arrivâmes à Thorn, où nous devions traverser la Vistule pour gagner Bromberg, on nous assura qu'il serait très dangereux de nous risquer sur la glace parce que le fleuve, d'une telle largeur en cet endroit que d'un bord on ne peut distinguer l'autre, ainsi que la température plus douce, annonçaient depuis plusieurs jours une débâcle.

Les communications étaient momentanément interrompues, en attendant la rupture de la glace, qui pouvait avoir lieu d'un instant à l'autre. Nous aurions pu passer plus haut, où la Vistule se trouve plus resserrée, et remonter jusqu'à Plock ; mais cela nous écartait trop de notre route, et nous étions impatients d'arriver.

Nous nous décidâmes alors à faire un de ces coups de tête dont la jeunesse seule est capable.

Moyennant une bonne récompense, nous déterminâmes un jeune garçon boucher à nous transporter sur la rive gauche. Il se prépara à ce dangereux trajet par une forte dose d'eau-de-vie, attela un vigoureux cheval à une de ces légères charrettes en usage dans toute l'Allemagne et se plaça sur le devant pour conduire ; Pascal et moi, nous nous assîmes sur une botte de paille jetée en travers, et nous descendîmes ainsi la berge, à la grande stupéfaction d'une foule d'habitants réunis pour être témoins de cette insigne folie, que leurs instances les plus vives n'avaient pu empêcher.

Le danger était si imminent que le cheval marcha pendant plusieurs minutes ayant de l'eau jusqu'au-dessus du jarret, ce qui est le signe certain d'une prochaine débâcle. Parvenu à une certaine distance du rivage, je me laissai glisser derrière notre petite charrette, et, m'y cramponnant des deux mains, je me fis traîner ainsi, comme si mes pieds eussent été garnis de patins.

Le cheval, bien ferré à crampons, fut lancé au trot le plus allongé possible. La glace se fendait sur notre passage avec un bruit à effrayer les plus intrépides, et ses fentes, semblables à celles que présente un miroir brisé, se prolongeaient au loin et permettaient d'apprécier le peu d'épaisseur de la croûte glacée qui nous séparait seule de l'abîme.

Pascal, resté seul sur la charrette, n'était pas plus disposé que moi à faire la conversation.

Nous jetions à droite et à gauche des regards inquiets, maudissant intérieurement le funeste amour-propre qui nous avait poussés à cette détermination folle, sans nous permettre d'y renoncer au moment de l'exécution, et à risquer ainsi, de gaieté de cœur, sans la moindre utilité, sans la moindre gloire, deux existences pleines de force et de jeunesse qui venaient d'échapper à tant de périls. Il est vrai de dire qu'on se fait une telle habitude du danger qu'on finit par ne plus le regarder comme un obstacle à sa volonté.

En approchant de la rive gauche, il me fallut regrimper en toute hâte sur la charrette, car l'eau nous gagnait avec vitesse, et le cheval en eut presque jusqu'au ventre avant d'atteindre la berge. Notre garçon boucher nous conduisit jusqu'à Bromberg ; mais il jura bien ses grands dieux qu'il aimerait mieux ne jamais retourner à Thorn que de s'y rendre par la même voie. Il avait été largement payé, et nous y ajoutâmes encore une gratification pour qu'il pût attendre à Bromberg que le passage par le bac fût rétabli.

De Bromberg, nous traversâmes le duché de Posen, et nous nous arrêtâmes deux ou trois jours dans la capitale de ce nom, où l'on confectionne le meilleur pain qu'il soit possible de manger. On nous assura que l'Empereur, à son passage, voulut déterminer un des principaux boulangers de la ville à aller s'établir à Paris, mais que ce dernier, malgré cette certitude de fortune, eut assez de conscience pour lui déclarer que la blancheur et la qualité du pain de Posen dépendant, en majeure partie, de l'air et de l'eau, il ne pourrait réussir à soutenir en tout autre pays sa juste réputation.

Je n'affirme pas la vérité de cette assertion, et cependant j'ai entendu faire le même raisonnement en parlant du pain de Turin, dont la pâte, préparée avec de l'eau prise sur les lieux, ne peut s'allonger après que le boulanger en a formé un cône tronqué, et se brise lorsque cette opération se pratique au delà des Alpes.

De Posen, nous arrivâmes en peu de jours à Glogau, terme momentané de notre voyage. Le général Domangé nous indiqua le cantonnement destiné à recevoir les débris du beau 8e chasseurs, et, avant que huit jours se fussent écoulés, tout ce qui restait d'officiers et de soldats de ce brave régiment y était à peu près rassemblé; mais, grand Dieu! combien en manquait-il à l'appel!

Sur huit cents hommes à cheval (défalcation faite du dépôt) partis de Brescia le 6 février, soixante-quinze chasseurs seulement se comptèrent dans le cantonnement.

Quoique les officiers se trouvassent proportionnellement en plus grand nombre, que de pertes n'avions-nous pas à déplorer! Qu'étaient devenus les malheureux capitaines Clément, Fauconnet, Depenou, Laforie; les lieutenants Duvergne, Guillemier, Martine et tant d'autres?...

Dans quel état revenait le respectable et brave Périola! Perclus des mains et des pieds, sa tête chauve n'étant plus assez forte pour résister à 30 degrés de froid, il était presque fou quand il nous rejoignit près de Glogau, sous la conduite de quelques camarades. Lors de son retour à Gray, dépôt du régiment, il ne tarda pas à perdre entièrement l'usage de ses facultés intellectuelles, et, dans sa folie, il allait de porte en porte, demandant du pain ou l'hospitalité, s'informant des Cosaques et excitant la pitié et l'émotion de tous les habitants de la ville par la douceur comme par la cause de son aliénation mentale.

Enfin, lorsque le temps jugé nécessaire pour la réunion des chasseurs en retard se fut écoulé, notre cher colonel, un des premiers rendus à Guhrau pour y rassembler son monde, reçut l'ordre de rentrer en France et de se rendre à Gray, où il devait retrouver le dépôt du 8e et activer le départ des recrues destinées à alimenter et reformer les escadrons de guerre.

Le chef d'escadron Planzeaux (aujourd'hui général en retraite) resta en Silésie et prit le commandement de cette ombre de régiment, qui cependant ne tarda pas à se monter à trois cents hommes, grâce à l'activité mise à exécuter les ordres de l'Empereur, à l'esprit belliqueux dont la France était encore animée malgré ses malheurs récents, et au désir que chacun manifestait, en endossant l'uniforme, de réparer les désastres de la campagne de Russie par de nouvelles victoires.

Le régiment devant encore se rapprocher du royaume de Saxe, nous partîmes tous ensemble du cantonnement, la plupart à pied, quelques-uns montés sur des chevaux achetés d'occasion ; et le colonel, avant son départ, m'ayant chargé d'aller toucher la solde des présents au corps, me donna une seconde fois la clef des champs, ainsi qu'à tous les officiers non employés.

J'avais fait connaissance, à Glogau, avec M. le comte de Cambyse, commissaire des guerres. Nous nous rendîmes ensemble à Berlin. L'esprit d'animosité contre les Français et l'impatience de secouer le joug se manifestaient dans cette capitale sous toutes les formes et saisissaient avec fureur toutes les occasions d'éclater.

Les voitures de transport pour les blessés et les invalides étaient renversées sur la place d'Armes, où elles arrivaient, avec les malheureux qu'elles contenaient, sans égard, sans pitié pour des souffrances si cruellement prolongées. Cette lâche et vile populace, après avoir culbuté les voitures, se ruait sur ces victimes désarmées et les déchirait, les torturait de toute manière.

En rentrant à notre hôtel, nous rencontrâmes une troupe d'enfants sortant d'un collège. L'un d'eux me coudoya si rudement avec intention que je me retournai vivement pour châtier l'insolent ; mais l'attitude de l'écolier et de ses camarades m'eut bien vite convaincu que c'était un parti pris entre eux d'insulter le premier uniforme français qu'ils rencontreraient, et que toute la bande était déterminée à prêter main-forte au crâne.

Je ne pouvais faire usage de mon sabre contre des enfants ; je ne voulais pas me battre à coups de poing : je fus donc obligé d'empocher le coup de de coude, et, pour éviter l'éruption du volcan, nous jugeâmes prudent d'envoyer chercher immédiatement des chevaux de poste, que nous fîmes atteler à une petite calèche viennoise très légère que M. de Cambyse avait achetée la veille.

Nous prîmes la résolution de courir sans nous arrêter jusqu'à Paris, car l'irritation des esprits était telle en Prusse, elle se propageait avec une telle vitesse qu'il était urgent de sortir de ce royaume le plus promptement possible.

En traversant la petite ville de Belitz, avant d'arriver à Wittemberg, pendant que nous changions de chevaux à la poste, le bourgmestre nous fit mander en sa présence. Nous nous rendîmes chez lui, et le trouvâmes entouré de plusieurs de ses collègues des villages voisins, parce que c'était jour de foire. Il nous demanda nos papiers. Je n'en avais aucun ; mais M. de Cambyse était heureusement muni d'une autorisation de se rendre en France avec son domestique. Malgré cela, l'entêté Prussien ne voulait pas nous laisser partir ; il y était surtout excité par un gros fermier qui paraissait furieux contre tous les Français, voulait nous faire arrêter et nous disait mille injures.

Je parvins avec peine à me contenir, et il le fallut bien, car il était évident, que ce manant n'attendant qu'un prétexte, nous serions victimes de la moindre voie de fait. Je dis au bourgmestre que je servais dans le régiment commandé par M. le comte de Périgord, mari de la princesse de Courlande, que j'étais autorisé par lui à me rendre en France, et que, s'il se permettait le moindre acte arbitraire à mon égard, mon colonel aurait assez de pouvoir, même en Prusse, pour l'en faire repentir.

Enfin le bourgmestre, malgré sa mauvaise volonté évidente, craignant de se compromettre, consentit à nous laisser poursuivre notre route ; mais le paysan furieux, dont la petite charrette était à la porte, nous dit en nous montrant le poing :

« Si vous traversez mon village, je me charge de vous empêcher d'aller plus loin et de vous mettre hors d'état de vous plaindre. »

Cela était assez clair, et son village se trouvant précisément sur la route directe que nous devions suivre (on nous en donna avis), il n'y avait pas de temps à perdre pour le devancer.

Nous retournâmes donc vite à la poste, pendant que le fermier montait en toute hâte dans sa voiture pour aller préparer son guet-apens. Nous trouvâmes heureusement les chevaux mis par les soins du domestique, nous promîmes doubles guides au postillon s'il nous menait toujours au galop, et, à une lieue environ de la ville, nous fûmes assez heureux pour rattraper notre fermier bourgmestre, qui courait de toute la vitesse de son cheval.

Prévoyant que nous allions bientôt le laisser en arrière, il chercha à nous barrer le passage, soit en croisant devant notre calèche, soit en se mettant en travers de la route. Après plusieurs tentatives de ce genre, M. de Cambyse, pour en finir, remit à son domestique un pistolet placé dans la voiture et un bon fouet de poste qui nous servait à activer les chevaux. Alors le valet de chambre, se tenant debout devant le siège, menaça le paysan de lui brûler la cervelle s'il ne se rangeait pas.

Ce dernier, qui ne s'attendait pas à cet argument sans réplique, se plaça sur le côté gauche de la route, tout en continuant à animer son cheval lancé au grand trot.

Il était très important non seulement de le devancer, mais encore de l'empêcher de nous suivre de trop près, afin d'éviter qu'il ameutât par ses cris tous les habitants de son village contre nous. M. de Cambyse ordonna donc à son domestique de lui couper la figure d'un coup de fouet en passant à côté de lui. Cet ordre fut exécuté si vigoureusement et si adroitement que le furibond, étourdi, cherchant à éviter un second coup, tira machinalement la rêne gauche et fut culbuté, avec sa charrette, dans le fossé qui bordait la route.

Je n'ai jamais vu d'homme en proie à une colère plus violente ; sa bouche, écumante de rage, vomissait contre nous mille imprécations ; son visage balafré par le coup de fouet était rouge et couvert de sueur ; ses yeux lançaient des éclairs. Je suis persuadé que, s'il eût pu nous atteindre, il n'eût pas hésité à nous attaquer seul, et, comme il était d'une taille athlétique, nous eussions été obligés de le tuer pour nous en défaire.

Une augmentation de salaire promise à notre postillon nous fit voler sur la route, de telle manière que notre légère calèche bondissait à droite et à gauche. Heureusement, elle était très bien conditionnée et nous prouva, en résistant à cette course effrénée, qu'elle sortait des mains du premier carrossier de Vienne. Notre vie dépendait de sa solidité. Le moindre retard, le moindre accident, permettait à notre ennemi de nous rejoindre et de nous rendre victimes de l'exaspération populaire.

Nous traversâmes le village en question à fond de train et ne perdîmes pas une minute aux relais suivants. C'est ainsi que nous atteignîmes Francfort-sur-le-Mein et que nous passâmes le Rhin à Mayence, où nous nous arrêtâmes, comme pour jouir du bonheur de toucher enfin le sol de notre patrie.

Après un jour et une nuit de repos, nous nous dirigeâmes sur Paris avec la même vitesse. Afin de courir nuit et jour, nous emportions des vivres dans la voiture ; mais, en arrivant à Meaux, notre impatience devint si grande que nous donnions cinq francs de guides, sous la condition de galoper sans interruption, et je ne conçois pas que notre calèche ait pu résister à une course aussi désordonnée.

Enfin, à neuf heures du soir, un jeudi, j'entrai à grand bruit de fouet de poste dans la cour de l'hôtel de mon père, rue de Choiseul.

Je précise le jour de la semaine, ne me souvenant pas de celui du mois, parce que le jeudi était précisément consacré à la réunion de la famille et des amis nombreux de la maison paternelle.

Tout le monde était au salon au moment de mon arrivée. J'avais donné de mes nouvelles à ma mère, de Kœnigsberg, de la Silésie et de Berlin ; on m'attendait d'un jour à l'autre ; le claquement du fouet de poste ne pouvait laisser la moindre incertitude.

Les parties de bouillotte furent suspendues : mon père, dont la tête blanche et vénérable fut la première que j'aperçus, vint au-devant de moi sur le palier, et arrêtant une des mes tantes, vive Provençale, qui voulait se jeter la première à mon cou, il lui dit d'un ton sévère, quoique ému : « Madame, personne ne l'embrassera avant moi. » Il me reçut dans ses bras en versant des larmes ; je n'en sortis que pour me jeter dans ceux de la meilleure des mères, de la mienne, qui, debout près de la porte de la salle à manger, pouvait à peine se soutenir et s'évanouit entièrement en me pressant contre son cœur.

Voilà, dans la vie, de ces instants qui ne peuvent s'effacer de la mémoire, dont la douceur dédommage de toutes les peines antérieures, qui rendent heureux même de ce qu'on a souffert.

Il faut avouer qu'après la publication du fameux 29° bulletin de la grande armée de Russie, les familles qui embrassaient un fils ou un parent devaient s'estimer bien heureuses, bien favorisées de la Providence ; car, dans ce 29° bulletin, l'Empereur n'avait rien laissé ignorer de nos désastres. Tout y était exposé avec une franchise, une grandeur d'âme dignes de lui.

« Les hommes ordinaires ont succombé, disait-il ; les hommes de fer ont été faits prisonniers ; je ne ramène avec moi que les hommes de bronze. »

L'Empereur ne dissimulait rien de nos malheurs, comme il n'avait rien exagéré de nos victoires.

Comment alors dépeindre les angoisses de chaque jour, les inquiétudes mortelles qui devaient torturer le cœur d'une mère sur le sort de ses deux fils, acteurs dans ce drame sanglant et qui ne pouvaient même trouver le moyen de lui écrire pour la rassurer !

CHAPITRE XXV

SÉJOUR A PARIS. — DÉPART POUR GRAY.

J'ai déjà dit que la nouvelle de ma mort avait été répandue dans ma famille, lors de la journée du 18 octobre, par une lettre de M. Soulanges.

Malgré les plus grandes précautions, ma mère était dans un doute affreux, que la figure et la contenance de ma sœur et de mes tantes lui inspiraient, précisément par les efforts qu'elles faisaient pour se contraindre devant elle. Cette excellente femme n'osait plus demander de mes nouvelles, préférant conserver dans son cœur une lueur d'espérance plutôt que d'acquérir la certitude de son malheur en provoquant une réponse.

L'amour maternel est tellement fort, tellement exalté, qu'il aime à se créer des illusions et a parfois recours à des faiblesses superstitieuses. C'est ainsi que ma mère nous a avoué que, depuis le jour où j'avais cessé de lui écrire, elle avait remarqué qu'une petite araignée, dont le nid était dans une fente de la boiserie de son alcôve, venait régulièrement tous les matins, lorsque sa femme de chambre ouvrait les volets, lui rendre une visite en se laissant pendre à son fil jusqu'à peu de distance du lit, sans jamais y toucher.

Elle s'était persuadé que Dieu avait permis que

cet insecte vînt tous les jours lui donner de mes nouvelles. Tant qu'il serait exact, je devais être sain et sauf ; si l'araignée ne se montrait pas pendant quelques jours, ce serait l'annonce d'une maladie ou d'une blessure ; mais si elle restait toute une semaine sans venir, elle devait alors renoncer à tout espoir. Or, comme son petit messager était exact, ma mère conservait toute son espérance, supportait courageusement la privation de mes nouvelles et s'efforçait de n'attribuer qu'à cette cause l'air souvent triste et embarrassé des autres membres de ma famille.

Mon séjour à Paris ne devait pas être long. Nous recevions au dépôt beaucoup de recrues qu'il fallait conduire aux escadrons de guerre. Une aventure tragique me força de partir plus tôt encore que je ne croyais.

Je fus invité chez Véry, aux Tuileries, à un dîner à la suite duquel on apporta des dés pour jouer au creps. Un des convives appartenant à une famille fort honorable, bien placé dans un ministère, mais ne jouissant pas dans le monde d'une bonne réputation comme joueur, nous gagnait notre argent avec une constance de bonheur qui finit par me devenir suspecte.

Je l'examinai avec attention, et comme je m'aperçus que chaque fois que le cornet passait dans ses mains il faisait, sous la table, un mouvement indiquant qu'il prenait quelque chose sur son mouchoir ou sur la robe de sa voisine, femme très équivoque, il devint évident pour moi que nous étions tous dupes d'un fripon de bonne compagnie.

J'attendis que son tour de tenir le cornet fût arrivé de nouveau, et, après le premier coup de dé, j'arrêtai sa main sur le cornet même, en lui disant :

— Monsieur, vos dés sont plombés, et vous êtes un fripon.

Loin de témoigner cette indignation qui s'empare du cœur d'un honnête homme faussement accusé, il pâlit, balbutia, fit glisser sur la table le cornet cachant les dés, de manière à les faire tomber par terre ou sur la robe de sa complice, qui s'en empara avec adresse et les déroba si bien aux regards que, lorsque M ***, certain d'avoir écarté toute preuve, eut repris de l'assurance et me demanda raison de l'insulte que je lui avais faite, nous ne pûmes effectivement les retrouver, car, pour cela, il eût fallu soumettre tout le monde aux plus minutieuses recherches, ce qui était impossible. Au reste, toutes les personnes présentes partageaient ma conviction et avaient perdu de fortes sommes.

Un duel était inévitable. Il fut convenu qu'il aurait lieu au pistolet. Le lendemain matin, nous nous rendîmes au bois de Boulogne avec nos témoins ; mais, au moment de charger nos armes, nous fûmes forcés par des gendarmes d'aller vider notre querelle ailleurs. Derrière le premier village, sur le chemin de la Révolte, nous descendîmes de voiture et nous plaçâmes à vingt pas l'un de l'autre.

Le sort avait décidé que mon adversaire tirerait le premier ; il me visa à son aise, pressa la détente, mais le coup ne partit point, l'amorce seule ayant pris feu. Ses témoins, comme les miens, prétendaient que le coup comptait, et cela est conforme aux lois du duel ; pourtant je ne voulus pas user de cet avantage et me refusai formellement à tirer, à moins que le sort, consulté de nouveau, ne me désignât.

On jeta un écu de cinq francs en l'air ; cette fois le hasard me fut favorable. Mon adversaire se plaça de manière à me présenter le flanc droit, et ce fut pour lui une bien malheureuse circonstance, car ma balle, passant à côté du bras droit, pénétra dans son flanc, lui traversa le cœur et sortit de l'autre côté.

L'infortuné ne jeta pas un cri. Un violent coup de pied par terre, immédiatement suivi de sa chute en arrière, nous indiqua qu'il était gravement blessé. Nous accourûmes tous : il était déjà mort, et j'en éprouvai un vif regret, quoiqu'il n'eût pas dépendu de moi de lui refuser la satisfaction qu'il avait le droit d'exiger. Le duel avait eu lieu derrière les murs d'une fabrique dont les ouvriers sortirent pour nous arrêter. Ils nous atteignirent au moment où nous allions regagner nos voitures sur la route.

La résistance était impossible contre cette foule, et nous fûmes forcés d'attendre l'arrivée du maire, qu'on avait été chercher. Il nous demanda nos noms, qualités et adresses, après quoi nous fûmes libres de nous retirer.

Mais cette affaire faisait grand bruit dans Paris, et, pour éviter toute tracasserie de la part du ministre de la police, il fut jugé prudent pour moi de louer une chaise de poste pour le lendemain et de partir sans retard pour mon régiment. J'arrivai à Gray presque en même temps que mon colonel, qui s'y était rendu avec son ami le marquis de Talhouet, un de mes anciens camarades de pension. Il commandait le 6e chasseurs à cheval, qui occupait la même garnison que le 8e.

Grâce à nos jeunes colonels, tous deux immensément riches, notre séjour à Gray fut un temps de plaisir. Les dépôts du 6ᵉ et du 8ᵉ chasseurs étant réunis dans cette ville, les officiers des deux régiments furent bientôt liés de la plus étroite amitié, dont l'exemple leur était donné par leurs jeunes chefs. Elle ne fut pas même troublée par un duel qui eut lieu entre Monneret, du 8ᵉ, et Duclos, du 6ᵉ, ce duel n'ayant eu lieu qu'à la suite de quelques propos sur la priorité que chacun d'eux s'attribuait dans le maniement du sabre.

Des banquets eurent lieu, et des tables dressées sur la promenade des Capucins réunirent les officiers et les chasseurs des deux régiments également répartis.

Les colonels de Périgord et de Talhouet recevaient quelquefois la visite de M. le comte R... de la T..., qui habitait une belle propriété en Franche-Comté.

Lié avec la majeure partie des officiers, il eut l'idée de les réunir tous pour prendre un punch. L'invitation faite et acceptée avec empressement, on fixa le jour et on désigna pour lieu de réunion une des grandes chambres de l'hôtel tenu par Mme Grémaillé.

La soirée commença d'abord avec calme, par égard pour l'amphitryon; mais comme la tête de M. de la T... s'échauffait sensiblement en nous excitant à boire et en joignant l'exemple au précepte, il finit par s'écrier :

— Ah çà, messieurs, ai-je réuni une société d'officiers de cavalerie légère, ou une société de femmes? Il n'y a encore rien de cassé !

A cette époque, la manie, la mauvaise habitude de casser et de briser était générale, à la suite de tout repas militaire. En conséquence, après avoir dit ces mots, M. de la T... lança sur le plateau le verre qu'il tenait à la main.

Ce fut le signal d'un tapage infernal. Vermot prit un verre et le jeta contre une grande glace qui vola en éclats. Deux vases de porcelaine avec leurs globes subirent le même sort; un violent coup de pied renversa la table; tout ce qu'elle portait, verres, plateaux, bol à punch, flambeaux, assiettes de pâtisserie, roula sur le plancher et se confondit en mille pièces; les bougies s'éteignirent et le vacarme fut bientôt à son comble.

Les habitants de Gray, croyant qu'on se battait à mort, se rassemblèrent dans la rue sous les fenêtres, que nous ouvrîmes alors pour jeter dehors tout ce qui nous tomba sous la main. En moins d'un quart d'heure il ne restait plus dans la chambre que les quatre murs, encore étaient-ils endommagés.

Deux lits complets, avec leurs rideaux et leur baldaquin, une commode, un secrétaire, deux fauteuils et toutes les chaises qui avaient été rassemblées, formèrent bientôt dans la rue un vaste monceau de débris qui s'éleva presque jusqu'au premier étage.

Quand il ne resta plus rien à jeter, M. de la T..., réclamant un instant de silence, s'écria :

— Voilà qui est bien, mais puisqu'il ne reste plus rien à jeter par la fenêtre, il faut nous y jeter nous-mêmes.

Déjà, pour donner l'exemple, il avait posé le pied sur le support de la croisée, lorsque nous le retînmes de force. Il entra alors dans une grande colère, disant que ceux qui ne descendraient pas ainsi dans la rue ne seraient que des poules mouillées.

Pour éviter de graves accidents, je m'éclipsai un

moment de la salle où se passait cette scène, j'allai détacher la corde du puits, et, l'ayant fixée solidement à la croisée par la barre du milieu, je cédai le pas à notre amphitryon, qui le réclamait à tue-tête. Ce fut ainsi que nous descendîmes, les uns après les autres, au moyen de la corde, en nous dépêtrant de notre mieux au milieu des débris amoncelés.

Quoique la nuit fût assez avancée, une foule considérable garnissait la rue et le devant de l'hôtel. La plupart des spectateurs s'étaient munis de lanternes, car il n'était point encore, à cette époque, question de l'éclairage par le gaz, et les réverbères mêmes étaient rares.

Avec deux montants de lits on fit un brancard sur lequel on posa un matelas pour recevoir M. de la T..., et, ainsi porté par quatre d'entre nous comme en palanquin, il fut promené par toute la ville à la lueur des lanternes et aux sons des casseroles, des chaudrons et autres ustensiles de cuisine de l'hôtel, frappés plus ou moins en cadence.

Pendant ce trajet, il haranguait la foule de la manière la plus burlesque, embrassait alternativement ses porteurs et se démenait sur son matelas de la façon la plus comique. Le réveil fut moins agréable, car la carte à payer qui lui fut présentée le lendemain se montait à plus de cent louis.

Cependant, les autorités locales jugèrent que la tranquillité publique ne pouvait être ainsi troublée impunément. Un rapport circonstancié et probablement amplifié parvint à l'Empereur; mais, grâce à la position des principaux auteurs de cette plaisanterie, qui, du reste, n'avait été nuisible à personne, il ne fit qu'en rire, et on n'y donna aucune suite.

Cependant les événements se pressaient en Allemagne, et il était urgent de reformer et d'alimenter les cadres de la cavalerie, presque entièrement détruite dans la campagne précédente.

Monneret, Vermot, le capitaine Antoine, etc., partirent bientôt avec des détachements composés de recrues qu'il avait été impossible d'instruire en si peu de temps et qui recevaient, en marchant pour se rendre en présence de l'ennemi, les premières leçons de l'école de peloton.

J'avais été nommé adjudant-major, et, ne devant plus me séparer de mon brave colonel, il fut convenu que nous partirions ensemble pour aller retrouver le régiment dans ses cantonnements en Saxe, et que le colonel de Talhouet, ainsi que son secrétaire adjudant, nommé Magnan, se joindraient à nous pour ce voyage.

CHAPITRE XXVI

DÉPART POUR LA CAMPAGNE DE 1813.

M. de Périgord avait fait confectionner à Gray un petit fourgon qu'il envoya en avant par un de nos adjudants nommé Ferner. Au jour désigné, nous nous mîmes en route dans deux bonnes calèches, préparées de manière qu'on pût se coucher dedans au moyen d'un petit matelas roulé pendant le jour sous le devant de la voiture, et soutenu, quand nous voulions en faire usage, par trois fortes courroies fixées au siège de derrière. Le valet de chambre payait les postes, et, enveloppés dans nos manteaux, couchés à côté l'un de l'autre, nous parcourions souvent une distance de vingt-cinq ou trente lieues en dormant comme si nous eussions été dans notre lit. J'ai peu fait, dans ma vie, de voyage aussi agréable.

A Mayence, nous passâmes encore une fois le Rhin et nous nous arrêtâmes à Francfort, dont le comte Louis Tascher de la Pagerie était alors gouverneur. Il nous retint une journée auprès de lui et se montra, comme toujours, l'hôte le plus aimable et le plus gracieux.

De Francfort, nous nous mîmes en route pour Dresde, en passant par Leipzig.

Nous avions sur le tablier de la calèche un charmant petit chien anglais de la race des terriers, appartenant au colonel.

Un jour, le pauvre animal ne put résister à la tentation de courir après un lièvre qui, blotti dans le fossé près de la route, se sauva en plaine à notre approche. Mais, ayant mal pris son élan, le chien tomba sous la roue de derrière, qui lui écrasa une partie de la tête. Je mis aussitôt pied à terre pour le secourir; comme il n'était pas mort, nous le prîmes sur nos genoux, et, en arrivant à l'hôtel pour dîner à Fuld, je le couchai sur un coussin et l'emmaillotai avec soin.

Le colonel, qui était très attaché à cette jolie bête, eut alors la singulière idée de faire appeler un médecin de la ville pour savoir à quoi s'en tenir, et un garçon de l'hôtel s'empressa d'aller chercher le plus fameux, ne manquant pas de l'avertir qu'il était appelé par M. le comte de Périgord, arrivé à Fuld avec une suite considérable. Le docteur se mit donc en *grande tenue* et se présenta tout gonflé de l'honneur qui lui était accordé.

Il s'approcha du colonel en le saluant plusieurs fois respectueusement, et le pria de lui dire ce qu'il éprouvait, afin qu'il pût lui indiquer, d'après les symptômes, les remèdes convenables à sa maladie.

Je m'étais placé dans l'embrasure de la croisée, en apparence pour regarder dans la rue, mais en réalité parce que je ne savais comment contenir une violente envie de rire.

M. de Périgord, fort embarrassé lui-même de savoir de quel moyen il userait pour détromper le grave docteur sur la qualité de son malade sans trop froisser son amour-propre, et ayant toutes les peines du monde à conserver son sang-froid, semblait consulter des yeux le colonel de Talhouet et le prier d'intervenir.

Enfin, tout cela produisit une scène tellement comique que nous ne pûmes y résister longtemps et que la chambre retentit bientôt de nos joyeux éclats.

Le docteur, ne sachant sur quel pied danser, s'arrêta court dans une dissertation médicale, rougit et parut fort embarrassé de sa contenance, se croyant victime d'une mystification. Cependant, notre gaieté même fut la meilleure excuse à lui présenter, car elle me servit d'entrée en matière, et le docteur eut le bon esprit non seulement de rire avec nous, mais encore de donner son opinion sur l'état du malade.

J'ai déjà dit que le marquis de Talhouet avait emmené avec lui un jeune homme nommé Magnan, qui avait le rang d'adjudant et lui servait de secrétaire.

Le soir même de notre aventure avec le docteur, après dîner, et comme nous avions résolu de partir, il offrit de parier vingt-cinq louis qu'il irait de Fuld à Leipzig à franc-étrier, à toute selle, sans pantalon et sans caleçon.

Le colonel de Talhouet entra pour moitié dans cette folle gageure. Le comte et moi acceptâmes le pari contre eux.

Voilà donc notre fou qui, après avoir demandé un bidet de poste pour lui en même temps que les chevaux des deux voitures, roule sa chemise autour de ses reins, s'enveloppe dans son manteau et part en avant comme courrier.

Pendant le trajet de nuit, cela passait encore; mais quand il fallut traverser, en plein jour, les villes et les villages, dans cette tenue plus que grotesque que son manteau ne dissimulait qu'imparfaitement et souvent pas du tout, des rires et des huées retentirent de tous côtés sur son passage.

Nous le suivions de près, et, pour calmer la pudeur offensée des habitants, nous leur assurions que ce jeune homme, devenu fou par suite d'un amour malheureux, s'était échappé de nos mains et, sans prendre le temps de se vêtir, courait ainsi la poste à la recherche de sa maîtresse.

Le pauvre diable était tellement en compote en arrivant à Leipzig, qu'il fut obligé de garder le lit plusieurs jours; mais il avait gagné légitimement son pari et nous rejoignit à Dresde.

Après un court séjour dans cette dernière ville, nous nous rendîmes dans nos cantonnements, où je fus fort étonné de trouver un certain monsieur nommé M..., se disant parent du colonel de Périgord, qui ne le connaissait ni d'Ève ni d'Adam et n'en avait jamais entendu parler. Il était arrivé porteur d'une lettre du prince de Talleyrand pour son neveu, et se donnait le grade de sous-lieutenant sans en avoir le brevet. Il faisait de grands embarras, commandait à tort et à travers, sans avoir la moindre idée du service, et le pauvre Ferner, mon adjudant, ne savait où donner de la tête.

Pascal, mon camarade adjudant-major, et moi, eûmes bientôt reconnu dans cet individu tout le caractère d'un vrai chevalier d'industrie, et le colonel nous l'ayant livré en convenant que la lettre du prince ne pouvait être que le résultat d'intrigues ou d'importunités, nous ne laissions échapper aucune occasion de le remettre à sa place : aussi étions-nous l'objet de sa plus grande aversion.

Les arrêts lui tombaient sur le dos fréquemment, et, la première fois qu'il y fut mis par moi, lui ayant offert, après sa punition, la satisfaction qu'il pourrait désirer, nous le trouvâmes aussi lâche que fanfaron et effronté, et fûmes obligés de mettre en usage le seul moyen convenable avec lui, c'est-à-dire les corrections à la prussienne.

Nous apprîmes plus tard que nous l'avions bien jugé, car, lorsqu'il fut fait prisonnier en même temps que nous dans cette campagne, on trouva dans son portemanteau un papier constatant qu'il était remplaçant d'un simple chasseur désigné par la conscription, et qu'il ne faisait pas à Paris d'autre métier que celui d'espion.

Nous occupions, dans notre cantonnement, un château appartenant à une petite baronne plus que sur le retour et qui, sous prétexte de la guerre, nous faisait faire très maigre chère. Probablement encore sous le prétexte de la guerre, elle portait toujours sur elle une paire de pistolets. Un jour, dans un mouvement trop brusque, elle en laissa tomber un aux pieds de mon colonel, qui s'empressa de le ramasser et de le lui remettre avec autant de bonne grâce et de sang-froid que s'il se fût agi d'un mouchoir de poche.

Pour alimenter un peu notre table, je tuais les pigeons de notre hôtesse et j'allais à la pêche dans des viviers très abondants en poisson.

Un étang, situé à environ une lieue du cantonnement, contenait surtout une grande quantité de carpes magnifiques et était souvent le but de ma promenade.

Dans une de ces excursions, après avoir attaché mon cheval à un arbre et m'être assis à l'ombre pour jeter ma ligne, j'étais occupé, depuis une heure, de ce plaisir tranquille pour lequel je n'ai jamais eu beaucoup de goût, mais que l'abondance du poisson me rendait assez agréable en ce moment, lorsqu'une violente secousse m'avertit qu'une belle proie était prise à l'hameçon.

Avant de la tirer à moi, je la laissai quelque temps se débattre ; mais au moment où je la sortais de l'eau, elle s'agita assez vigoureusement pour casser ma ligne au-dessus du bouchon, que je vis disparaître en un instant, puis se remontrer à la surface à une assez grande distance du bord.

Quoique je n'eusse fait que l'entrevoir, j'avais reconnu une carpe d'une grosseur extraordinaire. La contrariété que j'éprouvais de perdre un si beau poisson pour notre table, la beauté du temps et ma confiance en mes forces comme nageur, me déterminèrent à me déshabiller pour aller me saisir du bouchon et reprendre ma victime.

Je me jetai donc à l'eau, sans considérer que les bords de l'étang étaient garnis de longs roseaux que je devais traverser deux fois pour revenir à mon poste.

Je le fis heureusement la première fois pour atteindre le bouchon, et déjà je revenais, fort content de ma prise et même de mon bain, lorsque, parvenu à une dizaine de pas du rivage, je me sentis arrêté par de nombreuses plantes aquatiques, des branches de nénuphar, de forts roseaux qui, s'enlaçant à mes jambes, me mirent dans l'impossibilité d'avancer. Plus je faisais d'efforts pour me dégager, plus les liens se resserraient ; si je parvenais à les briser avec mes mains, je ne tardais pas à être saisi de nouveau. Plusieurs fois je fus obligé de plonger pour les couper avec mes dents.

Je m'épuisais en efforts réitérés. Aucun secours n'était à espérer. La campagne déserte eût rendu mes cris inutiles. Je n'étais plus qu'à deux ou trois pas du bord, mais dans une eau très profonde. Le seul être vivant à portée des yeux et de la voix était mon cheval, qui me regardait me débattre sans comprendre, comme aurait pu le faire un bon chien, le danger que courait son maître.

Je me voyais donc condamné à mourir d'une manière si pitoyable, à vingt-deux ans, loin de ma famille, de mon pays, sans même les honneurs du champ de bataille, comme un vieux crapaud dans un étang de la Saxe.

Ces réflexions, que je fis dans ce moment de détresse, m'inspirèrent une telle rage, un tel désespoir que, jouant le tout pour le tout dans un suprême effort, je plongeai une dernière fois, déchirai avec mes dents et mes mains les liens qui m'enchaînaient et, après quelques brasses, parvins à me cramponner aux branches d'un petit saule du rivage.

Arrivé là, je fus obligé de me coucher, épuisé, haletant, sur le gazon, où je restai longtemps avant d'avoir recouvré assez de force pour me rhabiller.

Après ce repos bien nécessaire, comme je n'étais nullement tenté de continuer ma pêche, je rassemblai dans mon mouchoir tout le poisson que j'avais pris, et, remontant à cheval, je retournai au cantonnement.

Peu de temps après, nous reçûmes l'ordre de nous porter en avant, avec notre division, pour prendre part aux batailles de Lutzen et de Bautzen.

Tout le monde connaît le résultat de ces deux belles victoires, entièrement dues à notre infanterie. La cavalerie, trop peu nombreuse et composée de recrues sans instruction, ne put contribuer à les rendre profitables et fut à peine employée. Cependant, elles inspirèrent une si grande terreur aux ennemis, stupéfaits de se voir battre, après les désastres de la campagne précédente, par une nouvelle armée sortie de France, comme si cette terre belliqueuse eût été frappée par la lance de Pallas, qu'un armistice en fut la suite.

Je tiens de bonne source que l'Empereur reçut alors les propositions de paix les plus avantageuses. On lui offrait la Belgique et les limites du Rhin. Tous les maréchaux composant le conseil (je le sais par un témoin oculaire, le lieutenant général Gourgaud, alors premier officier d'ordonnance de l'Empereur) se jetèrent presque à ses genoux pour le supplier d'accepter, lui faisant observer que quelques années de paix le mettraient en mesure de reconquérir l'Italie et la Hollande, que la France était épuisée, la cavalerie hors d'état de rendre d'importants services, enfin lui exposant tous les motifs que pouvaient leur inspirer les intérêts de la France et le leur, car ils n'ignoraient point que Louis XVIII, sous le nom de comte de Lille, était prêt à rentrer dans sa patrie pour revendiquer ses droits au trône si l'Empereur était renversé.

Cependant leurs sollicitations produisaient leur effet sur Napoléon. Il se promenait avec agitation dans la salle du conseil, les bras croisés derrière le dos, et tenant une plume dans sa main.

Le traité de paix, posé sur une table, n'attendait plus que sa signature, lorsque le duc de B... entra dans la salle.

— Eh bien! lui dit l'Empereur, quel est votre avis? Tous les maréchaux me conseillent d'accepter les propositions de paix qui me sont faites par l'ennemi; voyez, qu'en pensez-vous?

Le duc, après avoir pris connaissance du traité, répondit :

— Sire, avec une armée comme la vôtre, après deux victoires comme celles que Votre Majesté vient de remporter, on n'accepte point des conditions de paix, on les dicte.

A ces mots, si bien en harmonie avec les idées et le caractère de l'Empereur, il jeta avec colère sa plume sur la table en disant :

— Il n'y a que B... qui ait du cœur ici !

Et le traité fut rompu, et la France tomba de catastrophe en catastrophe.

Mais, comme ce n'est point son histoire que j'écris, je reviens à la mienne.

CHAPITRE XXVII

SÉJOUR A DRESDE.

L'armistice dura six semaines, que j'allai passer à Dresde avec le colonel de Périgord.

J'y retrouvai mon frère Combe-Sieyès, nommé inspecteur général du Trésor impérial. Cette place avait été créée pour lui par l'Empereur même, sur la présentation de M. Mollien, ministre des finances.

Il avait la haute inspection de toutes les caisses de l'armée, pouvait se présenter à toute heure chez les payeurs, vérifier leurs fonds, et devait être toujours en mesure de rendre compte directement au chef suprême de la situation numérique de chacune d'elles, sans avoir besoin de se servir de l'intermédiaire de M. le comte Daru, intendant général de l'armée.

Les situations journalières qui lui étaient adressées par les payeurs, et un simple carnet de poche sur les feuillets duquel il inscrivait le montant du crédit par caisse et par division, lui suffisaient pour être toujours en état de répondre sans hésitation aux questions de l'Empereur.

Notre séjour à Dresde fut encore un temps de plaisir.

Notre illustre souverain, pour amuser son hôte le roi de Saxe, qu'il aimait beaucoup, avait fait venir en toute hâte de Paris les principaux acteurs du Théâtre-Français.

Mlles Mars, Bourgoing, Mézerai ; MM. Lafont, Fleury, etc., donnaient, trois fois par semaine, de grandes représentations où se réunissaient une foule de jolies femmes.

Une loge à droite était réservée pour l'Empereur, une autre en face pour le Roi et sa nombreuse famille.

Pendant l'entr'acte, les deux souverains se rendaient visite avec toute l'étiquette de rigueur, tempérée cependant par des manières qui annonçaient l'entente la plus amicale.

Quant aux acteurs, il n'y avait pas moyen, comme à Paris, de retarder ou de remettre une représentation, sous prétexte de maladie ou d'indisposition subite. Le maître suprême était là, il fallait obéir. En voici une preuve.

Nous avions été passer la journée à trois lieues de Dresde, sur la route de Pirna, dans une charmante maison de campagne. Son propriétaire avait eu la complaisance de nous la prêter, et un pique-nique avait été organisé.

Le colonel de Périgord, M. Denniée, le brave et infortuné Labédoyère, mon frère, le chef d'escadron Desaix, officier d'ordonnance de l'Empereur, et moi, étions les parties payantes.

Parmi les invitées se trouvaient Mlles Mars, Bourgoing, Mézerai et quelques autres dont j'ai oublié le nom.

On pense bien que le dîner fut très gai. En rentrant le soir à Dresde, la tête un peu échauffée, M. Denniée voulut conduire lui-même la calèche qui ramenait Mlle Mars ; mais il fut assez maladroit pour verser dans un fossé de la route, et la première actrice du monde reçut un coup tellement violent sur un de ses beaux yeux, qu'il en devint prodigieusement enflé et entouré d'une énorme tache noire semblable en tout au résultat malheureux d'une querelle de cabaret, ou d'une scène d'intérieur dans un ménage de chiffonnier.

On comprendra quel fut son désespoir, quand on saura que le lendemain était jour de représentation, et, ainsi que je l'ai dit, il n'y avait pas moyen de la faire manquer sous un prétexte de ce genre, qui, à Paris, eût été suffisant pour justifier une retraite d'un mois. Il fallait jouer ou se résoudre à aller en prison.

Le lendemain donc on tint grand conseil chez la partie souffrante, qui réellement était méconnaissable et méritait tout notre intérêt, non seulement par son talent sans égal et sa jolie figure, mais encore par son caractère aimable et gracieux. Il fut convenu qu'elle jouerait, mais qu'elle dissimulerait autant que possible les suites de l'accident au moyen de force cosmétiques de diverses couleurs.

On lui teignit en blanc la partie endommagée autour de l'œil ; elle plaça son rouge avec tant d'art, les veines de ses tempes furent dessinées avec tant de soin et de régularité qu'en vérité, lorsqu'elle parut sur la scène, il eût été impossible de se douter que ce charmant visage était meurtri. Quant à nous, qui l'avions vue le matin, nous pouvions à peine en croire nos yeux.

L'Empereur avait eu connaissance de la chute et de ses conséquences ; il sut très bon gré à Mlle Mars de son zèle et de sa bonne volonté.

Pendant notre séjour à Dresde, nous nous réunissions habituellement, après le dîner, à l'hôtel de Pologne, dans une grande salle du rez-de-chaussée, pour faire une partie en fumant soit le cigare, soit une de ces bonnes pipes en terre rouge du pays, si appréciées des fumeurs.

Un soir, nous entendîmes entrer dans la cour de l'hôtel une berline de poste attelée de quatre chevaux. Chacun se précipita sur le palier pour connaître le voyageur qui s'annonçait d'une manière aussi brillante, et nous vîmes descendre, sous le péristyle du grand escalier, une femme d'une beauté remarquable enveloppée des plus riches fourrures.

Bientôt nous apprîmes que c'était la belle mademoiselle Georges qui revenait de Russie, comblée des présents de l'empereur Alexandre.

Le colonel de Périgord la connaissait et monta dans son appartement pour lui rendre visite. Elle lui montra alors toutes les richesses qu'elle tenait de la libéralité impériale, et le comte en demeura lui-même étonné, quelque habitué qu'il fût à tous les genres de luxe et de prodigalité.

Il nous parla, entre autres choses, d'un flacon formé d'un diamant creusé, valant à lui seul plus de 300,000 francs.

La célèbre tragédienne ne fit à Dresde qu'un très court séjour et repartit pour Paris, où elle était attendue.

Le colonel et moi, nous étions logés dans la vieille ville, c'est-à-dire de l'autre côté du fleuve, et, pour nous y rendre de l'hôtel de Pologne, nous montions ordinairement chacun dans une chaise à porteurs, dont une longue file stationnait sous un hangar à côté de l'hôtel.

Un soir, nous fûmes invités à prendre le punch

chez le colonel Galbois, aide de camp du prince de Neuchâtel. Le capitaine Cardon, nouvellement marié à une très jolie femme et tout fraîchement débarqué de Paris, était attaché à l'état-major du même maréchal et se trouvait à cette réunion.

Nous étions vingt-deux. On défia Cardon de boire un verre de punch avec chacun de nous à la santé de sa femme. Il accepta le défi et but ainsi vingt et un verres de punch de suite. C'était plus qu'il n'en fallait pour désorganiser la tête la plus solide.

Lorsqu'il fut temps de se retirer, le colonel de Périgord, en cherchant son sabre, mit la main sur un joli damas turc appartenant à Cardon. Comme il en avait un lui-même, il tira du fourreau la lame de celui de Cardon, et eut l'idée de lui faire la plaisanterie d'un échange. Mais le fourreau ne pouvait s'adapter à une lame étrangère; il s'ensuivit que, lorsque Cardon voulut prendre son sabre, il en trouva la lame à moitié sortie. Il fit d'inutiles efforts pour la rentrer, et, s'apercevant enfin de l'escamotage, il prit des renseignements qui le mirent sur la voie et courut à la poursuite de l'auteur du larcin.

Pendant ce temps, nous cheminions tranquillement dans nos chaises. En mettant la tête à la portière, nous vîmes Cardon accourir tout effaré, criant à tue-tête après son sabre. Le colonel promit double, triple salaire à ses porteurs pour les engager à courir; j'en fis autant, et nous étions secoués dans nos boîtes comme une vieille noix dans sa coquille, lorsque Cardon nous rattrapa sur le pont.

Il voulait arrêter la chaise du colonel, qui était lancée au trot de ses deux grands Allemands revêtus, je ne sais pourquoi, de la livrée du roi de Saxe;

mais le porteur de devant s'abattit, la chaise tomba sur le côté ; la mienne, qui suivait immédiatement, vint se heurter contre elle et fut aussi renversée, tandis que Cardon, tournant autour de ce groupe, réclamait toujours son sabre qui lui fut enfin remis, lorsque nous parvînmes à nous rétablir sur nos jambes et que les chaises furent relevées.

Personne n'étant blessé, nous rentrâmes chez nous plus paisiblement en riant de grand cœur.

CHAPITRE XXVIII

BATAILLE DE DRESDE.

L'armistice ne dura que six semaines.

Peu de jours avant son expiration, nous rejoignîmes nos cantonnements, où j'emmenai un fort joli cheval alezan rouan que mon frère m'avait cédé.

Notre division de cavalerie, toujours sous les ordres du général Chastel, se porta sur Bautzen; mais l'armée autrichienne, ayant fait un mouvement sur Dresde, se présenta devant cette capitale, sans toutefois parvenir à y pénétrer, et nous reçûmes, en conséquence, l'ordre de nous y rendre à marche forcée.

On se mit en route à minuit, par une pluie battante qui ne discontinua pas une minute pendant cette terrible journée.

Arrivés sur le champ de bataille à trois heures de l'après-midi, nous étions aussi mouillés que si nous eussions passé plusieurs heures dans la rivière, et il fallut tordre nos manteaux avant de les rouler à la Mandrin pour le combat.

Les carrés autrichiens, formés dans la plaine, ne faisaient entendre que quelques coups de fusil, la pluie ne les ayant pas plus épargnés que nous, et les pauvres diables s'efforçaient de faire bonne contenance à la baïonnette.

Au reste, je dois leur rendre cette justice de reconnaître qu'ils se battirent fort bien.

Avec ce temps affreux, l'aspect du champ de bataille avait quelque chose de plus triste, de plus saisissant qu'à l'ordinaire.

Malgré la fatigue des hommes et des chevaux, qui venaient de faire une marche de quinze heures consécutives, après un repos d'un quart d'heure pour nous laisser, ainsi que je l'ai dit, le temps de rouler nos manteaux, on sonna la charge, et chacun retrouva des forces pour ce moment d'action.

Une seule charge, qui était loin d'être exécutée avec toute la vitesse et toute l'impétuosité nécessaires, car nos chevaux entraient jusqu'aux jarrets dans la terre détrempée, suffit cependant pour enfoncer les carrés.

Ayant pénétré dans l'intérieur de celui qui nous était opposé, il ne nous resta plus qu'à sabrer et à pointer. Nous fîmes un tel carnage que les carrés restèrent en grande partie formés par des cadavres.

Toute l'armée autrichienne battit alors en retraite dans le plus grand désordre, et l'on fit une grande quantité de prisonniers, ce qui donna beaucoup de confiance à nos jeunes soldats, dont la majeure partie abordaient l'ennemi pour la première fois.

Ce fut par les prisonniers que nous apprîmes la mort du général Moreau, qui venait d'avoir les deux cuisses emportées par un boulet français.

Avec la meilleure volonté du monde, il nous eût été impossible de nous lancer à la poursuite des vaincus. Il y a un terme aux forces physiques, et le courage ne suffit pas pour y suppléer. Nous étions sur les dents, et le général ayant désigné pour le cantonnement du 8ᵉ chasseurs un village situé à environ une lieue du champ de bataille, le colonel me donna ordre de m'y rendre de suite, pour préparer les logements du régiment.

En arrivant chez le bourgmestre, suivi seulement de mon chasseur d'ordonnance, je fus très étonné de voir la cour entourée de fusils appuyés et rangés contre les murs, et d'entendre un tapage infernal dans la maison. J'appelai à haute voix, et le bourgmestre, suivi de cinq ou six soldats autrichiens, se présenta pour me répondre.

Je fis bonne contenance et leur dis que, mon régiment me suivant, ils n'avaient d'autre parti à prendre que de se rendre. Ils étaient encore sous l'impression de la terreur, conséquence ordinaire d'une bataille perdue; mouillés jusqu'aux os, mourant de faim, ils ne firent aucune difficulté pour se rendre à deux hommes seuls. Je leur ordonnai de sortir de la maison et de se placer en rangs, sans armes, sous la conduite de leurs sous-officiers. Ils étaient au nombre de deux cent cinq, ainsi que je m'en assurai en les faisant défiler devant moi.

Si j'avais eu un peu plus d'expérience des choses de ce monde et un peu moins d'exactitude et de zèle à remplir mes devoirs ; si, au lieu de consulter l'intérêt de mon régiment et celui de mes camarades, qui avaient tant besoin de repos et d'un gîte après une journée aussi pénible ; si enfin j'avais ressemblé à beaucoup d'autres, il m'eût été facile de me mettre à la tête de mes prisonniers, de les conduire moi-même à Dresde et d'obtenir, au moyen de quelques amis bien placés auprès de l'Empereur, un grade ou la décoration qui m'était si légitimement due depuis la journée de Winkowo.

Malheureusement pour moi, je ne fis rien de tout cela ; je me contentai d'indiquer la route de Dresde aux soldats autrichiens, qui partirent en colonne par deux, aux cris de : *Vive Marie-Louise !* en agitant leur bonnet ou shako au bout d'un bâton ; et, mettant pied à terre, je ne pensai plus qu'à m'occuper, avec le bourgmestre, de la répartition des logements.

Quand le régiment arriva, il était nuit close. Je me rendis sur la place du village avec les billets de logement, et racontai en plaisantant au colonel la prise que j'avais faite.

Il fut assez bon pour me blâmer de n'avoir pas su en profiter.

« Mais alors, lui dis-je, vos logements ne seraient pas faits, et, au lieu de vous reposer, vous seriez tous obligés d'attendre encore longtemps. »

Il se contenta de me répondre, en me serrant la main :

« Mon pauvre Combe, vous ne serez jamais un bon courtisan (la suite de ma carrière ne m'a que trop bien prouvé cette vérité) ; tout autre, à votre place, n'eût pas laissé échapper une aussi belle occasion d'avancement. »

Après une seule nuit d'un repos bien gagné, nous nous portâmes le lendemain à la poursuite de l'armée autrichienne, qui effectuait sa retraite précipitée du côté de la Bohême.

Nous nous réjouissions de faire connaissance avec ce pays, où l'armée française n'avait point pénétré dans toutes les campagnes précédentes. D'ailleurs, pour nous qui venions de faire la campagne de Russie, c'était une si grande différence de faire la guerre en pays allié, trouvant partout bon gîte et bonne nourriture, que notre métier nous paraissait des plus agréables.

Rien ne s'oublie aussi aisément que les fatigues et les dangers du champ de bataille, quand on jouit d'une santé robuste et que chaque jour vous amène une nouvelle situation, de nouvelles émotions.

On ne saurait décrire le charme de cette vie si variée, si animée. Là il n'y a point de projets à former pour le lendemain ; il faut vivre au jour le jour, prendre le temps comme il vient, profiter du bon cent fois mieux que le commun des mortels, et supporter la mauvaise fortune avec une gaieté philosophique.

Nous avions, au reste, tout ce qu'il fallait pour cela ; le colonel de Périgord s'était précautionné à Paris d'un excellent cuisinier. Il avait un cheval de cantine, et, dès le commencement de la campagne, je consacrai au même usage un grand cheval bai dont mon père avait voulu faire lui-même l'emplette à Paris, et qu'il m'avait envoyé comme un phénix ; mais, malgré tout le respect que je dois à sa mémoire, je ne puis m'empêcher de déclarer que jamais plus fameuse rosse ne me passa par les jambes. Il était donc bien à sa place avec une cantine garnie de comestibles sur le dos.

Notre état-major se composait du colonel, des deux chefs d'escadron, des deux adjudants-majors et des deux adjudants.

Chacun mettait à la masse commune, selon son grade ; les adjudants seuls vivaient sur la communauté.

Toutes les fois que nous passions à proximité d'une ville ou d'un bourg, l'adjudant-major qui n'était point de semaine se détachait avec le cuisinier du colonel et, suivi des deux chevaux de cantine, allait acheter force provisions de toute espèce, y compris le tabac à fumer, et venait nous rejoindre avant notre installation au bivouac.

Chacun des convives avait son couteau et son couvert d'argent contenus dans une grande timbale de même métal, formant un nécessaire portatif. La cantine du colonel contenait une quantité suffisante de petites assiettes, très minces, en composition métallique.

Pendant l'établissement du bivouac, des piquets pour les chevaux et du pansage, un excellent souper s'apprêtait, et il avait tout le charme des plus agréables parties de plaisir de ce genre, que nos bons marchands de la rue Saint-Denis aiment à faire le dimanche dans les environs de Paris. Mais, si nous proposions, l'Empereur disposait : car l'Empereur, c'était notre Dieu, et, au lieu de suivre en Bohème l'armée autrichienne, nous reçûmes l'ordre de rétrograder pour nous diriger sur Gorlitz.

CHAPITRE XXIX

MARCHE SUR GORLITZ. — ÉPISODE.

Avant de parler de cette courte marche, je dois faire mention d'une aventure qui pouvait avoir pour nous un dénouement tragique, et dont les conséquences eussent singulièrement changé le cours de nos destinées.

Selon son habitude, l'armée autrichienne, après une défaite, semblait s'être évanouie, on n'en voyait plus un seul homme; les grand'gardes, les postes avancés, et les vedettes placées pour la nuit étaient parfaitement tranquilles.

Nos reconnaissances n'apportaient aucune nouvelle de la présence de l'ennemi, et la campagne avait l'air de tourner en promenades militaires, lorsque le général Chastel reçut l'ordre de pousser une grande reconnaissance qu'il devait diriger en personne. Il prit avec lui le 8e chasseurs en entier, et nous partîmes, en nous éclairant convenablement, parce que nous avions la presque certitude de rattraper l'arrière-garde autrichienne; mais n'ayant pu l'atteindre après une marche longue et pénible de toute une journée, le général, pour mieux reconnaître le pays, nous fit rétrograder par une autre route.

La nuit s'approchait, et nous cheminions en colonne par quatre, peu disposés à la gaieté par une extrême fatigue. Dans ce moment, la route se trouvait encaissée de manière à cacher presque entièrement notre colonne aux yeux de gens placés en plaine, si bien que notre avant-garde était passée sans donner l'alarme, lorsque nous entendîmes, sur notre droite, un bruit confus d'hommes et de chevaux.

Ferner, mon adjudant, mit pied à terre, et, montant sur le talus, aperçut une colonne de cavalerie autrichienne qui, après être descendue de cheval, faisait ses préparatifs de bivouac.

Il entendit distinctement les soldats s'exprimer en allemand, qu'il parlait lui-même avec facilité. Les uns se chargeaient d'apporter l'eau, les autres le bois, d'autres encore apprêtaient les marmites.

Il était évident que nous venions de donner, tête baissée, dans un parti de l'armée autrichienne, et que toute retraite nous était coupée.

Le général Chastel m'ordonna de commander le plus profond silence, et, la nouvelle de notre situation critique s'étant répandue avec la rapidité de l'éclair, je n'eus pas de peine à l'obtenir. Le général fit alors changer de direction, et nous porta en plaine sur notre gauche.

L'obscurité qui régnait ne permit point à l'ennemi de distinguer notre colonne, qu'il ne fit pas même reconnaître, la prenant sans doute pour un régiment autrichien.

Obligés de nous diriger par des chemins étroits, sur les seules indications d'une carte du pays que le général Chastel avait consultée au moment de revenir sur ses pas, nous marchions presque au hasard, et il ne s'était pas écoulé une demi-heure lorsque notre avant-garde, très rapprochée de la tête de colonne, fut arrêtée par le cri de : *Halte! wer da!* d'une vedette autrichienne.

Ce cri, prononcé par une voix forte et sonore, fut entendu de tout le régiment, qui ne fit pas un mouvement de plus; les chevaux et les hommes étant comme paralysés.

Il y avait autant de danger à répondre qu'à rétrograder en silence. Deux autres : *Qui vive?* succédèrent rapidement au premier, et le second fut suivi aussitôt d'un coup de feu.

Cependant, tout le poste autrichien avait pris les armes, au coup de fusil tiré par sa vedette. Sans hésiter, notre général se mit à l'avant-garde, réunie à la tête de colonne, et la dirigea, au trot, en obliquant à droite. Nous pûmes alors distinguer le *Halte! wer da!* du commandant, et la forte explosion d'un feu de peloton retentit comme un violent coup de tonnerre et fut répétée au loin dans la plaine. Aucune combinaison stratégique n'était possible. Pris comme un cerf aux abois entouré d'une meute de chiens courants, et ne pouvant connaître ni les forces, ni les positions du corps d'armée qui nous barrait le passage, il fallait s'en rapporter au hasard.

Trois fois, pendant cette nuit aventureuse et si pleine de péripéties émouvantes, nous fûmes cloués sur place par le fatal *Qui vive?* autrichien. Trois fois nous reçûmes le feu des postes, qui blessa quelques chasseurs, quoique l'obscurité nous protégeât, avant d'avoir pu atteindre un village non encore occupé par l'ennemi.

Mais notre course incertaine et vagabonde avait eu pour résultat de répandre l'alarme sur toute la ligne, et la journée du lendemain devait être celle de notre destruction ou de notre capture, car des reconnaissances ne pouvaient manquer de se croiser dès la pointe du jour, et l'ennemi serait sur ses gardes.

Cependant Ferner, accompagné de quatre chasseurs, fut envoyé dans le village, dont il ramena le bourgmestre. Le général demanda à ce dernier à quelle distance nous nous trouvions de Freyberg, et le chargea de nous procurer de suite un guide pour nous y conduire par des chemins détournés.

Le bourgmestre, tout effaré de voir un régiment français au centre des positions occupées par les Autrichiens, retourna au village, toujours sous l'escorte et la surveillance de mon adjudant et de ses chasseurs. Il frappa à la porte d'un paysan, qui fut obligé de se lever, bon gré, mal gré, et qui, endormi depuis longtemps, ne s'attendait guère à la corvée que le ciel lui envoyait pendant son sommeil.

Sa toilette ne fut pas longue, et, amené en présence du général, sa consigne lui fut bientôt expliquée.

Elle commençait par la promesse d'une récompense de vingt-cinq frédérics d'or s'il nous conduisait à Freyberg en nous faisant éviter les postes ennemis, et se termina par l'assurance, non moins positive, d'avoir la tête cassée d'un coup de pistolet dans le cas contraire.

Grâce à l'activité et à la bonne volonté du bourgmestre, les hommes et les chevaux trouvèrent quelques ressources dans le village, et, le guide ayant été placé à cheval entre quatre hommes d'avant-garde armés de leur mousqueton prêt à faire feu, nous partîmes sous la conduite de notre paysan.

Pour gagner Freyberg, nous avions à faire huit lieues par de mauvais chemins, et beaucoup de détours pour éviter les postes ennemis. Il était impossible d'arriver à notre destination avant le jour, qui ne tarderait pas à paraître; mais notre guide avait été bien choisi, il était intelligent et connaissait parfaitement le pays. D'ailleurs, l'essentiel pour nous n'était point d'arriver à Freyberg, mais seulement de franchir la ligne des postes occupés par le corps d'armée autrichien.

Notre Saxon nous fit suivre des sentiers où un seul cavalier pouvait passer à la fois, et nous ayant lancés, aux premières lueurs de l'aube, au plus épais d'un bois que nous traversâmes dans toute sa largeur, le général, au moment d'en sortir, put explorer la campagne avec sa longue-vue et se convaincre, ainsi que nous, de notre délivrance miraculeuse.

Nous avions franchi la ligne ennemie. Nous atteignîmes la grande route de Freyberg après deux heures de marche. Une halte au plus prochain village était bien nécessaire aux hommes et aux chevaux; on s'arrêta donc pour déjeuner, et, comme nous étions dans un pays allié, fertile et riche, peuplé des meilleures gens du monde, les provisions arrivèrent en abondance au bivouac. Chacun se félicitait, se donnait la main; la joie était au comble, et jamais repas champêtre ne fut pris avec plus de gaieté et d'appétit.

A quatre heures du soir, nous avions rejoint nos cantonnements près de Freyberg. Notre guide, heureux de sa délivrance et de la nôtre, retourna avec bonheur dans sa famille, la poche garnie des vingt-cinq frédérics d'or. Tous les officiers de la brigade et de la division voulurent fêter notre retour inespéré; car la plus grande inquiétude avait agité les esprits sur notre compte, et aucune des reconnaissances dirigées dans le but d'avoir des renseignements sur nous n'avait pu en obtenir.

CHAPITRE XXX

BATAILLE DE GOLDBERG.

Cependant on laissait l'armée autrichienne effectuer sa retraite sur la Bohême, et il nous fallut renoncer à l'espérance d'y pénétrer.

Ce désappointement nous fut d'autant plus sensible, que personne ne pouvait nous donner des détails sur cette contrée, d'une réputation assez fantastique, et que notre imagination avait eu le champ libre pour y construire des châteaux en Espagne.

Nous rétrogradâmes sur Dresde sans nous y arrêter, et, après avoir passé l'Elbe, nous nous portâmes sur Goldberg, que nous trouvâmes occupé par l'armée prussienne.

Un camp de baraques près de la ville était défendu par des troupes de la landwehr : la division Chastel fut chargée de l'enlever.

L'infanterie ennemie, formée en bataille en avant du camp, n'ayant pas le temps, ou plutôt, en raison de sa composition, ne sachant pas se plier en bataillons carrés, fut refoulée en désordre par une charge à fond du 8e chasseurs.

Avant d'arriver à la première baraque, un des soldats de la landwehr, que je poursuivais, s'arrêta court et, se retournant, me tira un coup de fusil à dix pas, sans mettre son arme à l'épaule et sans ajuster. Il ne m'atteignit point; mais alors, au lieu de fuir, il m'attendit en croisant la baïonnette. J'étais lancé de toute la vitesse de mon cheval, et je reçus, en passant, un coup de pointe que je payai d'un bon coup de sabre sur la tête du Prussien.

Mon camarade Vermot, doué d'une force herculéenne, se trouvait à côté de moi dans la charge. Au moment de pénétrer dans le camp, je le vis s'élever sur ses étriers pour décharger sur un landwehr un coup de sabre tel que, le mince bonnet de drap dont ces soldats improvisés étaient coiffés n'opposant qu'un faible obstacle au tranchant de la lame, la tête de ce malheureux fut littéralement fendue en deux.

Nous ne fîmes que traverser ce camp; après quoi, par un rapide mouvement sur notre gauche, nous tombâmes comme la foudre sur trois pièces d'artillerie qui, depuis le commencement de la bataille, nous avaient fait beaucoup de mal. Nous les enlevâmes, et, en retournant au ralliement, je traversai une seconde fois l'emplacement occupé auparavant par les Prussiens, et où quelques soldats de la landwehr se défendaient encore en tirailleurs.

J'en poursuivis un autour d'une baraque, pour ne pas lui laisser le temps de recharger son fusil; mais, comme il tournait les angles plus vite qu'il ne m'était possible de le faire avec mon cheval, je ne pouvais l'atteindre que sur les grands côtés de la baraque, ayant la forme d'un grand parallélogramme rectangle, et je ne sais combien de temps cette course eût pu durer, si mon camarade Colignon, qui survint sur ces entrefaites, n'y eût mis fin par un coup de pointe de sabre.

Nous avions été placés momentanément sous les ordres du brave général Gérard, aujourd'hui maréchal (1), qui, au retour de notre belle charge, vint lui-même devant le front du régiment nous adresser d'honorables félicitations.

Quoique ma blessure à la cuisse ne fût pas très grave, j'en souffrais à mesure que mon sang, échauffé par le combat, se refroidissait. Les blessures aux membres ont cela de remarquable que, si elles n'affectent point un artère ou quelque muscle essentiel, on les sent à peine tant que le sang est vivement agité par l'action.

Voilà pourquoi je ne jugeai la mienne digne d'attention qu'après une demi-heure de repos.

Le docteur Veuillet me pansa, et je fus heureux de n'être point obligé d'avoir recours au fourgon, que je redoutais comme la peste; en ayant fait l'expérience en Russie, pendant deux jours de fièvre, j'eus tellement à souffrir des cahots de cette espèce de boîte non suspendue que j'aurais préféré mourir à cheval.

Le colonel avait fait adjudant un maréchal des logis nommé Guillemain, neveu d'un de nos capitaines. C'était un bon et brave militaire, d'une activité sans égale, mais cherchant un peu trop à se faire valoir. Nuit et jour à cheval, il faisait des reconnaissances pour son compte et nous donnait assez fréquemment de fausses alertes, prétendant avoir rencontré l'ennemi, qui se changeait souvent en un troupeau de bétail, ou avait disparu miraculeusement à notre approche, lorsque je prenais avec

---

(1) On ne doit pas oublier que ces mémoires ont été écrits il y a dix ans, c'est-à-dire bien avant la mort du maréchal. — (*Note de l'auteur.*)

moi quelques chasseurs de garde pour m'assurer du fait.

Après le combat de Goldberg, comme nous marchions sur Gorlitz, en Silésie, Guillemain nous donna, une nuit, une de ces alertes.

Très peu disposé à ajouter foi à ses paroles, je lui ordonnai de se coucher et de nous laisser tranquilles ; mais il me jura avec un tel accent de vérité avoir vu en plaine des cavaliers ennemis, qui avaient probablement traversé notre ligne de vedettes sans être aperçus, que je me décidai à le suivre avec quatre chasseurs.

La nuit n'était pas très obscure, et, parvenus à un quart de lieue environ du bivouac, derrière un ruisseau bordé de saules, nous distinguâmes quelques hommes à cheval, qui nous parurent armés de lances et se trouvaient effectivement en arrière de sa ligne des vedettes.

La difficulté était de découvrir un passage pour franchir le ruisseau bourbeux, trop large pour être sauté, qui nous séparait d'eux. Guillemain voulut absolument forcer son cheval à le franchir ou au moins à y descendre, malgré mes représentations, et ils tombèrent tous deux dans une telle profondeur d'eau et de vase qu'il leur eût été bien difficile de s'en tirer sans notre secours.

Le cavalier et sa monture étaient méconnaissables ; mais la mystification du pauvre Guillemain ne se termina pas là. Ayant découvert un passage en longeant le ruisseau, et arrivés sur ces prétendus ennemis, nous nous trouvâmes en présence de cinq à six paysans qui, montés sur des petits chevaux et un long bâton à la main, chassaient devant eux un troupeau de bœufs, de vaches et de moutons, afin de les soustraire à la trop grande consommation que la présence de deux armées dans le pays leur faisait craindre avec raison.

Ce fut une leçon sévère pour mon adjudant, qui, honteux, couvert d'une boue noire et fétide et mouillé jusqu'à la chemise, revint au bivouac pour être en butte aux quolibets de tous ses camarades.

CHAPITRE XXXI

COMBAT DE GORLITZ. — RETOUR SUR DRESDE.

Nous connaissions Gorlitz pour y avoir séjourné dans la campagne précédente, lors de notre passage en Silésie, et nous nous félicitions d'y retourner, comptant bien sur la retraite ou la défaite de l'armée prussienne ; mais nous fûmes trompés dans cet espoir.

L'ennemi, en force, avait pris position sur la gauche de la ville, ainsi que sur la rive gauche d'une branche de l'Elbe qui passe à Gorlitz et se jette dans l'Oder à Breslau. Il avait coupé le pont et garni sa position d'une nombreuse artillerie. Le feu s'étant engagé des deux côtés, notre division reçut l'ordre d'exécuter un mouvement oblique à droite en avançant. Les boulets sillonnant la plaine portaient le ravage dans nos rangs, et le général Chastel, parvenu au point où il devait s'arrêter, mit nos régiments à l'abri derrière un mamelon.

A peine y étions-nous placés que le roi de Naples, qui venait de perdre plusieurs officiers de son état-major tués autour de lui, nous envoya l'ordre de charger et de nous emparer des canons qui nous foudroyaient. Mais cet ordre était impossible à exécuter, à moins d'avoir des chevaux ailés pour franchir la rivière, assez large et très encaissée, qui nous séparait de l'artillerie prussienne.

Nous fûmes donc obligés de battre en retraite après une journée des plus meurtrières. Depuis cette époque, nous n'éprouvâmes plus que des revers, car elle fut le commencement de la retraite de l'armée française, qui, malgré des prodiges de valeur, trahie par les Saxons sur le champ de bataille de Leipsick, fut contrainte de se réfugier sur le sol de la patrie, qu'elle défendit si héroïquement pied à à pied contre la masse énorme des armées ennemies coalisées.

Nous prîmes notre direction sur Dresde. Cette capitale était comme le centre des opérations et des mouvements stratégiques de cette campagne ; mais nous eûmes alors à supporter des journées continuelles de combat, entre autres près de Zittau, dans une des gorges des monts Riesen, qui embrassent un côté de la Bohême, de manière à l'isoler de la Silésie.

Un feu épouvantable s'engagea entre notre artillerie, placée sur une des hauteurs de cette gorge, et celle de l'ennemi, qui prit position sur la hauteur opposée. Toute la cavalerie était placée dans le fond du ravin, spectatrice de ce combat à coups de canon. Les boulets se croisaient et s'entre-choquaient au-dessus de nos têtes, et les détonations de plus de cent vingt pièces de canon tirant sans interruption, mille fois répercutées par l'écho des montagnes, produisaient un vacarme si infernal qu'il eût été impossible de se faire entendre de son voisin, même en criant de toutes ses forces, et que le sang coulait des oreilles de beaucoup d'entre nous, ce qui arrive fréquemment aux canonniers dans une bataille.

Ce fut dans cette journée que le brillant général

d'Aumont eut la rotule fracassée par une balle. En passant devant nous, il s'arrêta un moment, accepta un peu d'eau-de-vie qui lui fut offerte par le colonel de Talhouet, du 6ᵉ chasseurs, et dit stoïquement en se frappant la cuisse : « On ne pourra plus faire belle jambe. » Et réellement c'était grand dommage, car il était difficile de voir un homme plus beau et mieux fait.

CHAPITRE XXXII

COMBAT DE MILBERG. — JE SUIS FAIT PRISONNIER.

Après cette affaire, nous continuâmes notre retraite sur l'Elbe, et le général Chastel reçut l'ordre de se porter sur la ville de Milberg, pour y prendre position jusqu'à nouvel ordre, avec trois régiments de sa division : le 8ᵉ chasseurs, commandé par le colonel de Périgord; le 1ᵉʳ de la même arme, par le colonel Hubert, et le 19ᵉ, sous les ordres du colonel Vincent. Nous y arrivâmes le 10 septembre 1813.

Placés en extrême avant-garde, nous étions éloignés de six lieues de l'armée française, ayant derrière nous une immense plaine d'environ trois lieues d'étendue, terminée par une épaisse forêt, au centre de laquelle se trouvait un vaste marais qu'on traversait sur un pont étroit construit sur pilotis. Nous établîmes notre bivouac près d'un hameau, à un quart de lieue de la jolie petite ville de Milberg, agréablement située sur le bord de l'Elbe. Cette description des lieux était nécessaire pour l'intelligence des faits que j'ai à raconter, et qui sont restés gravés dans ma mémoire, comme un des épisodes les plus remarquables de ma vie militaire.

Ce fut dans ce cantonnement, le 13 septembre, que je reçus des mains de mon brave colonel la décoration de la Légion d'honneur, qui m'avait été promise en Russie par le roi de Naples, dans la journée du 18 octobre. Je ne saurais exprimer la joie que je ressentis. Il me semblait que mes forces et mon courage étaient doublés par cette distinction, si honorable à mon âge. On ne la prodiguait point, et j'avais le noble orgueil de l'avoir bien méritée.

Mes camarades eux-mêmes, loin d'en être jaloux, m'embrassèrent de tout cœur, et Monneret, ce brave des braves, me sauta au cou en me disant :

Mon petit..., tu n'as que ce que tu mérites, et *Vive l'Empereur !*

Nous restâmes six jours dans une cruelle incertitude. Le général Chastel, très inquiet, ne recevait ni ordres ni nouvelles de l'armée, dont, ainsi que je l'ai dit, nous étions éloignés de six lieues.

Le roi de Naples, qui nous avait fait prendre cette position avancée, semblait nous avoir oubliés, nous abandonnant à notre sort, comme des enfants perdus. Les conséquences de cet état de choses étaient inévitables. Un corps d'armée prussien, composé d'infanterie, d'artillerie et de Cosaques détachés pour en faire partie, sous les ordres du général Tawutzin, ayant reconnu notre faiblesse numérique, manœuvra de manière à nous couper toute retraite.

Il s'empara du défilé, nous cerna de telle façon que nous nous trouvions acculés sur l'Elbe, et, le 16 septembre à la pointe du jour, il nous attaqua vigoureusement.

Pendant toute la matinée, les trois régiments, en bataille dans la plaine, tinrent bon et exécutèrent leur retraite en échiquier avec le plus grand ordre, au milieu d'une foule innombrable de Cosaques.

Monté sur mon joli cheval gris étourneau, je me battis en tirailleur et le fatiguai inutilement. J'avais apporté de Paris un pistolet de tir que je chargeais à balle forcée, au moyen d'une baguette placée dans la fonte de ma selle. Je puis dire sans vanité que j'étais, à cette époque, un des bons tireurs du tir Lepage, et j'en donnai, ce jour-là, mainte preuve sur des Cosaques. Enfin, au moment où un de nos régiments exécutait son mouvement de retraite par un demi-tour par pelotons, les plus hardis Cosaques se précipitèrent dans les intervalles et mirent la confusion dans les rangs.

Nos jeunes conscrits n'avaient point, comme nous, l'habitude de combattre ces hordes sauvages. Leurs cris féroces, leur figure hideuse, leur costume même pouvaient intimider des jeunes gens qui, nouvellement arrivés à l'armée, sans instruction militaire, et par conséquent sans beaucoup de confiance dans leurs armes et dans leurs chevaux, ne se sentaient pas de force à lutter corps à corps avec de tels adversaires; en un mot, la déroute fut complète. La plaine, inondée de fuyards, devint le théâtre du massacre que faisaient les Cosaques, n'ayant qu'à percer de leur lance des hommes qui ne cherchaient même plus à se défendre et se laissaient tuer le sabre à l'épaule.

Je galopais à côté du général Chastel, qui montait une belle jument noire, et nous nous dirigions ensemble vers la forêt, lorsqu'un maréchal des logis de mon régiment, passant près de moi, me dit que le colonel de Périgord, renversé de cheval, venait d'être fait prisonnier.

A cette terrible nouvelle, n'écoutant que mon attachement pour lui et mon désespoir, je changeai de direction et courus à travers la plaine pour le délivrer ou me faire tuer.

Mais j'avais mésusé des forces de mon cheval; je le sentais fléchir, son galop devenait lourd et difficile : ce bon animal, si plein d'ardeur qu'un appel de voix suffisait pour le lancer au galop, était devenu insensible, même à mes coups d'éperons réitérés.

Dans cette position, je ne tardai pas à être entouré de Cosaques. Je parai du sabre un coup de lance et me penchai de côté pour en éviter un autre; mais comme dans ce mouvement je dus faire porter tout le poids de mon corps sur un seul étrier, les sangles de ma selle, devenues trop lâches, ne purent la maintenir; elle tourna, et je tombai entre les quatre jambes de mon cheval, qui s'arrêta court. Je me relevai aussitôt. Les Cosaques m'enveloppaient déjà en me criant : *Pardoun ! pardoun !* (Rendez-vous! demandez grâce!) Je les écartai à coups de sabre en leur répondant avec rage : *Nix, nix, pardoun!* (Non, non, pas de grâce!)

En ce moment critique, je les vis tout à coup se disperser pour se tenir à distance respectueuse d'un maréchal des logis de mon régiment nommé Alexandre, qui, monté sur un excellent cheval et maniant son sabre avec une force et une agilité incroyables, me dit en me présentant le petit cheval noir d'un Cosaque qu'il venait de tuer :

« Montez ce cheval, mon capitaine, il vous sauvera. »

Et, pour m'en donner le temps, il tournait autour de moi ainsi que pourrait le faire le chien de berger le plus courageux et le plus fidèle, pour la défense ou la garde de son troupeau.

J'aurais dû suivre son conseil; mais en jetant un coup d'œil sur mon bon cheval qui, encore à demi-couvert de sa belle chabraque de peau de tigre, n'avait pas fait un pas en avant, je pensai que ce court délai lui avait permis de souffler et de reprendre des forces. D'ailleurs, j'y tenais beaucoup, et, au lieu de sauter sur la monture qu'on me présentait, je m'approchai de lui, resserrai ses sangles à la hâte et me remis en selle.

Alexandre abandonna alors son cheval de prise, qui l'eût gêné pour combattre, et nous partîmes aussi vite que possible sans que les Cosaques, malgré leur nombre, eussent le courage de nous attaquer.

« Le colonel vient d'être fait prisonnier, dis-je à Alexandre; savez-vous dans quelle partie de la plaine? L'avez-vous vu? Il faut le délivrer ou mourir. Votre cheval n'est point fatigué comme le mien, allez prendre des informations. »

Il s'éloigna au triple galop. A peine l'eus-je perdu de vue que les Cosaques, qui nous surveillaient, me voyant seul, se jetèrent sur moi en poussant des cris. Je me défendis tant que les forces de mon cheval lui permirent d'avancer; mais il n'en pouvait plus : trempé de sueur, respirant avec peine, je m'attendais à chaque instant à le sentir s'abattre sous moi pour ne plus se relever, lorsque je reçus dans l'épaule gauche un coup de lance qui me renversa par terre. J'eus assez de présence d'esprit, en tombant, pour dégager mon pied de l'étrier, et je me relevai aussi vivement que la première fois, sans abandonner mon sabre et mon pistolet. Comme après ma première chute, je me battis en désespéré, refusant tout quartier et tenant en respect mes ennemis, qui auraient pu cent fois me tuer d'un coup de pistolet, mais ne le firent pas, parce qu'ils avaient l'ordre positif de faire des prisonniers (ce que j'appris ensuite) et que la position où je me trouvais, seul, démonté et en plaine, leur donnait la certitude de s'emparer de moi tôt ou tard.

Pourtant, ils devaient payer cette prise encore bien chèrement...

Le maréchal des logis Alexandre, en revenant sur ses pas et n'ayant pu rien apprendre sur le sort du colonel, n'hésita pas dans son dévouement héroïque pour moi.

Il écarta de nouveau les Cosaques, en tua trois ou quatre à coups de pointe de sabre, et attaqua les autres en faisant le moulinet avec tant d'audace que tout fuyait à son approche. Revenant alors sur moi, il me dit :

« Mon capitaine, prenez la queue de mon cheval, et je vous traînerai jusqu'à la forêt, où les Cosaques ne pourront vous prendre. »

Nous en étions effectivement à une si petite distance que je pouvais concevoir la presque certitude de cette chance de salut. En conséquence, ayant laissé pendre mon sabre à mon poignet par la dragonne, je saisis des deux mains la longue queue du cheval d'Alexandre.

Mais, ainsi que cela arrive toujours, cet animal, qui s'anime au combat et y prend une part aussi active que son cavalier, guidé par un instinct naturel de défense, me lança dans la poitrine une ruade qui me jeta sans connaissance sur la poussière.

J'ignore combien de temps je restai évanoui ; je me rappelle seulement que je fus tiré de cet état par de violentes secousses à mon poignet droit. En reprenant mes sens, je me trouvai dans la position de Gulliver s'éveillant dans l'île des Lilliputiens, si ce n'est que mes membres n'étaient point retenus par des fils, mais bien par des Cosaques, dont un m'ayant saisi par les cheveux, me tenait la tête contre terre ; un second maintenait mon poignet gauche ; un troisième mon poignet droit, tout en cherchant à casser ma dragonne pour m'enlever mon sabre, tandis que deux autres contenaient mes deux jambes. Dès que j'ouvris les yeux, ils me remirent sur pied. J'éprouvais beaucoup de douleur, non seulement de ma blessure à l'épaule, mais encore, et plus peut-être, des deux coups de pied de cheval que je venais de recevoir et qui m'occasionnaient une oppression très pénible.

Un des Cosaques ayant amené le cheval d'un de nos chasseurs, ils m'enlevèrent dans leurs bras comme un enfant, me mirent en selle et se dirigèrent du côté de Milberg. Un de ces sauvages, qui parlait un peu allemand, me demanda quel était mon grade ; dans ma réponse, le mot *major* le frappa plus vivement que celui d'adjudant, parce que le grade de major est élevé chez eux ; il en parut satisfait et répéta plusieurs fois : « Major, major », comme pour se féliciter de la prise d'un officier supérieur.

Tout en cheminant, j'étais l'objet des investigations minutieuses de mes *gardes du corps*. L'un d'eux me dit, en frappant son oreille de son index : *Ourki, ourki, tic, tic, tic.*

Il n'était pas difficile de comprendre qu'il me demandait ma montre. Je la tirai de mon gousset, et, comme elle était garantie par une chaîne d'or de

Venise, je donnai une violente secousse et la brisai par les deux bouts, espérant que, s'ils ne me dépouillaient pas de mes habits, elle échapperait à leurs recherches et serait une ressource pour moi. Mais il n'en fut pas ainsi, car un des bouts, qui dépassait ma veste d'uniforme, fut bientôt aperçu et saisi par une main dure qui le tira. Je sentis la chaîne glisser autour de mon cou, et presqu'au même instant je la vis réunie dans le creux de la main d'un Cosaque qui criait : *Dobje, dobje* (bon, bon), en la soupesant ; puis elle disparut dans la large poche de son pantalon. Un autre, qui tenait la bride du cheval que je montais, faisant glisser plusieurs fois le pouce de sa main droite sur l'index dans le creux de sa main gauche, joignit à ce geste expressif le mot *pigniengi* plusieurs fois répété ; ce qui signifiait clairement : de l'argent, de l'argent.

Il fallut bien chercher ma bourse dans la poche de mon pantalon. Elle contenait vingt-huit ou trente napoléons. Il la versa dans sa main et jeta un cri de joie suivi de l'expression : *dobje, dobje,* à la vue de l'or qui s'engouffra aussitôt dans sa grande poche.

Cette poche, pratiquée des deux côtés d'un pantalon d'une ampleur considérable, est pour eux comme un sac en peau de mouton, où ils engloutissent pêle-mêle tout ce qu'ils veulent emporter.

Quand je vis qu'ils me dépouillaient ainsi en détail, je ne voulus point me laisser arracher ma décoration et mes épaulettes, et je préférai les leur offrir ; mais, à mon grand étonnement, ils refusèrent de les prendre, me faisant entendre par signes que cela leur était expressément défendu.

A mesure que nous avancions, de nouveaux Cosaques, errant dans la plaine, s'approchaient de moi et causaient avec leurs camarades sur un ton très animé. Leur figure hideuse exprimait le regret de ne pas pouvoir ou de ne pas oser me dépouiller entièrement, et l'un d'eux ne put résister à la tentation de mettre pied à terre pour ôter ses bottes usées, et me servir de valet de chambre en me tirant les miennes ; mais, comme il ne put y introduire que le bout de son gros vilain pied, il les jeta en l'air et reprit les siennes, ce qui excita le rire bruyant de ses sauvages compagnons. Je réclamai alors mes bottes, et elles me furent rendues.

Cependant, parmi les Cosaques qui se succédaient autour de moi et de mes conducteurs, il en vint un qui, en me voyant, entra dans une terrible colère : il s'approcha de moi le poing fermé et m'en aurait probablement asséné un coup violent, s'il n'eût été retenu par mon escorte. Une conversation des plus animées s'engagea alors, évidemment à mon sujet, ce que m'indiquaient à n'en pouvoir douter les gestes du furieux.

Je compris qu'il affirmait me reconnaître et m'avoir vu tuer à coups de pistolet, dans la matinée, plusieurs de leurs camarades. Enfin il demandait vengeance et expiation avec un tel accent de férocité, et probablement avec une telle force d'éloquence, que mes gardiens, se laissant convaincre, lui abandonnèrent les rênes de mon cheval, et, au lieu de continuer notre marche sur Milberg, mon nouveau guide me ramena du côté de la forêt.

Mon sort était décidé ; j'allais être égorgé sans défense, blessé que j'étais et hors d'état de résister à cette bête féroce. Dans cette circonstance périlleuse, la Providence vint encore à mon aide. Avant d'être arrivés à la forêt, nous fûmes rencontrés par un officier cosaque qui nous arrêta ; il parlait allemand et s'approcha de moi en me demandant mon grade. Le mot de *major* fit encore son effet sur lui ; d'un geste impératif il ordonna à mon Cosaque de reprendre la direction de Milberg, où se trouvait le quartier général du général Tawutzin, et, pour garantir l'exécution de son ordre, l'officier russe me fit accompagner par son Cosaque d'ordonnance.

Il n'y avait pas à reculer, il fallait obéir. Les yeux étincelants de colère, la bouche écumante de rage, mon ennemi fut obligé de m'abandonner à la conduite de mon nouveau guide ; et certainement il m'aurait brûlé la cervelle avant d'arriver à Milberg, si l'ordonnance de l'officier, qui avait un grade correspondant à celui de maréchal des logis, ne lui eût donné l'ordre de se retirer ; ce qu'il fit comme un ours auquel on ravirait sa proie.

Parvenu dans la ville, à la maison occupée par le général ennemi, j'y trouvai mon cher colonel et dix officiers de mon régiment, presque tous blessés, sans compter le remplaçant M..., qui n'avait pas une égratignure, mais qui, dès le premier moment de la retraite, s'était jeté à genoux pour demander grâce et était, par conséquent, arrivé le premier, sain et sauf, au quartier général. Il cherchait déjà à se rendre intéressant auprès du général Tawutzin et se disait blessé, prétendant faire passer pour une blessure une balle morte qu'à l'affaire de Goldberg il avait reçue... sur son fourreau de sabre.

CHAPITRE XXXIII

MARCHE VERS LE NORD. — ENTRÉE
DES PRISONNIERS A BERLIN.

Cependant nous comprenions qu'une fois éloignés de Milberg, une perspective affreuse se déroulait devant nous. Où serions-nous envoyés? Serions-nous considérés comme prisonniers des Prussiens ou comme prisonniers des Cosaques? Et, dans ce dernier cas, la Sibérie ne nous apparaissait-elle pas comme un horrible séjour de captivité? Ces réflexions me causèrent un tel désespoir que, quoique souffrant beaucoup, surtout de ma poitrine meurtrie, je proposai au colonel de Périgord de tenter une évasion.

— Nous connaissons la ville, lui dis-je. Elle est appuyée sur la rive gauche de l'Elbe, et l'armée française occupe la rive droite. Si, en trompant la surveillance de nos gardiens et par des rues détournées, nous pouvions atteindre le fleuve, traversons-le à la nage au risque de quelques coups de fusil; la liberté nous tendra la main sur l'autre bord...

Le caractère du brave colonel de Périgord n'était pas de ceux que rebutent les difficultés ou les dangers d'une entreprise. Il n'hésita point à tenter celle-ci. En conséquence, nous descendîmes plusieurs fois dans la cour, sous de légers prétextes;

mais la porte de la rue était fermée, et deux factionnaires étaient placés en dehors. Outre cela, nous étions suivis, dans tous nos mouvements, par deux autres soldats armés de leurs fusils. Les corrompre par l'appât d'une forte récompense eût peut-être été possible, malheureusement ils ne pouvaient faciliter notre évasion, car, en admettant même leur bonne volonté et leur coopération, comment ouvrir la porte de la rue, dont la clef était entre les mains de l'aide de camp du général prussien, et comment s'aboucher avec les factionnaires extérieurs ou les surprendre? Ma tête s'échauffait à la pensée de ces obstacles insurmontables, et je me sentais capable de m'élancer par la fenêtre, au risque de tout ce qui pourrait arriver.

Le colonel ne parvint à me calmer que par la certitude d'obtenir, pour lui comme pour moi, la protection du roi de Suède, Bernadotte, qu'il connaissait et sous les ordres duquel le général Tawutzin était placé. Il obtint l'autorisation de lui écrire, et nous nous résignâmes à notre sort, dans l'espoir d'une amélioration prochaine.

Le lendemain matin, notre convoi de prisonniers, rassemblé sur la place, se composait de deux cent cinquante chasseurs environ et d'une quinzaine d'officiers. On se procura des charrettes de réquisition pour les blessés. Les autres, avec les chasseurs, se formèrent en colonne par deux, et on se mit en route, en se dirigeant sur Berlin, sous une escorte nombreuse d'infanterie flanquée de Cosaques.

Pendant ce triste voyage, chaque soir, après une pénible journée d'étape, on nous enfermait dans une église ou dans une grange comme un vil troupeau de moutons, et on nous distribuait un morceau de pain noir, avec une gamelle pleine de pommes de terre bouillies.

Partout, sur notre passage, nous étions l'objet des invectives et des menaces de la population. Notre escorte avait de la peine à nous garantir de ses mauvais traitements ; mais, lorsque l'infanterie qui nous gardait eut été remplacée par des troupes de la landwehr et de la landstourm, notre position devint plus dure encore; car ces troupes, tout récemment sorties de la classe du peuple et armées à la hâte pour la levée en masse, se joignaient à leurs compatriotes dans la manifestation d'une haine commune. Ce fut une chose singulière pour nous que d'avoir recours à la protection des Cosaques et de trouver plus d'humanité dans leur rudesse sauvage. C'est ainsi que pour augmenter la nourriture, souvent insuffisante, qu'on nous donnait le soir, lorsque nous traversions un bourg ou un village, ils perçaient de leur lance de petits cochons de lait et nous les jetaient dans nos charrettes, s'embarrassant fort peu des plaintes et des clameurs des paysans, et paraissant fiers de nous donner cette marque d'attention et de déférence.

Nous fîmes notre entrée à Berlin aux cris de la multitude qui nous jetait des pierres et de la boue. Nous étions les premiers prisonniers français. Le gouvernement prussien, faisant montre de nous, nous présentait avec orgueil. La fureur du peuple était telle que, si on n'eût pas doublé la haie des soldats de la landwehr, nous eussions été mis en pièces. Assis sur le devant d'une charrette, à côté de mon brave colonel, et, comme lui, la tête basse et la figure presque cachée par mon colback rabattu, j'avais mon bras droit croisé sous le gauche à peine guéri ;

mes ongles se crispaient sur ma poitrine, et des pleurs de rage obscurcissaient mes yeux : « Je suis bien jeune encore, dis-je à mon cher voisin, mais je sacrifierais volontiers tout ce qui me reste d'existence pour voir arriver en ce moment quelques régiments de cavalerie française, qui me fourniraient les moyens de sabrer, pendant une heure seulement, cette lâche et infâme populace. »

Arrivés sur la place de l'Arsenal, on nous en fit faire trois fois le tour, après quoi nous fûmes enfermés et soigneusement gardés dans les écuries d'un quartier de cavalerie.

Le comte de Périgord, qui possédait à Berlin même, par suite de son mariage avec la princesse de Courlande, un hôtel magnifique sur la promenade appelée Allée des Tilleuls, dut se contenter, comme nous, d'un peu de paille dans une écurie.

Cependant, la lettre qu'il avait adressée au roi de Suède lui était parvenue, et l'effet ne s'en fit pas attendre. Nous devions séjourner le lendemain à Berlin. Dans la journée, le colonel fut mandé chez le gouverneur, qui lui communiqua l'ordre qu'il avait reçu, et par lequel la ville de Berlin lui était désignée pour résidence.

Je fus bien heureux de cette nouvelle, pour lui que j'aimais d'une amitié toute personnelle, si vraie, si sincère, si dévouée ; mais combien mon sort devenait incertain ! Combien mon avenir s'assombrissait !

Les circonstances où nous nous trouvions, le peu d'espoir d'une prochaine réunion, tout contribuait à rendre cette séparation bien dure à supporter. Ce noble et excellent homme vint, les larmes aux yeux, embrasser les officiers de son régiment, pour lesquels il était aussi bien un père et un ami qu'un chef. Il leur distribua l'argent qu'il avait pu se procurer et me jura, en particulier, d'employer tout son crédit auprès du roi Bernadotte, afin d'obtenir pour Pascal et pour moi la même faveur qu'il avait obtenue pour lui.

Enfin, il fallut continuer notre route, le cœur navré. Dire ce que nous éprouvâmes de privations et de fatigues, à peine garantis par des vêtements insuffisants contre le froid piquant, qui se faisait sentir plus intense à mesure que nous avancions vers le Nord; parler des insultes dont nous étions l'objet, ce serait répéter ce que j'ai déjà dit.

Je me hâte d'arriver au moment où le sort, se lassant de me persécuter, m'envoya une grande compensation.

Nous étions parvenus jusqu'à Marienwerder, et, par conséquent, nous avions parcouru une distance de plus de cent trente lieues depuis Milberg.

Rassemblés le matin sur la place, nous répondions à l'appel qui précédait toujours le moment du départ, lorsque nous vîmes accourir un officier prussien en uniforme, tenant en main des papiers. Il s'approcha du convoi de prisonniers et demanda en français, à haute voix, s'il ne se trouvait pas parmi nous deux adjudants-majors nommés Combe et Pascal. Nous sortîmes aussitôt des rangs et nous nous présentâmes pour constater notre identité.

Le commandant de place, car c'était lui-même, nous engagea à le suivre chez lui. Ne sachant de quoi il s'agissait, l'inquiétude se manifesta sur toutes les figures de nos compagnons. Le commandant donna alors l'ordre de retarder le départ du convoi, et, arrivé à sa maison, il nous dit, avec une bienveillance à laquelle nous étions bien loin de nous attendre de la part d'un Prussien, que des ordres, qu'il venait de recevoir à l'instant de son gouvernement, lui enjoignaient de nous faire rétrograder sur Berlin, cette ville nous étant désignée pour séjour pendant le temps de notre captivité, et qu'il s'estimait heureux d'avoir à nous transmettre une nouvelle aussi agréable. Pascal et moi étions véritablement suffoqués. Nous nous embrassions, nous sautions de joie; nous embrassâmes le commandant prussien, qui lui-même était fort ému. Il nous invita à déjeuner, nous permit de retourner librement auprès de nos camarades pour leur dire adieu, et nous fit, en attendant, préparer une voiture de réquisition pour reprendre la route que nous venions de parcourir; il agit enfin envers nous avec la plus grande courtoisie, et je regrette que le peu d'instants que nous avons passés avec lui ne m'aient point permis de savoir son nom, parce que je me ferais un devoir de le consigner ici, avec l'expression de toute ma reconnaissance.

Malgré la joie qui remplissait nos cœurs, le moment où il nous fallut quitter nos camarades fut bien cruel, bien déchirant.

Excepté le manteau d'occasion que j'avais acheté à Berlin avec l'argent que m'avait prêté le colonel, je me dépouillai de tout; je donnai jusqu'à un gilet de flanelle, qui devenait de jour en jour plus indispensable; mais comme je n'en avais jamais porté avant cette époque, et que j'avais supporté un froid de trente degrés couvert seulement, par-dessus ma chemise, d'une mauvaise veste d'uniforme toute trouée, je pensai que mon manteau me suffirait. Nous vîmes le convoi se mettre en marche; nos bons camarades, le cœur gonflé, nous firent des signes d'adieu tant qu'ils purent nous apercevoir, immobiles au milieu de la place et pleurant nos frères d'armes.

Au retour de la campagne de 1814, j'appris qu'ils n'avaient pas été plus loin que la Courlande, où, grâce à leur titre d'officiers du 8ᵉ chasseurs commandé par le mari de la princesse, ils avaient été parfaitement accueillis des habitants, traités en amis plutôt qu'en étrangers par leurs hôtes, et qu'enfin leur captivité leur avait paru douce autant que possible.

De retour chez notre commandant prussien, après un bon déjeuner, enveloppés dans nos manteaux et assis sur une botte de paille placée en travers d'une de ces petites charrettes, longues et légères, si fort en usage dans toute l'Allemagne, nous partîmes bon train, notre route nous étant indiquée par Bromberg. Parvenus dans cette ville, que nous avions déjà traversée ensemble à notre retour de la campagne de Russie, après notre périlleux passage de la Vistule sur la glace, nous nous présentâmes, selon nos ordres, chez le bourgmestre. Là, nous apprîmes que le général Vandamme ayant fait, avec son corps d'armée, une pointe sur Berlin, tous les prisonniers français qui s'y trouvaient avaient été évacués précipitamment sur Stargard, et qu'en conséquence des ordres qui lui avaient été transmis la veille même, il devait nous diriger également sur cette ville. Il nous assigna un logement et nous autorisa à nous arrêter un jour à Bromberg.

Nous n'avions pas le sou dans notre poche, et trouvant, dans la maison qui nous avait été désignée par le billet de logement, des femmes et des jeunes filles, nous désirions pouvoir nous présenter chez notre hôte, si ce n'est avec tous nos avantages, du moins le plus convenablement possible. Or, nos barbes, nos cheveux négligés, nos bottes et nos pantalons souillés de boue nous rendaient peu présentables en bonne compagnie. Nous étions donc fort embarrassés, lorsque je me souvins que la ceinture de mon pantalon était maintenue par une boucle en argent. Aussitôt je la détachai, et, la montrant à Pascal : « Voilà de quoi nous faire raser, lui dis-je ; allons la vendre. » Le marchand auquel je m'adressai, après avoir soigneusement enlevé les ardillons en fer et pesé scrupuleusement la boucle, m'offrit six sous de ce qui valait au moins trois francs. C'était à prendre ou à laisser, et j'eus même beaucoup de peine à obtenir, par-dessus le marché, qu'il me donnât une autre boucle en fer pour remplacer la mienne. Avec nos six sous nous entrâmes chez un barbier ; nos cheveux furent frisés et pommadés. La servante de la maison cira nos bottes et nettoya nos habits ; enfin, notre entrée dans le salon ne fut pas trop indigne de nous. Au reste, dans les soins que nous donnions à notre toilette, il entrait autant d'amour-propre national que de coquetterie.

Cependant, la nouvelle destination qui nous était donnée, et qui nous interdisait l'entrée de Berlin, nous privait en même temps des moyens de nous procurer des fonds. Si l'argent est nécessaire dans le cours ordinaire de la vie, il est indispensable lorsqu'on parcourt en captif un pays ennemi.

Pendant la conversation du soir, notre hôte vint à parler de franc-maçonnerie, et j'appris qu'il y avait à Bromberg même une loge fort bien composée, dont le Vénérable était un des principaux citoyens de la ville.

Je m'étais fait recevoir franc-maçon à Brescia à la loge de la vice-reine d'Italie, Amélia-Augusta, affiliée au Grand-Orient de Milan, et je pensai que, si cette association philanthropique n'était pas un vain mot, je devais, en me faisant reconnaître, trouver secours et protection parmi mes frères. Pascal, à qui je communiquai cette idée, la trouva bonne, mais il me défia d'avoir assez de résolution pour la mettre à exécution.

— Qu'ai-je à craindre? lui répondis-je; un refus tout au plus : les papiers dont nous sommes porteurs constatent que nous faisons partie d'un régiment commandé par un homme de la meilleure noblesse de France, marié à une princesse d'un duché voisin. Mon père jouit d'une grande fortune, et l'argent qui me serait prêté serait exactement remboursé dès notre arrivée à Berlin, ou par correspondance si nous ne pouvons y aller bientôt. Je tenterai donc cette démarche.

En conséquence, je me présentai le lendemain matin chez le Vénérable. Je lui exposai notre position, lui montrant notre ordre signé du roi de Suède, Bernadotte, glissai un mot sur la fortune de mon père; et tout cela dit avec la franchise militaire, avec l'expression de la vérité peinte sur mon visage, ne lui permit point de douter. Il me compta cent thalers en échange d'un mandat payable à trois mois de date, et, avant son échéance, il fut remboursé, avec mille remerciements, par l'intermédiaire de M. Delmar, banquier à Berlin.

Comme on peut le penser, je partageai avec Pascal, et nous arrivâmes à Stargard en bonne tenue. Nous y trouvâmes, outre notre colonel, deux autres prisonniers belges, officiers supérieurs.

Il fut convenu que nous prendrions pension en commun dans un bon hôtel, et nous attendîmes patiemment l'autorisation de retourner à Berlin.

Stargard est une des plus jolies villes de l'Allemagne : elle est surtout renommée par l'excellence de sa bière, dont on fait un grand usage non seulement dans le royaume de Prusse, mais encore à Vienne et dans tout l'empire germanique, où on la préfère souvent à la bière de Stettin.

On connaît le résultat de l'échauffourée du général Vandamme. Nous reçûmes quelques jours après l'autorisation de revenir à Berlin.

J'ai déjà dit que le colonel de Périgord y possédait un superbe hôtel, situé allée des Tilleuls. Avec sa grâce et sa générosité ordinaires, il nous y offrit un logement. Ce fut donc là que nous descendîmes, et, le lendemain de mon arrivée, je me rendis avec lui chez son banquier, M. Delmar. Sur sa recommandation et avec le nom de mon père, très avantageusement connu comme un des directeurs de la *Compagnie française des Indes,* il fut assez obligeant pour m'offrir de toucher immédiatement la somme que je voudrais. Je pris trois mille francs en frédérics d'or et le chargeai, ainsi que je l'ai dit plus haut, d'acquitter ma dette au Vénérable de Bromberg. Rentré chez moi muni de cette somme, je l'étalai à poignées sur une table devant Pascal, qui sautait autour de moi dans l'excès de sa joie. Je lui en offris la moitié en bon camarade, mais il se contenta de mille francs. Nous étions donc en fonds et nous pouvions jouir de tous les plaisirs de la jolie ville qui nous servait de prison. Nous la connaissions déjà pour y avoir séjourné deux fois, avant et après la campagne de Russie ; mais, malgré la précaution que nous avions prise de couper nos moustaches, de ne point porter de décoration et de nous habiller en bourgeois à la mode du pays, nous ne pouvions adresser le plus simple mot à un habitant ou nous promener dans les rues sans être aussitôt reconnus pour Français, tant le caractère de notre brave nation est indélébile, tant le signe d'honneur et de gloire gravé sur nos fronts par tant de victoires était encore distinct et imposant.

CHAPITRE XXXIV

SÉJOUR A BERLIN.

Ce fut peu de temps après notre retour à Berlin que nous apprîmes la catastrophe de Leipsick, bien amplifiée et proclamée dans les rues par les crieurs publics.

Nous fûmes navrés de cette nouvelle, qui nous faisait prévoir la première invasion du sol de notre patrie; mais nous ne pûmes être au courant des détails véritables de cette bataille que lors de l'arrivée du général Lauriston, fait prisonnier avec son aide de camp nommé Boubers.

Le colonel avait acheté un joli cheval de selle, et on nous laissait assez de liberté pour ne pas trouver mauvais nos petites excursions autour de la ville, ce dont nous profitions pour aller souvent dîner dans le Tiren-Garden, joli bois situé en dehors de la porte de Potsdam, où l'on trouve de fort bons cafés-restaurants, comme dans notre bois de Boulogne. Enfin, nous eussions été assez heureux, sans les fâcheuses nouvelles que nous recevions de l'armée française. Une, entre autres, donna lieu à un épisode que je dois mentionner.

Nous nous trouvions un jour, le colonel et moi, à dîner chez Dolach, dont le restaurant, situé près de la promenade des Tilleuls, était alors sans contredit le meilleur de Berlin. Une des tables placées en face de nous, de l'autre côté de la grande salle, était occupée par trois jeunes officiers anglais que nous y rencontrions pour la première fois. En nous entendant parler français, ils s'informèrent de nous auprès de Dolach, mais sans pour cela manifester une curiosité indiscrète et impolie.

Nous en étions à la moitié de notre repas, lorsque nous vîmes entrer dans la salle un grand officier prussien, tenant en main une feuille publique appelée *Extra-Baëlah* ou bulletin de l'armée, que les Français prisonniers avaient surnommée à juste titre *extra-blagues*. Il se promena dans la longueur de la salle, en passant entre les deux rangées de tables avec Dolach, qui paraissait fort embarrassé, et commença à vociférer en langue française toutes sortes d'invectives contre notre nation et notre armée, débitant mille fanfaronnades, dans l'intention bien évidente de nous humilier et de nous insulter personnellement.

Vingt fois, pendant cette violente diatribe, je voulus me lever pour souffleter ce rodomont, et toujours le colonel me retint, en me priant, dans notre intérêt commun, de mépriser une conduite aussi lâche. J'étouffais de rage, mes mains se crispaient sous la table, et j'allais sortir sans achever mon dîner pour éviter ce supplice, lorsque nous vîmes un des officiers anglais se lever, aller à la rencontre du Prussien et lui appliquer en passant un vigoureux coup de coude. Notre donneur de nouvelles s'arrêta court, et demanda à l'officier anglais s'il avait eu l'intention de l'insulter. « Oui, monsieur, lui répondit ce dernier; vous êtes un lâche; vous insultez des prisonniers français, parce que vous savez qu'ils ne peuvent en tirer vengeance; mais c'est moi, Dawkins, capitaine anglais, aide de camp du duc de Cumberland, qui me charge de leur défense. Voici ma carte, donnez-moi la vôtre; un de mes amis ira vous trouver demain matin. »

Le Prussien prouva alors, par sa conduite, qu'il avait été bien qualifié; il refusa le duel, et Dawkins lui ordonna de sortir du salon, en le prévenant que, s'il se permettait dorénavant la moindre parole douteuse à notre égard, il le corrigerait à coups de cravache.

Pendant cette scène, nous étions fort embarrassés de notre contenance. Nous joindre à l'officier anglais nous semblait inutile et inconvenant; mieux valait lui laisser tout le mérite de sa noble conduite. Conserver l'air de froid mépris que nous avions dû prendre, eût été se montrer peu reconnaissants à l'égard de Dawkins, et ne pas apprécier à sa juste valeur une action aussi chevaleresque; mais nous ne restâmes que peu de moments dans cette incertitude.

Dès que l'officier prussien se fut retiré, les trois jeunes Anglais ayant fait apporter sur un plateau une bouteille de vin de Champagne et cinq verres, s'avancèrent ensemble, suivis d'un domestique, et, s'approchant le premier de notre table, Dawkins nous dit :

« Messieurs, ne soyez point étonnés de ce que je viens de faire; tout homme de cœur, à ma place, eût agi de la même manière; mais en raison de la fausse position où vous vous trouvez ici, position qui ne vous permet pas de défendre vous-mêmes l'honneur de votre nation, permettez-moi d'être assez heureux pour faire votre connaissance.

« J'ai l'honneur de vous présenter M. Bowill,

capitaine au 3ᵉ régiment d'infanterie, et M. Stapleton, capitaine, aide de camp du duc de Cumberland, ainsi que moi Dawkins. Veuillez prendre avec nous un verre de vin de Champagne, et recevoir la parole que nous vous donnons de regarder comme nous étant personnelle toute injure qui vous serait adressée, pendant le temps de congé que nous sommes autorisés à passer à Berlin. »

Il est inutile de dire avec quelle reconnaissance, avec quel empressement une offre aussi agréable fut acceptée par nous. Touchés jusqu'au fond du cœur d'une conduite si franche, si pleine de bravoure et de générosité, nous nous étions levés à l'approche des officiers anglais. De bien sincères, de bien affectueuses poignées de main furent échangées, les tables furent réunies, le dîner s'acheva en commun, le champagne coula en abondance, et l'amitié la plus cordiale, la plus intime, nous unit étroitement à dater de ce moment.

En parlant d'un fait qui m'est personnel et de la conduite d'un homme revêtu de l'uniforme d'officier prussien, je suis loin, malgré mes griefs et le ressentiment que j'en éprouve, de vouloir porter la moindre atteinte à la bravoure de l'armée prussienne à laquelle, au contraire, je rends toute justice, et que j'ai eu souvent occasion d'apprécier. Nous avons toujours pensé que l'individu qui s'est rendu coupable d'une action aussi lâche envers des prisonniers n'avait pas l'honneur de faire partie de l'armée, et n'était autre chose qu'un émissaire de la police, qui aurait été bien aise de faire naître un prétexte pour éluder les ordres du roi de Suède à notre égard et nous éloigner de Berlin.

Quoi qu'il en soit, ainsi que je l'ai dit plus haut,

la plus grande intimité s'établit entre ces trois jeunes Anglais et nous. Chaque matin, ces messieurs venaient nous chercher, et nous nous rendions à leur hôtel pour ne plus nous quitter de la journée.

Je n'ai pas connu, en ma vie, d'officier français plus gai, plus ami du plaisir et meilleur camarade que Dawkins.

Stapleton et Bowill, d'un caractère plus froid, ne lui cédaient en rien sous le rapport des qualités du cœur.

Je n'ai pas eu occasion de revoir Stapleton depuis mon départ de Berlin ; mais, quatre ans après, en 1817, je retrouvai Dawkins à Londres tel que je l'avais connu ; je ferai mention plus tard d'un trait qui peindra son caractère mieux que les phrases les plus éloquentes.

Quant à Bowill, il vint, sous la Restauration, se fixer en France et habiter alternativement Paris et Montmorency ; il fut pour le colonel de Périgord et pour moi un ami constant et dévoué. Nous le pleurâmes comme un frère, à sa mort, qui arriva en 1826, et nous reçûmes, avec une vive reconnaissance, ses armes qu'il nous légua avant de rendre le dernier soupir, comme gage de son attachement et comme à ses meilleurs amis en ce monde.

Ces armes se composaient d'une épée que M. de Périgord, alors lieutenant général et duc de Dino, conserva religieusement, et d'une paire de pistolets qui m'échut en partage. Je l'avais déposée au tir de Lepage et m'en servais souvent pour m'entretenir la main ; mais j'eus le malheur de perdre cette boîte d'armes à la révolution de Juillet, lorsque toutes celles du tir furent pillées par le peuple de Paris.

Je reviens à mon récit.

Je dirai seulement qu'après avoir passé trois mois dans la capitale de la Prusse, nous apprîmes que le roi de Suède se trouvait à Lubeck. Le colonel de Périgord se rendit auprès de lui, sur l'invitation qu'il en reçut.

Accueilli fort gracieusement, il lui fut accordé de rentrer en France sur parole; mais il était trop généreux pour profiter seul de cette faveur, qu'il sollicita et obtint également pour Pascal et pour moi.

Par une délicatesse digne de son caractère, il nous écrivit de manière que cette autorisation nous parvînt à Berlin pour nos étrennes, le 1er janvier 1814. Il nous engageait en même temps à venir le rejoindre à Lubeck, où il nous attendait pour nous emmener avec lui.

CHAPITRE XXXV

DÉPART DE BERLIN POUR LUBECK. — RETOUR EN FRANCE.

Nos dispositions furent promptement faites. Nous nous mîmes en règle avec le gouvernement prussien et prîmes nos passeports. Nous louâmes une petite calèche de poste, et, le 2 janvier dans l'après-midi, nous roulions sur la route de Lubeck.

Une neige très épaisse couvrait la terre lorsque nous partîmes; elle augmenta encore pendant la soirée et encombra tellement la route que notre postillon, ne distinguant plus son chemin, s'en écarta et nous conduisit à travers champs.

Je sentais depuis quelque temps, aux cahots de la voiture, que nous parcourions un chemin très inégal, et ayant baissé le vasistas, je m'aperçus, au reflet de la neige, que nous nous trouvions au milieu d'une grande plaine, sans aucun arbre qui indiquât la trace d'une route. Je fis arrêter aussitôt, et le postillon nous avoua alors qu'il ne savait où il était. Retourner sur nos pas en suivant la trace de nos roues était chose impossible, non seulement à cause de l'obscurité, mais encore parce que la neige, qui tombait à gros flocons, avait complètement effacé tout vestige de notre passage. Il nous fallut donc prendre patience et nous décider à passer la nuit dans cette position. Le postillon donna à ses chevaux la meilleure partie d'une botte de foin attachée derrière sa voiture, et se fit un coucher du reste, qu'il plaça au-dessous du coffre de la calèche. Quant à nous, bien enveloppés dans nos manteaux, nous nous enfermâmes soigneusement et dormîmes en attendant le jour.

Les premiers rayons du soleil nous montrèrent, dans le lointain, des charrettes d'approvisionnement se rendant à Berlin; nous regagnâmes la grande route et arrivâmes à Lubeck le 4 janvier dans la soirée. Le roi Bernadotte n'y était plus. Nous nous trouvâmes réunis à notre colonel, pleins de joie et de bonheur de revoir bientôt notre belle patrie.

C'est avant de quitter le sol de la Prusse que je pus me convaincre de la crainte servile qu'inspire le gendarme prussien à toute la population.

Comme on nous logeait souvent par billets de logement chez les habitants, il fallait avoir recours, pour les obtenir, au bourgmestre des villes ou des villages où nous nous arrêtions pour la nuit. Aucun n'était bien disposé pour les Français, et l'un d'eux, entre autres, d'un ton très dur et très insolent, refusa un soir de nous loger.

Le gendarme qui nous accompagnait s'était arrêté un moment pour dire bonjour à un de ses amis en résidence dans ce village. Il survint sur ces entrefaites, et, saisissant le bourgmestre au collet, lui administra, sans autre forme de procès, une bonne volée de coups de canne. (On sait que la canne fait essentiellement partie de l'armement d'un gendarme en Prusse.)

— Comment! s'écria le battu stupéfait, vous êtes Prussien, et vous voulez me contraindre à donner l'hospitalité à ces coquins de Français?

— Je suis un Preushiss gendarme, répondit celui-ci en levant gravement sa canne.

A ces paroles, à ce mouvement, le malheureux bourgmestre se jeta à genoux et demanda grâce, comme s'il s'attendait à être conduit au supplice.

Enfin, au moment de passer le Rhin, à Cologne, notre gardien retourna sur ses pas, largement récompensé par notre colonel et par nous de sa bonne conduite et des égards qu'il nous avait constamment témoignés.

Nous étions libres! Mais notre joie, en touchant le sol de la patrie, fut cruellement tempérée par la pensée de l'invasion qu'il subissait. A Liège, le commandant G... se sépara de nous, ainsi que Pascal, qui retourna dans sa famille en Dauphiné. Le colonel et moi poursuivîmes notre route, avec l'intention et le vif désir d'arriver à Paris le plus promptement possible.

Pourtant il nous restait encore bien des obstacles à vaincre, bien des vicissitudes à éprouver avant de revoir nos familles. Nos passeports délivrés à Berlin et l'autorisation du roi de Suède nous frayèrent le passage jusqu'à Reims, où se trouvaient déjà les avant-postes du corps d'armée russe, commandé par le général Winsingerode. Là, malgré les ordres dont nous étions porteurs, il refusa de nous laisser continuer notre route, sous prétexte que les opérations stratégiques et la responsabilité qui pesait sur lui ne lui permettaient pas de laisser franchir la ligne par des prisonniers de guerre français. Forcés de prendre patience, nous nous installâmes à l'hôtel de la Poste, en face de la cathédrale.

Nous y étions depuis huit jours, lorsqu'un matin nous entendîmes une canonnade très vive, quoique encore éloignée. Étant descendus sur la place, nous apprîmes que l'Empereur avait fait revenir sur ses pas l'armée française en retraite, et qu'elle se reportait sur Reims.

Je proposai alors au colonel de nous réfugier dans quelque maison de la ville, jusqu'à l'arrivée presque certaine de nos compagnons d'armes; mais il ne jugea pas prudent de suivre ce conseil qui pouvait, en cas du non-succès de notre armée, compromettre singulièrement notre position.

Comme on le pense bien, je ne voulais pas le quitter, et nous n'attendîmes pas longtemps des ordres qui nous furent transmis avec précipitation et nous enjoignaient de nous retirer à Laon sans le moindre délai. Nous partîmes aussitôt sous escorte et y arrivâmes le soir même.

Le lendemain prouva que mes prévisions étaient justes, car l'armée française s'empara de Reims, après une victoire brillante, et le colonel regretta bien vivement de ne pas avoir suivi mon conseil.

CHAPITRE XXXVI

SÉJOUR A LAON. — FUITE. — DÉGUISEMENT.

Semblables à un lion blessé qui se retourne sur les chasseurs et les met en fuite, les Français poussèrent l'ennemi jusqu'à Laon avec une telle vigueur que, le lendemain même de notre arrivée, comme nous nous trouvions en soirée dans une maison de la ville, on entendit tout à coup battre la générale, et tous les officiers russes ou autres qui y étaient réunis nous quittèrent précipitamment pour rejoindre leurs troupes.

— N'hésitons pas, cette fois, dis-je à mon colonel, et ne retournons pas à notre hôtel. Demandons l'hospitalité à la première porte, et demain nous serons libres ; car nous connaissons l'impétuosité d'une armée française qui chasse l'ennemi devant elle.

Il y consentit, et nous nous hâtâmes de sortir, afin de profiter de l'obscurité de la nuit pour exécuter notre dessein.

Après avoir erré presque au hasard pendant dix minutes, nous nous arrêtâmes à la porte d'une maison de bonne apparence.

Nous frappons avec force ; une servante effrayée nous demande d'une voix tremblante, sans nous ouvrir, qui nous sommes, et ce que nous voulons à pareille heure.

— Nous sommes des officiers français, et nous désirons parler de suite à votre maître, lui répondis-je ; ouvrez sans crainte.

Elle remonta aussitôt et, au bout d'un instant, un homme grand et maigre, d'une physionomie franche et honnête, vint lui-même nous ouvrir la porte, un flambeau à la main. Il avait compris notre position, et notre heureuse étoile nous avait conduits chez un bon patriote, navré de la présence de l'ennemi.

— Entrez vite, nous dit-il ; et, refermant avec soin la porte, dont il consolida la fermeture avec des barres de fer, il nous fit monter le premier étage et nous introduisit dans un salon où sa famille, composée de sa femme, de sa fille et de sa belle-sœur, se trouvait réunie.

Notre hôte s'appelait Beffroi. Ancien notaire, ainsi que nous l'apprîmes ensuite, retiré avec une modique fortune, il habitait Laon la majeure partie de l'année, et y vivait heureux et tranquille.

Mme Beffroi pouvait avoir à cette époque trente-huit ans environ : sa physionomie était douce et son caractère y répondait. Sa fille, Mlle Caroline, était une toute jeune personne, fraîche et jolie. La belle-sœur de M. Beffroi était une femme d'une trentaine d'années au plus, charmante de figure et de manières. Cette famille ne sentait pas la province, et semblait parfaitement unie.

M. de Périgord ne lui cacha ni son nom ni son grade ; ce n'était pas le cas de montrer de la défiance. On tint conseil immédiatement.

Si l'armée française, bivouaquée autour de la ville

et se préparant à l'assaut du lendemain, parvenait à s'en emparer, nous pourrions continuer notre route sur Paris, ou au moins nous joindre à nos compagnons d'armes. Mais, d'un autre côté, la garnison ennemie était nombreuse; la ville bien approvisionnée, en bon état de défense et située sur la crête d'une montagne, pouvait présenter des obstacles insurmontables, surtout pendant une invasion qui, débordant de tous les côtés, ne permettait point un siège en règle.

Un coup de main, exécuté avec audace et promptitude, offrait seul des chances de succès à nos braves compagnons. S'il ne réussissait point, les Français seraient dans la nécessité de se retirer pour continuer leur mouvement de retraite, et, dans ce cas, notre position se trouvait gravement compromise.

Notre hôte lui-même, ainsi que sa famille, si nous étions découverts, serait probablement victime de sa généreuse hospitalité.

Ces réflexions nous faisaient un devoir de la refuser, et nous annonçâmes notre résolution de retourner à notre hôtel, et d'obéir aux ordres qui nous seraient transmis; mais, ainsi que je l'ai dit, nous avions bien placé notre confiance, et le hasard nous avait conduits chez un homme de cœur.

M. Beffroi nous déclara que nous ne sortirions pas de chez lui et que, dans tous les cas, il trouverait moyen de nous soustraire aux perquisitions qui ne manqueraient pas d'avoir lieu à notre intention. Ces dames joignirent leurs instances à celles du maître de la maison, et, bon gré, mal gré, il fut décidé que nous attendrions chez lui le résultat de la journée du lendemain.

On ne put nous donner qu'une chambre à un lit, et le colonel le partagea avec moi. Il était si bon, tant de circonstances avaient contribué à augmenter son attachement pour moi, ainsi que mon dévouement pour lui, qu'il n'agissait point à mon égard comme un chef, mais comme le meilleur et le plus affectueux des frères.

Avec quelle anxiété nous prêtâmes l'oreille au bruit de la canonnade qui éclata comme la foudre à la pointe du jour. Nous nous étions réfugiés dans un grenier où deux grands tonneaux, parmi une dizaine qui y étaient rangés, avaient été préparés pour nous servir de refuge en cas de visite domiciliaire.

De la lucarne, ouvrant du côté du rempart, nous entendions la fusillade, tantôt rapprochée, au point de nous faire croire que les combattants étaient au bout de la rue, tantôt s'éloignant et se ralentissant.

Ces preuves évidentes des différentes phases de la lutte nous faisaient battre le cœur d'espérance ou de crainte. Un double intérêt nous portait à faire des vœux ardents pour le succès de nos compatriotes : celui de la gloire de nos armées d'abord, et ensuite celui de notre propre délivrance.

Il faut avoir éprouvé des émotions aussi vives pour se faire une idée de celles dont nous fûmes assaillis, déchirés, pendant toute la matinée que dura l'attaque. Vers trois heures de l'après-midi, tout espoir s'évanouit pour nous.

Le feu s'éloignait sensiblement dans la direction de Soissons. Le corps d'armée français, après des prodiges de valeur, se retirait sans être poursuivi par la garnison de Laon, qui n'osa pas tenter une sortie ; et un silence profond, troublé seulement de temps à autre par le bruit des caissons transportant les blessés, succéda au bruit du canon et de la mousqueterie.

Mais ce silence était cent fois plus inquiétant pour nous que le fracas de la bataille.

Supposerait-on que pendant l'action de la journée nous étions parvenus à rejoindre l'armée française? Il fallait peu compter sur cette version. En tout cas, le colonel comte de Périgord était un personnage trop important pour qu'on ne fît pas les recherches les plus minutieuses, afin de s'assurer de sa présence ou de sa disparition.

Il fut donc convenu que, sous le prétexte plausible de l'état de siège, la porte de la maison serait constamment barricadée et ouverte par M. Beffroi en personne, une seule fois par jour, pour le service de la maison. Notre hôte sortit le soir même comme pour se promener sur les remparts, mais bien effectivement pour aller aux informations.

Deux heures après, il vint nous prévenir qu'une perquisition sévère avait été faite dans l'hôtel où nous étions descendus ; que le maître avait déclaré qu'il ne nous avait pas vus depuis la veille après le dîner, et que la calèche de voyage de M. le comte de Périgord était encore sous la remise.

En conséquence de ces renseignements, nous prîmes toutes les précautions convenables pour nous soustraire aux yeux des investigateurs.

Pour plus de sûreté, nos deux tonneaux de refuge furent préparés à double fond, de manière à nous recevoir sans trop de gêne et à être recouverts, dans la partie supérieure, de sacs vides et autres objets jetés négligemment en apparence.

Si on se présentait pendant la nuit, M. Beffroi

mettrait la plus grande lenteur à ouvrir la porte, autant, du moins, qu'il serait possible de le faire sans exciter la méfiance, et, comme nous ne devions pas nous déshabiller, nous aurions le temps, avec l'aide d'une de ces dames, de nous blottir dans notre trou.

Toutes nos prévisions se réalisèrent le lendemain même. Vers le milieu du jour, nous entendîmes frapper à la porte, et une voix demanda d'autorité l'entrée de la maison au nom du général gouverneur de la ville. M. Beffroi se montra alors à la fenêtre, en apparence pour reconnaître quels étaient les visiteurs qui s'annonçaient avec tant de fracas, et, en réalité, pour nous donner le temps d'effectuer notre retraite.

Au bout de quelques minutes qu'il passa à parlementer, Mlle Caroline vint dire à son père qu'il pouvait ouvrir, et toute la maison fut visitée, en commençant par la cave.

Nous entendîmes l'officier et les soldats chargés de cette visite domiciliaire monter dans le grenier, sous la conduite de la belle-sœur de M. Beffroi. Cette jeune femme, avec le plus grand calme et sans que rien dans le son de sa voix parût trahir la moindre émotion, semblait aider et faciliter elle-même les recherches.

Elle découvrit plusieurs des tonneaux avec un sang-froid admirable, et montra qu'ils contenaient les uns du grain, d'autres de la farine; celui-ci des légumes secs, celui-là (où je me trouvais) des sacs vides; si bien que l'officier russe, trompé par son assurance, et peut-être un peu aussi par galanterie, ne poussa pas plus loin ses investigations et se retira, très convaincu que nous ne pouvions être dans cette maison.

Nous restâmes quinze jours chez M. Beffroi, dans un état de qui-vive perpétuel. Une seule perquisition eut lieu à la suite de la première; encore fut-elle beaucoup moins minutieuse.

Cependant, à mesure que l'armée française se concentrait sur Paris, les portes de la ville avaient été successivement ouvertes pour l'approvisionnement. Des charbonniers, venant des bois de Prémontré, avaient obtenu d'entrer à Laon et d'en sortir, au moyen d'une passe qui leur était délivrée par le commandant militaire.

Deux d'entre eux étant venus chez M. Beffroi pour lui vendre du charbon comme à une ancienne pratique, celui-ci demanda à voir les laissez-passer dont ils étaient porteurs, et s'apercevant qu'ils ne contenaient aucun signalement, mais simplement le nom, l'état et le lieu de domicile de ceux à qui on les avait accordés, il nous proposa de déterminer ces deux braves gens, moyennant une bonne récompense, à nous remettre ces papiers et à nous substituer à eux.

Il les sonda à cet effet : l'appât d'une somme de deux cents francs pour chacun les détermina, et il fut convenu, en outre, qu'ils se déferaient en notre faveur de leur blouse, de leur bonnet de coton et de leurs gros souliers.

Comme on nous croyait évadés et qu'on ne pensait plus à nous, nous allâmes, le soir même, faire une promenade sur le rempart avec M. Beffroi, qui nous indiqua la direction que nous devions prendre pour gagner les bois de Prémontré, et notre départ fut fixé au lendemain, à cinq heures du soir.

Dans la journée, nos deux charbonniers se rendirent chez M. Beffroi; nous nous affublâmes du costume de rigueur; nos mains et notre visage furent noircis avec de la poussière de charbon; et, après avoir fait nos adieux à l'excellente famille qui nous avait si généreusement donné asile, nous nous mîmes en route, en ayant soin de nous joindre, à la sortie de la ville, à une troupe de nos confrères, habitants des villages voisins.

Nous avions pris les prénoms de Jacques et de François, et, pour ne pas trahir notre incognito par notre langage, nous nous tenions un peu à l'écart de la bande; mais un vieux charbonnier, qui paraissait étonné de ne point nous connaître, rôdait sans cesse autour de nous.

Plusieurs fois il nous adressa la parole et nous fit des questions assez embarrassantes sur le lieu de notre résidence et sur notre famille. Pourtant, comme nous paraissions fort occupés de nos propres affaires et peu disposés à lier conversation, il finit par nous laisser tranquilles, tout en ne cessant de nous observer.

A tous les embranchements de chemins, notre troupe diminuait, chacun de nos compagnons regagnant son gîte; si bien que, parvenus au bois de Prémontré, nous nous trouvâmes seuls avec notre vieux charbonnier et un autre plus jeune, qui était son neveu.

Ce fut en ce moment qu'il s'approcha de nous et nous dit :

— Camarades, vous paraissez étrangers dans ce pays; comme la nuit arrive, si vous demeurez trop loin, je vous offre à souper et à coucher chez moi.

La manière dont il nous fit cette proposition, l'air de bonhomie et de franchise empreint sur son visage, l'embarras de ne savoir jusqu'où nous pourrions aller à travers la forêt, dans l'obscurité, sans guide, sur une route qui nous était inconnue, la fatigue et la faim qui commençaient à se faire sentir, nous engagèrent à accepter cette offre hospitalière. Nous le suivîmes donc jusqu'à sa maison, située près d'un hameau dans le bois même.

Il frappe à la porte et se fait reconnaître. Plusieurs enfants lui sautent au cou tandis que nous sommes introduits dans une salle du rez-de-chaussée. Là, près d'une grande cheminée où brille un bon feu, se trouve un large fauteuil à bras, recouvert en cuir jaune : *Charbonnier est maître chez soi;* le vieillard s'y étend et livre ses deux jambes aux enfants, qui lui débouclent ses guêtres, lui ôtent ses souliers, les remplacent par une autre paire taillée en pantoufles. L'un lui met sur la tête un bonnet de coton blanc, qu'il a eu soin de faire chauffer préalablement; l'autre lui dénoue sa cravate; un troisième met une nappe bien blanche sur la table, et la mère, prenant un grand chaudron suspendu au-dessus du feu par la crémaillère, en verse le contenu dans une énorme gamelle en terre placée au centre de la table. Chacun s'arme alors de sa cuiller de fer, et s'apprête à y puiser selon son appétit, au signal donné par le chef de famille.

Nous étions touchés de ce spectacle, car il nous présentait la réunion du respect et de la déférence accordés aux cheveux blancs d'un aïeul dans les siècles passés, en même temps que l'abandon et la douce familiarité qui existent dans une famille étroitement unie de nos jours.

L'arrivée de deux convives inattendus n'avait probablement rien d'extraordinaire, car un des enfants, ne doutant pas de notre consentement et de notre bonne volonté de prendre part au souper, nous apporta à chacun une cuiller et reprit vite son poste auprès de la gamelle qui, du reste, était de dimension à satisfaire amplement l'appétit de tous les convives.

Nous fîmes comme tous les autres, et le ragoût, composé de pommes de terre bouillies et de lard, nous parut fort bon.

Quand les estomacs furent convenablement rassasiés, notre hôte, ayant fait apporter deux chaises, car nous avions mangé debout, nous fit asseoir à ses côtés et nous dit :

— Ah çà, camarades, je ne sais qui vous êtes ; mais, à coup sûr, vous n'êtes pas des charbonniers. Depuis cinquante ans que je fais le métier dans ce pays, je connais tous les charbonniers qui se rendent à Laon pour y vendre leur charbon, et je ne vous y ai jamais vus. D'ailleurs, malgré toutes les peines que vous prenez pour vous cacher, votre langage et vos manières ne sont pas de notre classe. Je suis un bon Français, un bon patriote ; confiez-vous à un vieillard qui n'a jamais trompé personne, et vous n'aurez pas à vous en repentir.

Il était impossible de feindre plus longtemps ; sans nous être consultés même du regard, entraîné par le caractère d'honneur et de loyauté si bien empreint sur la physionomie de notre hôte, je pris la parole, et, entrant dans tous les détails de ce qui nous était arrivé à Reims et à Laon, je finis par lui demander les conseils de son expérience et le secours de sa connaissance des localités pour traverser la ligne des postes ennemis et gagner la ville de Soissons. Une fois là, nous étions libres, puisque cette place forte était encore au pouvoir de l'armée française.

Lorsque je nommai à notre hôte M. le comte de Périgord, colonel du 8ᵉ régiment de chasseurs à cheval, il se leva de son fauteuil et ôta son bonnet, qu'il remit aussitôt en se rasseyant, de l'air d'un homme qui veut bien accorder quelque respect au rang et à la fortune, mais qui conserve toute la dignité que lui donnent son âge et ses vertus.

Pendant nos explications, la famille s'était couchée; le bruit des chambres voisines, occupées par les enfants, s'était apaisé; tout était calme et tranquille; tout dormait en apparence, mais un nom prononcé à haute voix par le vieillard fit apparaître presque aussitôt un enfant d'environ quinze ans.

— Va chercher dans le caveau, lui dit le grand-père, une bouteille de vin qui est dans le sable, sous les branches sèches.

Peu d'instants après nous buvions dans de grands verres le meilleur vin de Champagne que j'aie peut-être goûté de ma vie.

— Je l'ai soustrait jusqu'à présent, nous dit notre hôte, aux recherches des Cosaques; il ne m'en reste qu'une douzaine de bouteilles, et je ne saurais en faire un meilleur usage.

Le jeune garçon s'étant retiré immédiatement :

— Prenons nos mesures, ajouta le vieillard; voici mon plan : j'enverrai chercher avant le jour un de mes neveux, jeune homme de vingt-six ans, très brave et très vigoureux. Vous pouvez vous fier à lui; non seulement il vous conduira, par des sentiers détournés, à travers la forêt, mais encore il vous sera d'un grand secours en cas de mauvaise rencontre. Il ne vous quittera que sous les murs de Soissons, et ne se représentera à mes yeux qu'après avoir rempli fidèlement la mission que je vais lui donner. Je connais son caractère; il sera fier de votre confiance et se fera tuer cent fois plutôt que de vous trahir ou de vous abandonner.

Nous prîmes congé de ce digne homme pour nous reposer pendant quelques heures des fatigues de la journée, et nous préparer à celles du lendemain.

A peine les premières lueurs de l'aube apparaissaient-elles à travers les arbres de la forêt, qu'un grand jeune homme, ayant toutes les apparences de la force et de la santé, se présenta à nos yeux encore appesantis. Il était accompagné de notre hôte, qui nous engagea à nous lever sans perdre un instant; la route que nous avions à faire était longue, et les précautions à prendre devaient nécessiter beaucoup de détours.

Le vieillard nous fit prendre à chacun une de ces grandes serpes à main dont la lame droite et tranchante est légèrement recourbée à l'extrémité, et qui servent à couper les petites branches. Elles se trouvaient naturellement entre nos mains, puisque nous étions habillés en charbonniers, et pouvaient, au besoin, nous servir d'arme.

Il n'y avait pas moyen de penser à offrir une récompense pécuniaire pour des services rendus de cette manière; une bonne et affectueuse poignée de main, la bénédiction du vieillard, les vœux les plus sincères pour l'heureuse issue de notre voyage, signalèrent seuls notre séparation, dont le colonel et moi fûmes touchés jusqu'aux larmes.

Outre la serpe, chacun de nous était muni d'un bon bâton, arme terrible entre les mains d'un homme adroit et vigoureux. Ainsi équipés, nous nous enfonçâmes dans la forêt encore obscure, à la suite de notre guide, qui prenait les plus petits sentiers avec toute l'assurance d'un Mohican. Nous marchâmes pendant plus de quatre heures, sans nous arrêter et sans rencontrer personne, jusqu'à un petit rond-point où nous fîmes halte. Robert, notre guide, tira alors d'un sac quelques provisions, du pain bis, du fromage, des noix et une gourde de vin. Jamais déjeuner chez Tortoni ne nous parut meilleur.

Notre compagnon nous engagea à prendre patience pendant qu'il irait à la découverte, en nous annonçant que nous étions parvenus à un quart de lieue environ de la lisière de la forêt, et qu'il était indispensable, avant de la suivre parallèlement à la plaine jusqu'à la hauteur de Soissons, de s'asurer de la position des grand'gardes et des vedettes russes.

Comme le moindre soupçon de trahison ne pouvait entrer dans notre esprit, nous nous couchâmes sur des feuilles sèches et attendîmes le retour de notre guide.

Cependant, son absence se prolongeait de manière à éveiller notre inquiétude : il y a telles circonstances dans la vie qui font que si deux hommes de cœur placent leur sort entre les mains d'un homme qu'ils reconnaissent pour brave, ils s'abandonnent à lui comme un enfant qui se confie à la force et à la tendresse de son père.

Que ferions-nous si Robert, sans nous trahir, nous abandonnait à notre sort? Après avoir agité cette question avec mon colonel, voulant sortir à tout prix de cet état d'inquiétude et pensant que Robert nous cherchait peut-être, je me hasardai à faire une pointe dans le sentier qu'il avait pris pour s'éloigner, tout en me tenant à portée de la voix du colonel.

J'appelai Robert tout en retenant ma voix. Le silence le plus absolu régnait autour de moi ; quelques coups de feu se faisaient seulement entendre dans le lointain, du côté de Soissons. Au bout de quelques minutes, je commençai à perdre patience, et j'allais pousser mes recherches à tout risque jusqu'à la lisière de la forêt, lorsque je fus rappelé par la voix de mon colonel, et le rejoignant au plus vite, je le trouvai avec Robert.

Ce brave garçon paraissait agité autant par l'inquiétude que par une marche précipitée. Il nous apprit que l'ennemi ayant presque entièrement investi la place de Soissons, placé des grand'gardes sur les hauteurs de la vallée de l'Aisne et poussé ses avant-postes et ses vedettes jusque dans la plaine, il était très dangereux et même à peu près impossible de tromper sa surveillance pendant le jour ; qu'en conséquence il ne faudrait nous mettre en route que le soir. Au reste, cela lui importait peu, disait-il, car il répondait de se rendre à Soissons par la nuit la plus obscure.

Nous nous plaçâmes à l'endroit le plus fourré du bois, dans une petite hutte de charbonnier connue de Robert, et après avoir allumé du feu, nous attendîmes le coucher du soleil.

Il faisait très froid ; nous nous trouvions à cette époque de l'année où les journées sont courtes. A quatre heures, nous pensâmes qu'il était temps de partir, afin de ne traverser la plaine qui entoure Soissons qu'au moment du crépuscule ; et, parvenus à la limite du bois de Prémontré, nous vîmes effectivement les hauteurs qui dominent la vallée de l'Aisne déjà illuminées par les feux de bivouac de l'armée russe.

Les villages qui environnent Soissons étaient tous occupés par l'ennemi ; une ligne de postes, communiquant entre eux par des vedettes, complétait l'investissement de la place.

Nous avançâmes résolument, en nous dirigeant obliquement sur la ville, comme des paysans regagnant leur village, et passâmes la rivière à Paly, situé sur la rive droite, sans avoir excité l'attention du poste qui y était établi. De l'autre côté de la rivière, nous prîmes à droite, comme si nous nous rendions à Mercin sur la route de Compiègne.

La nuit commençait à étendre son voile sur toute la campagne, et nous avions l'espoir d'arriver sous les murs de Soissons sans être inquiétés, lorsque nous vîmes une patrouille volante composée de trois Cosaques, sous les ordres d'un sous-officier de cavalerie régulière, se diriger sur nous. Fuir eût été de la plus grande imprudence, puisque nous étions en plaine, à pied, et qu'ils étaient à cheval. Nous continuâmes donc notre route sans précipitation et sans témoigner la moindre crainte. En un instant, ils nous rejoignirent. Le sous-officier nous demanda alors, en français à peine intelligible, qui nous étions, d'où nous venions et où nous allions. Robert répondit que nous retournions chez nous, à Mercin, mais le Russe nous fit comprendre qu'il fallait le suivre pour être conduits devant l'officier commandant le poste.

Il ne s'agissait de rien moins que d'être fusillés comme espions si nous étions reconnus, et nous nous crûmes perdus, car nous comprenions la difficulté d'en imposer à un officier sur notre déguisement, pour peu qu'il fût doué de la moindre perspicacité, surtout s'il nous faisait fouiller et qu'il découvrît notre or contenu dans une ceinture, et quelques billets de banque dans le portefeuille du colonel.

Cependant, afin d'avoir le temps de nous consulter, nous marchâmes devant la patrouille sans faire la moindre observation. Le poste devait être placé dans un petit hameau situé à environ une demi-lieue sur la route de Compiègne ; du moins nous dûmes en juger ainsi par la direction qui nous était indiquée. Mais comme cela nous rapprochait considérablement de la place et convenait on ne peut mieux à notre manœuvre stratégique, nous décidâmes que nous ne chercherions à nous échapper que lorsqu'il ne nous resterait plus à parcourir qu'une distance que nous pussions franchir à la course.

Il avait été arrêté que nous resterions unis, afin de pouvoir nous porter secours mutuellement, et que Robert nous préviendrait du moment favorable par un signal convenu.

Nos ennemis n'avaient pas la moindre méfiance ; ils étaient habitués à faire tous les jours sans résultat de pareilles captures, et causaient entre eux à voix basse.

Nous passions en ce moment à hauteur d'un bouquet de bois qui se prolongeait jusqu'à la route de Compiègne. Le cœur palpitant et les yeux fixés sur Robert, le colonel et moi attendions le signal qui devenait urgent. Notre guide ne tarda pas à le donner. Aussitôt nous nous élançâmes, à sa suite, dans le bois où les Cosaques, à l'aide de leurs chevaux, de petite taille mais agiles et habitués dans leur pays à ce genre de course, nous poursuivirent quelque temps sans pouvoir nous atteindre. Nous entendîmes le sous-officier qui les rappelait, n'attachant probablement pas d'importance à notre arrestation.

Un seul des Cosaques nous poursuivait avec acharnement. Déjà il nous avait rejoints, et sa lance menaçait le colonel de Périgord, lorsqu'un vigoureux coup de bâton que Robert lui asséna sur le bras droit lui fit lâcher son arme et jeter un cri sauvage. Afin de ne pas lui laisser le temps de se reconnaître, je le frappai à mon tour de mon gourdin en pleine figure ; il en fut étourdi au point d'abandonner les rênes de son cheval et de se pencher en arrière. Nous profitâmes de ce moment de répit pour sortir du bois, gagner à toutes jambes le faubourg et nous présenter sous les remparts de la place, devant la porte de Paris.

Le *Qui vive !* de la sentinelle, prononcé en français, nous fit battre le cœur de joie ; nous y répondîmes avec enthousiasme, et le chef du poste, s'avançant alors, nous dit qu'il allait envoyer chercher les clefs chez le commandant de place. Ceci ne nous convenait guère, et nous n'avions pas prévu cette difficulté, car nous pouvions être poursuivis, et nous n'avions pas de temps à perdre.

Je laisse à penser si nous attendîmes avec anxiété l'ouverture de la porte et le mouvement du pont-levis.

Il paraît que, heureusement pour nous, la patrouille avait continué sa ronde, et que le Cosaque avait été frappé assez fortement pour être forcé de renoncer à sa poursuite.

Au bout de dix minutes, qui nous parurent dix siècles, le pont-levis s'abaissa ; le chef de poste et quatre soldats vinrent au-devant de nous, et comme il nous était impossible de donner le mot d'ordre et de ralliement, on nous conduisit chez M. le chef de bataillon Gérard, à qui la défense de la place avait été confiée.

Comme nous n'avions sur nous aucun papier à lui présenter pour constater notre identité (ils étaient restés avec nos effets dans la calèche du colonel, abandonnée à Laon), il nous prit d'abord pour des officiers russes déguisés, cherchant à s'introduire dans la ville pour en connaître la force et les ressources.

Après nous avoir examinés attentivement et écouté notre histoire, il nous pria de nous reposer, ce dont nous avions grand besoin, car nous venions de faire près de douze lieues à cause des détours inévitables, et il nous répondit que, malgré l'apparence de vérité dont tout ce que nous venions de lui dire était empreint, comme il ne nous connaissait pas, et que nous n'étions porteurs d'aucun papier, sa responsabilité et la sûreté de la place qui lui était confiée lui commandaient de prendre à notre égard des mesures de précaution, jusqu'à ce que nous eussions pu lui donner des preuves authentiques de ce que nous avancions.

Le colonel lui ayant alors demandé quel était l'officier chargé du commandement de la cavalerie, et ayant appris que c'était le chef d'escadron Parisot, s'écria avec joie qu'il l'avait connu en Espagne, et que, si le commandant Gérard voulait bien le faire appeler, il était certain d'en être reconnu.

Le commandant se retira pour donner des ordres à cet égard, et, peu d'instants après, nous vîmes entrer M. le chef d'escadron Parisot qui, s'approchant de M. de Périgord, le reconnut aussitôt, grâce au soin que nous avions eu en arrivant de rendre à notre figure et à nos mains leur couleur primitive, à grand renfort d'eau et de savon.

Il n'y avait plus de doute, et le commandant Gérard s'étant excusé sur les obligations qui lui étaient imposées par la confiance de l'Empereur, nous offrit gracieusement ses services et nous engagea à dîner.

Avant de nous séparer de Robert, qui devait profiter de la nuit suivante pour retourner chez lui, M. de Périgord le chargea de remettre à son grand-oncle une lettre contenue dans un petit portefeuille, pour lui annoncer notre heureuse arrivée à Soissons. Le portefeuille renfermait aussi un billet de mille francs plié dans un papier, avec ces mots :

Pour le brave et fidèle Robert, de la part du colonel comte de Périgord et de son ami le capitaine Combe, comme gage de leur reconnaissance pour sa noble conduite pendant la journée du 14 février 1814.

CHAPITRE XXXVII

ARRIVÉE A PARIS.

Nous ne nous sentions pas très disposés à séjourner à Soissons, pour y attendre l'issue du siège et y demeurer enfermés jusqu'à la fin de la campagne. En conséquence, nous commandâmes des chevaux pour le lendemain matin, et nous nous mîmes en route de très bonne heure, en prenant la route de Paris, à peu près libre malgré l'investissement, courant ainsi la poste à franc étrier, en pantalon de toile et à toute selle; ce qui fait qu'en arrivant nous étions rompus de fatigue.

Nous descendîmes dans le bel hôtel du colonel, où se trouve aujourd'hui le *Jockey-Club*. Mme la comtesse de Périgord n'y était pas alors. Par crainte de l'entrée des armées alliées dans Paris, elle s'était retirée, avec Mme la duchesse douairière de Courlande, sa mère, au château de Rosny, qui appartenait à cette époque à son mari.

En mettant pied à terre, après avoir renvoyé nos chevaux, le colonel frappa en maître, et, sans rien dire au concierge, sans songer à son costume, se précipita dans l'escalier dont il avait déjà franchi les premières marches, lorsqu'il se sentit arrêté par une main vigoureuse qui tirait le pan de sa blouse. Obligé de se cramponner à la rampe, il se retourna avec impatience, et le pauvre concierge, comme pétrifié de surprise, lâcha la blouse et faillit tomber à la renverse, en poussant cette seule exclamation : « Ah ! monsieur le comte ! »

Toute la garde-robe du colonel avait été emportée ; mais, en le quittant, je lui promis de lui envoyer de quoi s'habiller convenablement, car nous étions à peu près de la même taille.

Je ne voulais pas descendre tout à coup à l'hôtel de mon père, rue de Choiseul, craignant de surprendre trop vivement ma mère, qui devait être fort inquiète de moi. Je me rendis donc d'abord chez Mme Amelot, ma sœur, qui demeurait tout près, rue de Hanovre. Elle était en ce moment avec son mari chez mon père.

Après avoir dit à sa femme de chambre d'aller avertir Mme Amelot qu'on la demandait chez elle sans délai, j'entrai dans le salon et me jetai sur un canapé. J'avais à peine eu le temps de m'y installer confortablement lorsque le domestique de mon beau-frère, qui ne me connaissait pas, s'approcha de moi et m'adressa la parole en ces termes :

— Pardieu ! il faut avouer que, pour un charbonnier, vous n'êtes guère gêné. Est-ce que vous croyez que les canapés de soie sont faits pour les gens de votre espèce ? Allons, l'ami, faites-moi le plaisir de déguerpir ; une chaise dans l'antichambre est assez bonne pour vous.

Je me mis à rire sans me déranger et lui répondis que sa maîtresse ne le trouverait pas mauvais. Cependant il ne paraissait pas disposé à me croire, quoique mon sang-froid lui imposât, et il semblait disposé à recourir aux moyens de rigueur, lorsque ma sœur entra dans le salon.

Elle me reconnut aussitôt, poussa un cri de surprise et se jeta dans mes bras; ce qui fit que le pauvre valet de chambre ouvrit des yeux comme des portes cochères et une bouche comme un four.

Ma sœur retourna vite pour prévenir ma mère, et je la suivis de près. Il est inutile de peindre la joie de ma famille à ce retour si romanesque : on peut s'en faire aisément une idée.

Je me hâtai de monter chez moi et d'envoyer des habits à mon colonel.

Paris était dans le trouble et l'agitation. Peu de jours avant mon arrivée, mon père crut prudent de réaliser une forte somme en or; son valet de chambre, le vieux et fidèle Lazare, à notre service depuis vingt ans, et mon frère Combe-Sieyès, après avoir détaché secrètement et sans bruit une large pierre de taille dans une des caves de l'hôtel et avoir pratiqué une excavation, avaient déposé dans cette cachette 800,000 fr. en or, par sacs de 40,000 fr., toute la vaisselle plate et la majeure partie de l'argenterie, ainsi que les bijoux et les effets précieux; après quoi, ils avaient remis la pierre à sa place, enlevé les gravats et fait disparaître minutieusement tout indice de ce trésor.

Les craintes de mon père furent poussés un peu loin à cet égard, et les 800,000 fr. restèrent enfouis dans cette cave pendant trois ans ; ce qui, en calculant l'intérêt à 5 pour cent, lui occasionna une perte de 120,000 fr.

Quoique avançant avec précaution, et souvent arrêtés par une défense intrépide et désespérée, les ennemis continuaient leur marche sur Paris. Je n'entrerai point ici dans les détails historiques sur cette funeste page, et ne raconterai que ce qui m'est personnel.

Comme mon domestique s'était sauvé des premiers à l'affaire de Milberg, il avait trouvé libre encore le défilé dans le bois et pu gagner le large, ce qui lui permit de ramener chez mon père mes deux chevaux de main.

Lorsque la canonnade se fit entendre sous Montmartre, je montai à cheval pour me rendre dans la plaine, en sortant par la barrière de Clichy.

Mon intention n'était pas d'abord de me battre, étant libre sur parole; pourtant, comme la convention n'avait pas été exécutée à notre égard, puisqu'on nous avait refusé le passage aux avant-postes russes, et que nous pouvions nous considérer comme des prisonniers évadés, je ne pense pas avoir manqué à l'honneur en cédant à l'entraînement irrésistible que m'inspirèrent les Polonais, ces intrépides alliés de la France, à la rage que je ressentis à la vue de ces sauvages Cosaques sous les murs de Paris, de ces mêmes hommes que j'avais combattus au delà de la Moskowa, à plus de huit cents lieues de ma patrie, et que je retrouvais à la porte de la maison paternelle, prêts à se précipiter comme des bêtes féroces sur ma famille, sur tout ce que j'avais de plus cher au monde.

Je mis le sabre à la main et chargeai à toute bride avec quelques lanciers polonais.

Je ne rentrai dans Paris que pour changer de cheval, et malgré les larmes et les supplications de ma pauvre mère, je retournai au combat. Mon père, d'un caractère ferme et plein de courage, se contenta de me serrer dans ses bras sans chercher à me retenir; il comprenait et partageait mes sentiments, et n'eût pas hésité à se joindre à moi si son âge le lui eût permis.

Je revins le soir sans blessure ; mon cheval seul avait été atteint d'un coup de lance à l'encolure. Pendant toute la journée, une grande foule de curieux s'était portée dans les plaines de Montmartre et de Clichy absolument comme à un spectacle. Des femmes élégantes en voiture, des jeunes gens à cheval comme pour une promenade au bois de Boulogne, circulaient malgré le danger des bombes et des obus, qui atteignaient déjà les maisons du faubourg.

Avant de rentrer chez mon père, j'eus le bonheur de retrouver mon cher 8e de chasseurs, bivouaqué près de la barrière Blanche.

Avec quelle douce émotion je serrai les mains loyales de mes braves camarades ! Je leur racontai les détails de notre captivité, de notre évasion de Laon, et j'écoutai avec le plus vif intérêt ceux qu'ils me donnèrent sur tout ce qui était arrivé au régiment depuis notre séparation.

Le peu d'heures que je passai au milieu de cette seconde famille eussent été bien douces, sans les circonstances graves où nous nous trouvions. Tous les officiers, sous-officiers et chasseurs avaient l'intime conviction des trahisons qui nous entouraient. J'ai vu des soldats, débris de la campagne de Russie, mordre de rage la lame de leur sabre, et je les entendis jurer de se faire tuer mille fois sous les murs de Paris plutôt que de se rendre.

Cet enthousiasme était général dans l'armée, et il n'y a pas le moindre doute que si, au lieu de capituler, on eût su en profiter, armer les faubourgs de Paris et prendre l'offensive, une victoire certaine eût refoulé l'ennemi, et la France lui eût servi de tombeau.

Tout le monde connaît l'issue de la première entrée de Louis XVIII à Paris. L'armée entière, qui ne fut licenciée qu'à la seconde restauration, prit la cocarde blanche. Je fus alors chargé de la formation du 1er régiment de chasseurs à cheval, auquel on donna le nom de chasseurs du Roi.

J'y entrai comme capitaine adjudant-major, et me rendis à Évreux pour y recevoir les divers contingents tirés des autres régiments supprimés. M. le colonel de Saint-Chamans, qui nous commanda ensuite, et M. le lieutenant-colonel Meyronnet, n'étaient point encore nommés, de sorte que tout le travail d'organisation me fut confié. Je pris ce qu'il y avait de mieux dans les détachements pour composer quatre beaux escadrons; je classai les officiers, sous-officiers et brigadiers, et lorsque le colonel se rendit à Évreux, je lui présentai son régiment tout prêt, tant sur le terrain que par contrôles nominatifs. Il eut la bonté de n'y rien changer et de m'adresser des éloges d'autant plus flatteurs qu'il n'en était pas prodigue.

D'Évreux, le régiment fut envoyé à Saint-Germain pour y être habillé uniformément, et le colonel me fit partir en poste pour Caen, afin d'y recevoir un dépôt de draps provenant des magasins d'un des régiments supprimés.

Une fois habillés, on nous donna Paris pour garnison, et je restai dans ce beau régiment jusqu'à l'époque où le colonel de Périgord, nommé maréchal de camp, me prit avec lui comme aide de camp. Cela ne me sépara pas de mes camarades du 1er, puisqu'ils furent placés sous les ordres de mon général, ainsi que le 1er hussards, commandé par le colonel Oudinot.

Cette année 1814 fut une des plus heureuses de ma vie ; aussi passa-t-elle comme un éclair. Mon général, toujours plutôt un ami qu'un chef, m'avait offert un logement dans son hôtel de la rue Grange-Batelière. J'avais, en outre, celui de l'hôtel de mon père, rue de Choiseul, et dans mon écurie trois jolis chevaux. Mon couvert était mis chez mon père comme chez mon général, que j'accompagnais à sa belle terre de Rosny, où se réunissait la meilleure compagnie.

Cependant la présence des armées étrangères était pour moi, comme pour Pascal, mon brave ami du 8e, qui s'y trouvait à cette époque, un cauchemar étouffant.

Le souvenir de la conduite des Prussiens à notre égard, celui de notre entrée si humiliante à Berlin, lors de notre captivité, de notre promenade en charrette autour de l'arsenal, l'habitude, contractée sur le champ de bataille, de considérer ces hommes en ennemis, tout contribuait à nous entretenir dans un état continuel d'irritation contre eux. Comme nous ne manquions pas d'occasions de leur chercher querelle, il ne se passait guère de semaine où Pascal et moi n'eussions une rencontre.

Ces duels avaient toujours lieu au sabre, et, à part quelques légères blessures, je m'en tirai avec avantage.

Un seul me fit penser que j'avais trouvé mon maître. C'était un grand et vigoureux jeune homme, officier dans les Cosaques rouges de la garde de l'empereur de Russie. Il était de première force, et me fit toutes les attaques, toutes les feintes d'espadon que ce genre d'escrime comporte. Son sabre sifflait autour de ma tête et s'abattait avec une telle force que j'eus bien de la peine à arriver à la parade. Je suis persuadé que s'il eût tiré le coup de pointe avec autant d'adresse, je succombais inévitablement dans ce duel. Au bout de quelques minutes, nous étions tous deux haletants et en sueur. Les yeux de mon adversaire, étonné et furieux de ma résistance, paraissaient lui sortir de la tête; mais son poignet se fatiguait sensiblement, ses coups devenaient moins précipités; il était évident qu'il se plaçait souvent en garde pour se reposer.

Je vis qu'il fallait en finir par une dernière attaque brusque, et, faisant un bond de côté, je le forçai ainsi à tourner le dos au mur derrière lequel nous nous battions; alors, le pressant vivement à mon tour, après une parade en prime contre le coup de tête, je ripostai par un coup de seconde aussi prompt que la foudre.

Mon arme pénétra dans la poitrine de près d'un pied; son bras déjà levé pour frapper retomba sans force. Il appuya sa main gauche contre le mur pour se soutenir et s'y cramponner, mais presqu'au même instant il s'affaissa sur lui-même en jetant un cri de douleur ou de rage, et quand nous nous précipitâmes tous pour le secourir, il n'était déjà plus temps; le malheureux jeune homme rendait le dernier soupir.

Ses deux témoins, officiers russes comme lui, se chargèrent de tout, et je rentrai en toute hâte dans Paris avec Pascal qui, me croyant perdu avec un tel adversaire, avait tout le corps inondé d'une sueur froide.

Dans une autre circonstance, mon adversaire qui, à ma grande satisfaction, était un officier prussien, voulut me contraindre à ne tirer que le coup de sabre selon l'usage de son pays, en interdisant formellement le coup de pointe. Je lui répondis qu'étant en France et non en Prusse il fallait se soumettre aux usages du pays où on se trouvait; qu'en France le duel était pour nous une chose sérieuse, une question de vie ou de mort, et qu'une fois les armes à la main, pourvu qu'on s'en servît loyalement et à chances égales, on pouvait le faire selon son adresse et sa force.

Sa mise en garde fut celle d'un homme qui a peur, et je vis de suite qu'il était complètement dérouté, quoique la veille il eût fait le rodomont avec une énorme paire de fausses moustaches, que je fus très étonné de trouver dans ma main lorsque je les lui tirai.

Deux minutes ne s'étaient point écoulées après le premier croisement de fer, lorsqu'il reçut un coup de pointe de sabre qui lui traversa le bras droit et lui fit encore une blessure à la poitrine.

CHAPITRE XXXVIII

RETOUR DE L'EMPEREUR. — CAMPAGNE DE 1815.

Le retour de l'Empereur, en 1815, nous plaça dans une cruelle alternative entre nos sentiments pour lui et notre devoir envers le nouveau souverain.

La brigade du général de Périgord fit partie de la division Kellermann, envoyée à Essonne, sur la route de Fontainebleau, pour s'opposer à l'arrivée de l'Empereur.

La veille de notre départ, le duc de Berry, enflammé d'un noble enthousiasme pour la défense de ses droits, avait juré, dans une fougueuse harangue au peuple, de se mettre à la tête des troupes.

Nous attendîmes à Essonne, avec la plus vive anxiété, l'annonce de son arrivée pendant la nuit. Les auberges et les granges étaient encombrées par nos soldats, qui chantaient à haute voix des chansons en l'honneur de l'Empereur, et ne dissimulaient point leur intention de se joindre à lui aussitôt que les vedettes l'annonceraient.

Nous passâmes, ainsi que le général, toute cette nuit sans nous coucher.

Le matin, un courrier venant de Paris, envoyé par M. de La Valette, directeur général des postes, et portant à son chapeau la cocarde tricolore, traversa Essonne en criant : *Vive l'Empereur !* Il nous annonça le départ de toute la famille royale sans exception.

Tous les chasseurs et tous les hussards montèrent à cheval sans ordre et en tumulte, sous le commandement de leurs sous-officiers. La nouvelle s'étant répandue avec la rapidité de la foudre, je trouvai que les vedettes, placées sur les hauteurs d'Essonne et que le général m'avait donné ordre de visiter, n'avaient fait d'autre mouvement que celui des enseignes de Paris, c'est-à-dire un demi-tour sur elles-mêmes, de sorte qu'au lieu de faire face au côté de la route par lequel on attendait Napoléon, elles nous faisaient face à nous du côté de Paris, et semblaient avoir été placées là par l'ordre et pour la sûreté de l'Empereur. C'est, au reste, ce qui me fut dit sans hésitation par celles des vedettes auxquelles je demandais compte de ce mouvement.

Il n'y avait plus de doute sur l'issue des événements qui se préparaient. Dès que la voiture de l'Empereur fut aperçue et annoncée par les vedettes, tous les soldats, mettant le sabre à la main, se précipitèrent au-devant de lui, comme pour une charge en fourrageurs, et se joignirent à son cortège.

Sans nous laisser, malgré notre vive sympathie, entraîner par ce mouvement, et fidèles à notre devoir, nous rentrâmes dans Paris avec le général pour y attendre les suites de ce retour miraculeux, qui ne fit pas couler une seule goutte de sang français.

Ma position était embarrassante; d'un côté, mon attachement dévoué pour l'Empereur, puisé à l'école militaire et entretenu par mes campagnes précédentes, la perspective d'une brillante carrière militaire, mon âge, la honte de ne pas prendre part à la lutte qui se préparait contre les puissances alliées, me poussaient à suivre l'entraînement de l'armée vers son illustre chef et à demander du service ; mais, d'un autre côté, la position de mon général qui, par suite des conseils et de l'influence du prince de Talleyrand, son oncle, ne voulait point en demander et dont j'étais porté à suivre la destinée, me fit hésiter, car j'éprouvais comme une sorte de pressentiment que de cette décision dépendait mon avenir.

Enfin, entraîné par l'enthousiasme général et par le mien propre, pressé par les instances du commandant de Chambure qui, avec le grade de colonel, était chargé de lever et de commander un corps de partisans en Bourgogne pour s'opposer, sous les ordres du général Lecourbe, à l'entrée des Autrichiens par la Suisse et la Franche-Comté, je me décidai à offrir mes services au prince d'Eckmühl, ministre de la guerre, et fus désigné pour accompagner Chambure avec le grade de chef d'escadron.

Je n'en reçus pas immédiatement le brevet, mais il me fut confirmé plus tard par le général Vaud, et j'en avais toute l'autorité, puisque plusieurs anciens capitaines de l'armée étaient placés sous mes ordres.

Avant d'entreprendre le récit de ce qui me reste à dire ici, je dois mettre en garde mes lecteurs contre les préventions qui existent, à tort ou à raison, contre les corps francs en général. Pour cela, je rappelle d'abord ce que j'ai déjà dit plusieurs fois : que je n'écris point l'histoire des dernières campagnes de l'Empire, mais seulement ce qui me concerne personnellement. Ensuite, il est une vérité incontestable ; c'est qu'un militaire est toujours à sa place quand il obéit aux ordres supérieurs qui lui sont donnés, et que, pourvu que sa conduite soit honorable et sans reproche, on ne peut lui imputer, à moins qu'il ne commande en chef, les exactions ou les fautes commises par le corps dont il fait partie.

Or si, pendant tout le cours de cette campagne de Waterloo, le corps franc de la Côte-d'Or a encouru quelque blâme, je répondrai que, non seulement je n'en étais pas le commandant en chef, mais que si l'infanterie dont il se composait était formée d'éléments peu en harmonie avec les sentiments d'honneur et de loyauté qui distinguent les soldats de l'armée, je n'avais, moi, sous mes ordres, comme chargé du commandement et de l'organisation de la cavalerie seulement, que des jeunes gens, fils de riches fermiers ou de propriétaires qui, dans un noble et louable esprit de patriotisme, s'étaient armés, équipés et montés à leurs frais pour se ranger sous mes ordres et s'opposer à l'envahissement du territoire français.

Je déclare n'avoir jamais eu qu'à me louer de leur conduite et de leur bravoure, souvent même inconsidérée : et puisque l'occasion s'en présente, je la saisirai pour donner un bon avis dicté par l'expérience : c'est de ne jamais former, comme cela eut lieu en cette circonstance, un corps de partisans composé en entier d'hommes étrangers au service militaire, quels que soient du reste leur courage et leur enthousiasme, parce qu'ils manquent essentiellement de ce qui fait la principale force d'une troupe quelconque armée : je veux parler de la discipline.

Souvent, dans cette campagne, j'ai eu à déplorer

l'impétuosité avec laquelle mes jeunes cavaliers se précipitaient sur les Autrichiens, car cette ardeur mettait en défaut mon expérience du champ de bataille. Jamais mon service n'a été bien fait, jamais je n'ai été tranquille, si ce n'est pendant le peu de temps où j'ai pu retenir et conserver sous mes ordres un détachement du brave 2e régiment de hussards.

Quoique je ne veuille point chercher à me justifier, puisque je n'ai rien à me reprocher, j'ajouterai que, traduit devant la cour prévôtale de Besançon pour le seul fait d'avoir fait partie du corps franc de la Côte-d'Or, non seulement je fus acquitté à l'unanimité, quoique contumace, mais encore autorisé à rentrer en France, sans être, conformément à la loi, obligé de me présenter pour purger cette contumace.

J'avais obtenu d'emmener avec moi mon ancien adjudant du 8e de chasseurs, Ferner, alors lieutenant. En me rendant à Dijon, je m'arrêtai chez Fanfinet Dornier, riche maître de forges à Dampierre, près de Gray. Je l'avais beaucoup connu lors de notre séjour dans cette ville, à l'époque de la campagne de 1813, et je n'eus pas de peine à exciter son élan patriotique, car son cœur généreux est fait pour comprendre et partager les plus honorables sentiments. Il consentit à se joindre à nous comme amateur et vint avec moi à Dijon.

Le noyau de notre corps étant prêt, nous nous dirigeâmes sur les frontières de la Suisse, en passant par Besançon, où le général Marulaz nous fit donner des souliers, dont nos fantassins avaient grand besoin ; mais il faut convenir que la nécessité d'une prompte organisation n'avait pas permis à Chambure d'être difficile dans le choix de son infanterie; ce qui fait qu'elle était fort mal composée en soldats, qu'une justice dictatoriale et sévère pouvait seule contenir dans le devoir.

Après avoir vu le général Lecourbe, pris ses ordres et nous être concertés avec lui sur les moyens de correspondance et de communication, nous nous portâmes sur la frontière par Saint-Hippolyte, jolie petite ville située au pied des montagnes, et, de là, nous commençâmes notre campagne.

Tantôt nous tombions à l'improviste sur un parti autrichien que nous mettions en fuite, tantôt nous nous trouvions dans un défilé face à face avec une de leurs reconnaissances, et l'impétuosité de mes cavaliers nous assurait toujours la victoire.

Grâce à notre activité, nous parvînmes en peu de temps à jeter la terreur parmi nos ennemis, qui ne pouvaient croire à la force numérique de notre troupe, et étaient convaincus qu'ils avaient à se défendre contre tout un corps d'armée.

Souvent nous attaquions les Autrichiens sur plusieurs points différents dans la même journée, et nous couchions dans des hameaux ou dans des bois en arrière de leur ligne.

Ayant appris par les gens du pays que l'armée royale de l'Est, composée en majeure partie de déserteurs de la nôtre, s'était abouchée avec les Autrichiens et était rassemblée dans le petit village de Goumoy, à deux lieues environ de notre cantonnement, Chambure résolut de la dissiper, et, le lendemain au point du jour, favorisés par un épais brouillard, nous nous mîmes en route.

Le sentier qui devait nous conduire à Goumoy serpentait sur le flanc de la montagne, et s'élevait à une si grande hauteur que les vapeurs du matin, condensées en nuages blancs, se balançaient au-dessous de nous comme les vagues de l'Océan qui se calment après une tempête, et nous cachaient entièrement la profondeur des vallées ou des précipices qui rendent ces contrées si pittoresques.

Goumoy étant dans le fond d'une de ces vallées, notre infanterie tomba pour ainsi dire des nuages sur cette armée, agglomérée dans le village, et attaqua seule, car le sentier que nous suivions était si étroit qu'il m'eût été impossible de me déployer pour charger.

Je suivis donc nos fantassins, et lorsqu'après une descente rapide je fus parvenu sur la petite place de Goumoy, nos ennemis se précipitèrent dans le plus grand désordre sur le pont jeté sans garde-fou d'un bord à l'autre du Doubs, qui en cet endroit est un torrent impétueux. Toute la correspondance, ainsi que les contrôles de cette troupe, fut brûlée, et, après une déroute complète qui coûta la vie à une vingtaine d'hommes de part et d'autre, elle se dissipa entièrement.

La cavalerie sous mes ordres ne prit point part au combat, après lequel nous regagnâmes nos frontières et continuâmes à harceler les Autrichiens.

Errant dans les montagnes, et nous cachant pour surprendre l'ennemi dans les lieux les plus sauvages et les plus éloignés de toute habitation, il n'est pas extraordinaire que nous n'ayons su que plusieurs jours après tout le monde le funeste résultat de la bataille de Waterloo.

Ce fut à un dîner de table d'hôte, à Saint-Hippolyte, où nous avions été obligés de nous rendre pour faire ferrer nos chevaux, que nous apprîmes cette terrible nouvelle qui, depuis près d'une semaine, n'en était plus une pour personne, et à laquelle nous refusâmes d'abord de croire. Pourtant il fallut bien y ajouter foi lorsque, nous étant rendus chez le sous-préfet, nous y trouvâmes l'ordre de licencier notre corps, signé du maréchal Jourdan.

Avant de l'exécuter, nous eûmes une conférence avec plusieurs officiers commandant les avant-postes autrichiens. Ils ne voulaient point croire à la faiblesse de nos troupes, et nous avouèrent qu'ils avaient reçu la veille seulement l'ordre d'envahir la frontière et d'entrer en France; ajoutant, ce dont au reste nous étions persuadés nous-mêmes, qu'il nous eût été impossible de nous y opposer avec nos trois ou quatre cents hommes, si, jusqu'à ce que la nouvelle de la perte de la bataille eût été officiellement annoncée, leurs instructions ne leur eussent enjoint de ne point avancer, et de manœuvrer sur la frontière suisse en se tenant seulement sur la défensive. De plus, nous fut-il affirmé, si l'Empereur eût gagné la bataille, l'armée autrichienne devait se présenter en amie, ou au moins se retirer comme elle était venue.

Je cite un fait qui m'est personnel, mais qui n'en est pas moins caractéristique, puisqu'il démontre clairement quelle était la politique du cabinet de Vienne à cette époque.

CHAPITRE XXXIX

LICENCIEMENT DE L'ARMÉE DE LA LOIRE. — RETOUR A DAMPIERRE. — SÉJOUR CHEZ DORNIER.

Ce fut à Besançon que la dispersion de notre corps s'opéra. Chacun se retira chez soi, et, comme on le pense, avec une bien mauvaise note aux yeux des vainqueurs. Les officiers qui faisaient partie de l'armée reçurent l'ordre de se rendre à Bourges, pour y être licenciés avec elle. En conséquence, je me mis en route avec Chambure, Ferner, Dornier et plusieurs sous-officiers, et nous nous aventurâmes à travers un pays que la réaction politique nous forçait de parcourir en fugitifs.

Plusieurs fois, pendant ce dangereux voyage, nous fûmes avertis que de chauds royalistes, ou plutôt des brigands qui profitaient de l'état de confusion où la France se trouvait alors pour commettre toutes sortes de crimes, devaient, pendant la nuit, nous attaquer et nous assassiner jusqu'au dernier.

Souvent, au moment de nous reposer des fatigues d'une longue marche, nous étions obligés de remonter à cheval et de fuir plus loin. Cela nous fit prendre le parti de ne voyager que la nuit et de nous reposer le jour dans les bois.

Après bien des alertes, et toujours sur le qui-vive, nous atteignîmes les bords de la Loire au-dessus de

Nevers. Une colonne de cavalerie autrichienne passant sur la route en ce moment, nous fûmes forcés de nous cacher pour attendre qu'elle se fût éloignée, et aussitôt que les derniers cavaliers eurent disparu, nous nous élançâmes au galop vers le fleuve, que nous traversâmes à la nage à côté de nos chevaux. Comme la colonne autrichienne n'était pas encore très loin de nous, cette action ne manqua pas d'éveiller l'attention de l'arrière-garde, et, parvenus à l'autre rive, nous distinguâmes un officier et quelques dragons autrichiens qui étaient revenus sur leurs pas et s'entretenaient avec plusieurs paysans.

Nous arrivâmes à Bourges sans autre difficulté, et je me présentai avec Chambure chez le prince d'Eckmühl, chargé du licenciement de l'armée. Il nous attacha provisoirement à son état-major, et peu de jours après, Chambure reçut son licenciement avec le grade de colonel, et moi le mien avec celui de chef d'escadron. Ces deux grades nous avaient d'ailleurs été conférés antérieurement par le général Vaud, chargé par l'Empereur de cette mission à l'armée impériale de l'Est, ainsi que le général Exelmans le fut après la révolution de Juillet, lorsqu'il fit des nominations qui n'ont point été contestées et ont eu leur plein effet.

Pour en revenir à mon histoire, malgré le licenciement de l'armée, malgré l'occupation de Paris par les troupes étrangères, je ne désespérais pas encore de la cause impériale. Je venais de parcourir des provinces qui, à l'exception d'un petit nombre d'ultra-royalistes, étaient animées du meilleur esprit, et j'étais persuadé que la moindre étincelle, la moindre circonstance suffirait pour exciter un soulèvement général dans la Franche-Comté et dans la Bourgogne. Je ne pouvais d'ailleurs supporter l'idée de retourner à Paris pour le voir de nouveau occupé par les Russes et les Prussiens, d'en trouver logés chez mon père même, et je pris la résolution de revenir sur mes pas, de me cacher à Dampierre, chez Dornier, et d'y attendre un moment favorable.

Ferner et Jarry, un de mes sous-officiers, ayant consenti à m'accompagner, nous nous mîmes en route bien armés et bien montés. Mon domestique Frédéric, également armé, me suivait avec mes deux chevaux de main.

Nous traversâmes la Loire une seconde fois à Nevers, et nous nous jetâmes dans les bois du Morvan.

Malgré ces précautions, des détachements nous traquèrent deux fois; mais nous fûmes assez heureux pour échapper à leurs recherches, grâce à la bonne volonté et à l'aide des habitants du pays.

Enfin nous arrivâmes un soir, par des chemins détournés, à la porte de Dampierre. Jarry s'était séparé de nous pour se rendre à Auxonne, son pays natal. Je n'aurais pu choisir une retraite plus sûre : les ouvriers de la forge de Dampierre, outre leur attachement et leur dévouement pour Dornier, étaient tous des bonapartistes exaltés; pas un n'aurait osé nous trahir par la plus légère indiscrétion.

Peu de temps après notre arrivée, nous apprîmes que des ordres avaient été donnés pour rechercher et poursuivre ceux qui avaient pris part à la campagne de 1815; que tous les militaires de l'armée licenciée étaient traités de brigands de la Loire; que les injures les plus grossières étaient proférées contre l'Empereur et ses partisans, et que des cours prévôtales allaient être instituées pour rechercher et traduire devant leur justice expéditive, dans chaque département, tous les Français qui s'étaient opposés à l'entrée des alliés.

En conséquence de ces nouvelles, il fut décidé que nous irions nous établir dans le plus épais d'une forêt voisine de la forge, où se trouvaient quelques cabanes de charbonniers, dont l'une était habitée par une famille dans laquelle Dornier pouvait avoir toute confiance. Nous nous y rendîmes la nuit suivante avec nos chevaux, qui furent placés sous un hangar, et nous nous installâmes sur de la paille dans une petite cabane couverte en chaume.

Le frère de Dornier, resté chez lui, nous envoyait des vivres par un domestique fidèle, et nous tenait au courant de tout ce qui se passait. Il avait annoncé notre départ, même aux ouvriers de la forge, et nous étions si bien cachés qu'il eût été impossible de nous découvrir, car nous avions rendu les approches de notre retraite encore plus impénétrables, au moyen de branches entrelacées et en effaçant toute trace de sentier.

Je ne puis dire que nous étions dans une oasis, et je m'ennuyais à mourir, n'ayant d'autre distraction que la chasse à la pipée, que notre hôte le charbonnier, grand amateur de ce genre d'amusement, avait organisée pour nous autour d'un chêne.

Cette inaction, cette incertitude n'étaient pas longtemps supportables pour un caractère comme le mien. Tout espoir d'un soulèvement m'étant interdit par la terreur qu'inspiraient les mesures prises par le gouvernement, je me décidai à quitter à tout risque ma retraite et à rentrer dans ma famille.

Je pensai qu'en ôtant la cocarde tricolore de mon

schako noir, et au moyen de ma pelisse de hussard, je pourrais facilement me faire passer pour un officier hongrois ou anglais, et que ce serait le moyen le plus sûr d'arriver sain et sauf à Paris, en me faisant délivrer des billets de logement, comme voyageant par étapes et revenant de mission, ou rejoignant mon corps.

Le désordre qui régnait encore parmi les autorités locales, par suite de l'occupation étrangère, me facilita cet acte de témérité. Partout on me donnait sans difficulté un billet de logement.

En arrivant à Sens, je fus prévenu que j'étais logé chez une famille de hobereaux connue par son enthousiasme pour *pour nos amis les ennemis.*

J'étais jeune, j'avais le cœur ulcéré par l'occupation étrangère, je ne devais pas voir de bon œil tous ses partisans, et je n'étais pas fâché de l'occasion qui m'était offerte de m'amuser un peu à leurs dépens.

En descendant de cheval, je me présentait donc au maître et à la maîtresse de la maison, en baragouinant du français à l'anglaise, et me fis passer pour un des aides de camp du duc de Wellington, revenant de mission.

Aussitôt toute la famille fut en émoi ; quelques ordres que je donnai en allemand à mon domestique furent acceptés par mes hôtes comme l'anglais le plus pur. La beauté du cheval noir de race que je montais, ma pelisse richement tressée en or, et qui n'appartenait à l'uniforme d'aucun régiment français, contribuèrent à détourner toute espèce de soupçon.

On me fit donc entrer dans le salon, où j'eus à soutenir une conversation assez difficile, et surtout très pénible, en raison des sentiments peu en harmonie avec les miens, que l'on exprimait sans contrainte devant moi.

Toutes les parentes et amies du voisinage ayant été averties de l'arrivée d'un officier anglais, d'un aide de camp de l'illustre Wellington, je me vis, en peu d'instants, entouré d'une cour féminine prodigue d'éloges et d'adulations.

Un dîner recherché me fut servi, et tout le monde s'empressait, pendant le repas, de charger mon assiette des meilleurs morceaux et de remplir mon verre du vin le plus vieux de la cave.

Une seule chose m'inquiétait : la maîtresse de la maison m'avait averti qu'elle attendait une de ses cousines qui parlait parfaitement la langue anglaise. Si elle arrivait, ma position devenait sinon critique, du moins très ridicule, car à cette époque je ne savais pas un mot d'anglais. Afin de me précautionner d'avance contre cet inconvénient, je déclarai que pour mieux apprendre le français, j'avais fait vœu de ne point prononcer un mot d'anglais pendant tout le temps de mon séjour en France.

Ainsi préparé, j'attendis, non sans inquiétude cependant, l'arrivée de ma nouvelle curieuse ; mais j'eus le bonheur d'échapper à cette épreuve, le domestique envoyé auprès d'elle nous ayant rapporté l'agréable assurance qu'elle était partie le matin pour la campagne, d'où elle ne serait de retour que dans trois jours.

Tranquille à cet égard, je jouai mon rôle avec un sang-froid imperturbable, et me laissai choyer et flatter par toutes ces dames, en homme habitué aux cajoleries. Bref, je me mis si bien dans l'esprit de cette aveugle coterie, que tout ce que je jugeai à propos de dire, en estropiant ma langue, fut applaudi et reçu comme paroles d'Évangile.

Je m'amusai beaucoup de cette mystification, et prolongeai effrontément la veillée jusqu'à onze heures, en prenant le thé. Je fus alors conduit dans la chambre d'honneur, garnie de meubles antiques et d'un grand lit à baldaquin ; on m'apporta sur un plateau de quoi faire du grog, et je crois que la bonne vieille m'aurait déshabillé et mis au lit comme un poupon, si je l'avais laissée faire.

Le lendemain matin, avant que je fusse levé, on m'apporta une grande tasse d'excellent café à la crème avec des rôties toutes beurrées, et mon hôte, étant entré chez moi, me demanda pour toute récompense de l'accueil gracieux qu'il m'avait fait, de vouloir bien lui envoyer à mon retour à Londres une bonne paire de rasoirs anglais qu'il avait toujours désirée, sans pouvoir jamais se la procurer. Je pensai, en riant en moi-même, que je venais de raser le brave homme d'assez près pour qu'il n'eût pas de longtemps besoin de cet instrument, mais je m'empressai de lui répondre que je n'attendrais pas mon retour à Londres pour le satisfaire, et qu'en arrivant à Paris, mon premier soin serait d'écrire à milady, mon honorable mère, pour qu'elle m'envoyât, par l'intermédiaire de l'ambassade anglaise, une boîte des meilleurs rasoirs, qu'il recevrait sous peu de jours.

Mon hôte se confondit en remerciements, et, comme j'avais terminé ma toilette, je lui donnai une vigoureuse poignée de main, en le priant de présenter mes hommages à Mme la baronne, que je n'espérais pas avoir l'honneur de saluer de si grand matin. Mais lorsque je descendis dans la cour où mes chevaux m'attendaient, je ne fus pas fâché de trouver toute la famille levée et réunie sur le perron, pour me faire ses derniers adieux.

Quand je fus en selle ainsi que mon domestique, et que la porte cochère eut été ouverte à deux battants, de façon que je n'avais, pour m'élancer dans la rue, qu'à rendre la main à mon cheval anglais, je contins un moment ses mouvements d'impatience, à la grande admiration de ces dames, et, reprenant mon langage ordinaire, je me penchai vers mes hôtes et leur exprimai en bon français toute ma reconnaissance des soins et de l'aimable hospitalité qu'ils avaient bien voulu donner à un brigand de l'armée de la Loire, à un bonapartiste, à un ennemi juré des Russes et des Prussiens.

La stupéfaction qui se peignit alors sur toutes les figures ne put se décrire; toutes les bouches étaient ouvertes, tous les yeux semblaient vouloir sortir de leur orbite, tous les visages rougirent et pâlirent dans la même seconde.

Je jouis un instant de l'effet produit par ma déclaration foudroyante, puis, rendant la main à mon cheval, je m'élançai d'un bond hors de la cour et partis au galop en riant aux éclats, suivi de Frédéric qui, de son côté, ayant bien joué son rôle, avait été aussi fêté à la cuisine que je l'avais été au salon.

Ce fut ainsi que j'arrivai à Paris le surlendemain, et qu'ayant trouvé trois officiers prussiens logés chez mon père avec leurs chevaux, je commençai par faire sortir les uns de la maison, les autres de l'écurie, pour aller se loger dans un hôtel garni.

CHAPITRE XL

FUITE. — DÉPART POUR BRUXELLES.

Me voici donc, dès ce moment, rentré dans la vie civile, arrêté dans une carrière qui se présentait à moi si brillante et si pleine d'avenir ; peu rassuré, en outre, sur l'interprétation qu'il plairait au nouveau gouvernement de donner à ma dernière campagne, car les cours prévôtales allaient grand train. J'appris que plusieurs des jeunes gens qui m'avaient suivi en avaient été victimes, et que tous étaient obligés de se cacher ou de se soustraire par la fuite à ce sanglant tribunal. Jarry, entre autres, se réfugia dans une forêt où il resta deux années entières sans se montrer. Il s'était construit une cabane, connue de son beau-frère seul qui, tous les jours, lui déposait des vivres dans un endroit convenu. Pendant deux ans il vécut ainsi, comme un ours dans sa tanière, n'ayant, à ce qu'il m'a dit depuis, vu qu'un seul chasseur qui, par hasard et égaré dans la forêt, passa près du fourré où se trouvait sa cabane. On le croyait bien loin du pays, et sa proximité fut au contraire pour lui un motif de sécurité.

Toutes ces nouvelles inquiétèrent vivement ma mère, et, dans la crainte d'une arrestation, je me mis en pension chez un ancien ami de famille, qui occupait une jolie petite maison à Chaillot.

Je m'y cachai pendant plusieurs mois, jusqu'à ce que les armées ennemies eussent entièrement évacué le sol de la France.

Enfin, comme aucune recherche n'avait eu lieu à mon égard, et que les craintes de mes parents ne semblaient plus fondées, je revins chez mon père avec d'autant plus de confiance que je n'avais rien à me reprocher. Mais j'avais trop compté sur l'oubli des cours prévôtales. Chambure était parvenu à se soustraire à leurs poursuites ; jugé par contumace, il fut condamné à mort. Quant à moi, il n'était pas difficile de me trouver chez mon père, et, un matin, comme j'étais encore couché, deux gendarmes habillés en bourgeois, mais bien armés de pistolets, se présentèrent brusquement dans la chambre que j'occupais auprès de celle de ma mère.

Ils fermèrent la porte sur eux, et le brigadier me présenta l'ordre de m'arrêter pour être transféré à Besançon et traduit devant la cour prévôtale. Je connaissais la manière de procéder de ce genre de tribunal, et, quoique je ne fusse pas coupable, j'avais la presque certitude d'être condamné à mort si je comparaissais devant lui, ainsi que de tristes et nombreux exemples l'avaient déjà prouvé.

Je pris donc sur-le-champ la résolution de ne pas me laisser arrêter, et, dans le premier moment, j'eus la pensée de saisir une paire de pistolets de poche toujours chargés et enfermés dans mon secrétaire, et de fuir après les avoir déchargés sur mes deux gendarmes. Mais un instant de réflexion me fit renoncer à ce dessein, et je résolus d'essayer de me tirer d'affaire par la ruse.

En conséquence, je rappelai tout mon sang-froid, toute ma présence d'esprit, pour ne rien laisser paraître sur mon visage des sentiments qui m'animaient, et, ayant sonné le valet de chambre de mon père, je fis apporter quelques bouteilles de Bordeaux. J'offris des cigares à mes deux gardiens et procédai tranquillement à ma toilette, en la prolongeant le plus longtemps possible, tant pour bien mûrir mon plan de retraite que pour donner aux gendarmes le temps de boire à leur aise et de s'enivrer, si faire se pouvait.

Le vin fit son effet; il était bon et ne fut pas ménagé; s'il ne produisit pas l'ivresse, au moins il amena la confiance, et lorsque, après avoir pris dans mon secrétaire mes pistolets et vingt-cinq napoléons que j'y tenais heureusement en réserve, je demandai la permission d'aller embrasser mon père et ma mère avant de me rendre en prison, ils trouvèrent cela si juste et si naturel qu'ils ne se dérangèrent point quand j'ouvris la porte donnant sur le corridor pour accomplir ce devoir de piété filiale.

La porte, qui s'ouvrait en dedans, était solide et garnie d'une bonne serrure. Ma chambre n'avait pas d'autre sortie qu'un cabinet de toilette formant l'angle de la maison, dont la porte, communiquant à la chambre de ma mère, était condamnée. J'étais donc certain qu'une fois sorti de ma chambre, toute communication serait solidement interceptée pendant quelque temps.

Je tirai les verrous, qui avaient été mis en dedans par les gendarmes; j'ouvris la porte avec calme, sans précipitation, et, la refermant sur moi, je fis faire lestement deux tours à la clef.

Ayant ainsi enfermé mes deux buveurs, je pris mon chapeau, embrassai vivement mon père et ma mère, et, gagnant la cour, je descendis dans les écuries basses de l'hôtel, au lieu de sortir par la porte cochère gardée par plusieurs agents de police.

Ces écuries avaient une sortie sur un couloir formant impasse et aboutissant au boulevard des Italiens. Frédéric, prévenu par ma mère, avait eu soin de tenir la porte ouverte, et cette précaution était nécessaire pour dépister les alguazils qui m'attendaient dans la rue de Choiseul. En deux minutes j'atteignis le boulevard. J'entendais les coups frappés dans la porte de ma chambre par les gendarmes prisonniers ; mais j'étais persuadé qu'on ne leur ouvrirait pas de sitôt.

Pour ne pas éveiller les soupçons et me faire arrêter par les passants, toujours disposés à mettre la main sur le collet de ceux qui fuient, je marchai d'un bon pas sans courir, traversai la chaussée, et, montant dans un des cabriolets de place stationnés à cette époque rue Taitbout, je me fis conduire, comme pour une course pressée, au Palais-Royal, dans la rue du Lycée, y descendis, traversai le Palais-Royal dans sa largeur par le jardin, pour gagner la rue de Valois au moyen d'un de ces nombreux passages obscurs qui facilitent la sortie, et, montant aussitôt dans un second cabriolet de place, je me fis conduire rue d'Anjou-Saint-Honoré.

Avant d'être près de la station, je fis arrêter, et, prenant un troisième cabriolet, je me fis conduire, par les rues parallèles aux boulevards, jusqu'à la petite place située près de la porte Saint-Martin, où j'entrai dans une maison habitée par Mme Lemor-Laroche, ancienne amie de ma mère, que son âge et son éloignement du quartier que nous habitions empêchaient de fréquenter assidûment la maison, mais que je n'en savais pas moins très attachée à ma famille.

Je la trouvai chez elle, prenant sa tasse de café devant sa fenêtre ouverte sur le boulevard Saint-Martin. Sa vieille bonne, nommée Sophie, toute surprise de ma visite, s'empressa de m'annoncer et se disposait à se retirer, lorsque je la retins par la main et la priai d'entrer avec moi chez sa maîtresse.

Il était indispensable pour ma sûreté qu'elle fût dans la confidence de mon séjour, et nous la connaissions pour fidèle et dévouée. La bonne Mme Laroche m'embrassa comme son fils, et parut toute joyeuse de cette marque de souvenir. Je lui contai franchement mon aventure, lui demandai le secret le plus absolu et l'hospitalité pour quelques jours; ce qui me fut accordé avec toute l'effusion d'une vieille et sincère amitié.

Sophie reçut une consigne sévère, et se chargea de porter elle-même dans la journée une lettre que j'adressai à mon ancien général, M. le duc de Dino-Périgord.

Ne pouvant douter de son amitié pour moi, je le priais de préparer ma sortie de France, conjointement avec mon frère Combe-Sieyès. Il le fit avec le plus généreux empressement. Sa position à la cour était trop élevée pour qu'il eût quelque chose à craindre de sa coopération, quand bien même elle eût été découverte; mais je sais qu'aucune considération ne l'eût arrêté.

Au bout de trois jours, tout était prêt pour ma fuite. Un médecin anglais, le docteur Tupper, qui devait se rendre à Bruxelles par la diligence, et qui avait un passeport pour lui et un domestique, consentit à faire le voyage en chaise de poste, à frais communs, avec la personne qui se présenterait rue de la Paix, à son hôtel, de la part de M. le duc de Dino. Ce dernier m'apporta lui-même dans la soirée, la veille du jour fixé pour mon départ, une grande redingote de livrée à plusieurs collets, un chapeau de domestique couvert d'une enveloppe de taffetas ciré, et un madras pour me servir de cravate.

Ainsi déguisé, je me rendis le lendemain, de bon matin, chez mon prétendu maître. Les chevaux, commandés d'avance, étaient déjà attelés. Je fis semblant d'examiner, en bon valet de chambre, si tout était en ordre tant en dehors qu'en dedans de la voiture. Mon Anglais, que j'avais été voir d'abord, ne tarda pas à y monter; je me plaçai à côté de lui et nous gagnâmes rapidement la frontière de Belgique, sans avoir été inquiétés.

Tant que nous fûmes sur le territoire français, dans les relais, dans les auberges, mon compagnon de voyage me laissa remplir mes fonctions avec le plus grand sang-froid; mais nous n'eûmes pas plus tôt franchi la ligne des douanes, qu'il me tendit la main et me dit qu'il s'estimait heureux d'avoir pu contribuer à soustraire un galant homme aux persécutions politiques, et que, dès cet instant, il me priait de le traiter en ami.

On voit que l'exemple du général anglais Wilson n'avait pas été perdu pour les hommes de cette nation, si féconde en traits de grandeur d'âme et de générosité individuelles.

CHAPITRE XLI

SÉJOUR A BRUXELLES.

Nous arrivâmes à Bruxelles, où se trouvait déjà une grande réunion de réfugiés politiques. L'abbé Sieyès, le fameux peintre David, MM. Isidore Quillet et Cauchoix-Lemaire, rédacteurs du spirituel journal *le Nain Jaune,* qui s'intitula à Bruxelles le *Nain Jaune réfugié,* M. Quinette, le conventionnel, le brave général Gérard, plus tard maréchal de France, M. Teste, depuis ministre des travaux publics, M. le marquis de Fodoas, le colonel Desaix et beaucoup d'autres Français exilés par le gouvernement de Louis XVIII.

J'étais très répandu à Bruxelles, et je puis dire que j'y donnais la mode. Je ne tardai pas à faire la connaissance de la famille du colonel anglais Halcott, et à devenir amoureux d'une de ses filles. Mme Halcott, la meilleure des mères comme la plus douce des femmes, voyait mes soins avec plaisir. J'étais un bon parti, et sa fille répondant à mon affection, elle me traitait comme son fils et ne pouvait se passer de moi. Depuis longtemps malade, elle souffrait d'un rhumatisme et marchait avec difficulté. Le colonel Halcott ayant été obligé de retourner à Londres, pour y régler quelques affaires, avec l'intention de rappeler sa famille auprès de lui, pendant son absence, la maladie de Mme Halcott empira tellement et fit de si rapides progrès que cette excellente femme expira dans mes bras, le 22 février 1817.

Ces demoiselles, sous la protection de leur sœur aînée, partirent pour rejoindre leur père à Londres, où je les suivis de près.

Je m'embarquai à Ostende, sur un paquebot anglais qui se rendait à Margate. Pendant cette traversée, qui dura vingt-quatre heures, je souffris si horriblement du mal de mer, qu'on fut obligé en arrivant de me transporter dans un hôtel, d'où je ne partis que le lendemain pour Londres.

Quoique j'eusse visité presque toutes les capitales de l'Europe, j'avoue que je fus ébloui de la magnificence et du grandiose de cette immense métropole. Je descendis à l'hôtel du Prince de Galles, dans Leicester-Square, et me rendis dans la soirée chez le colonel Halcott. Le lendemain, comme je savais que Dawkins était à Londres et demeurait dans Portman-Square, j'allai lui rendre visite. Il n'était point chez lui; mais ayant laissé ma carte et mon adresse, je ne fus point étonné de le voir arriver bientôt chez moi.

Après la plus cordiale poignée de main : « Je ne « veux pas que vous restiez à la taverne », me dit-il en écorchant le français; « vous allez refaire votre « malle et venir vous installer chez moi. Mon père « est à la campagne, et je suis seul dans un hôtel « assez grand pour contenir quatre familles; allons, « faites vite, nous dînerons ensemble, après quoi « nous irons au théâtre de Covent-Garden. »

Craignant de commettre une indiscrétion, et ignorant les usages anglais, préférant, d'ailleurs, la liberté d'un hôtel garni à l'étiquette d'une grande maison particulière, je refusai l'offre de Dawkins, tout en l'assurant que je ne manquerais pas de le voir tous les jours, ainsi que j'en avais contracté la douce habitude à Berlin.

Il parut plutôt étonné que contrarié de ma réponse, et, me regardant en face avec tout le flegme britannique, sans insister davantage, il me dit :

— Eh bien, si vous ne voulez pas demeurer chez moi, vous ne pourrez pas m'empêcher de loger chez vous.

Ayant fait aussitôt appeler le maître d'hôtel, il lui ordonna de faire préparer pour lui l'appartement voisin du mien ; puis il ajouta qu'il mettait un de ses grooms, un cheval et un tibury à mes ordres, pendant tout le temps de mon séjour à Londres, et qu'il croirait n'être plus mon ami si je n'en usais pas. J'acceptai au contraire avec empressement cette offre fort agréable pour moi, et de peu d'importance pour lui, en raison de sa grande fortune.

Quelques jours après mon arrivée, je demandai au colonel Halcott la main de sa fille Emma, et je fus tellement heureux de son consentement que, dans le premier transport de ma joie et à sa grande stupéfaction, je lui sautai au cou et l'embrassai comme un père, à la française.

Après deux mois de séjour à Londres, je me rendis en Hollande avec ma jeune femme pour y vivre plus économiquement en attendant que la fureur des cours prévôtales, ou peut-être leur lassitude, me permît de rentrer en France.

Je louai une assez jolie petite maison de campagne près d'Utrecht, sur la route de Zeitch. Je la fis meubler tant bien que mal, et nous nous y installâmes avec une cuisinière et un jeune domestique parlant français.

Enfin, après six mois de séjour en Hollande, je reçus de Paris une lettre de ma mère qui m'annonçait que j'avais été acquitté à l'unanimité par le tribunal prévôtal de Besançon, que tous les témoins appelés dans cette affaire avaient déposé en ma faveur, et que j'étais libre de rentrer dans ma patrie, sans même être obligé de purger ma contumace.

Ce fut donc avec le plus vif sentiment de bonheur que je me mis en route pour Paris.

Cependant j'étais encore trop jeune pour rester sans occupation, et ma mère, qui m'avait toujours vu avec peine suivre la carrière des armes, pensa qu'il était encore temps d'en commencer une autre, plus tranquille et plus sûre.

Elle se trompa bien dans ses prévisions par excès de tendresse maternelle, car, en déterminant mon père à m'associer à une maison de banque, et en me forçant par ses prières et ses instances à renoncer à la belle perspective d'avancement qui m'était assurée par l'amitié et la protection de mon brave général le duc de Dino-Périgord, elle a entièrement brisé mon avenir et m'a plongé dans un dédale inextricable de procès et de ruine.

Entraîné moi-même par les funestes conseils de mon frère et de plusieurs de mes amis, ainsi que par les idées de libéralisme, de dévouement à l'Empereur et d'opposition au gouvernement de la Restauration, j'acceptai l'offre d'une association en qualité de commanditaire de la maison de banque Robin et Grandin, dans laquelle mon père versa pour ce motif une somme de 200,000 francs. Il en fit autant peu de temps après pour mon frère, qui me remplaça et devint un des gérants de la maison, sous la raison sociale Robin, Grandin et Combe.

Débarrassé de ce travail d'écritures auquel je me livrais assidûment depuis près d'une année, et si éloigné de mes habitudes d'activité qu'il m'occasionnait de violents maux de tête, je me laissai entraîner dans une conspiration bonapartiste qui devait éclater dans l'est de la France. En compagnie du colonel Planzeaux, qui avait un passeport pour Plombières, je me rendis donc à Besançon sous prétexte de la faillite d'un des correspondants de notre maison de banque.

En passant par Dôle, où nous nous arrêtâmes une journée chez notre ancien camarade du 8e chasseurs, le capitaine Guillemain, nous fûmes forcés de reconnaître la folie de notre projet et l'impossibilité d'une réussite.

Une tête à peu près sans cervelle pour agent principal et quelques paysans, voilà avec quoi il s'agissait de renverser un gouvernement établi. Nous poursuivîmes notre route sans nous être compromis par aucun commencement d'exécution ; et, en arrivant à Besançon, j'eus soin de ne voir que nos correspondants, chez qui ma présence était parfaitement justifiée.

Malheureusement toutes ces précautions furent inutiles, et le 11 mai, à quatre heures du matin, nous fûmes arrêtés, le colonel Planzeaux et moi, dans l'auberge où nous étions descendus la veille, et écroués à la prison de ville, d'où huit jours après je fus transféré à la citadelle.

Le mandat d'arrêt lancé par M. le chevalier de Coucy, préfet du Jura, était ainsi conçu : « On arrê« tera partout où faire se pourra le colonel Plan« zeaux *et un soi-disant comte Julien.* »

Ainsi, il était faux à mon égard, puisqu'il transformait mon nom de famille en une qualité que je n'avais pas; et comme j'offrais de démontrer cette fausseté par les témoignages les plus authentiques, l'officier de gendarmerie, M. de N..., devait surseoir à son exécution jusqu'à nouvel ordre; mais il refusa de se prêter à cet acte de justice, et, sans écouter aucune réclamation, il donna ordre à ses sbires de me conduire en prison.

Après ma translation à la citadelle, M. Dormoy, juge d'instruction, me fit subir successivement divers interrogatoires; après quoi, M. Durand fut nommé spécialement commissaire instructeur.

Placé dans une mauvaise chambre sans meubles, garnie de doubles portes à gros verrous et de fortes barres de fer en long et en large, je fus privé pendant trois mois de toute communication à l'extérieur, mis au secret le plus rigoureux et condamné à ne sortir qu'une heure juste par jour, pour me promener sur les rondes, escorté par le sergent de garde.

Cependant, il ne suffisait pas de m'avoir arrêté; il fallait motiver tant bien que mal mon arrestation et asseoir l'acte d'accusation sur quelques fondements. Les interrogatoires ne produisaient rien contre moi, les prétendues pièces de conviction trouvées dans ma voiture ne prouvaient pas davantage, car, ayant été prévenus à temps, Planzeaux et moi nous avions été assez heureux pour faire disparaître, en les brûlant, les cocardes tricolores et les proclamations dont nous étions porteurs. Tout ce qu'on avait pu faire pour lier cette conspiration à celle du mois d'août de Paris avait été sans succès, car je ne connaissais aucun de ceux qui s'y trouvaient compromis, et je n'étais affilié à aucune société secrète.

Dans cette alternative, il fut jugé convenable de me faciliter les moyens de m'évader de la citadelle, afin que, m'avouant coupable par ma fuite, on pût, en me condamnant par contumace, me faire supporter tout le poids de la procédure. M. Richard, commandant de la citadelle, fut remplacé momentanément par le capitaine adjudant de place Lambert qui, le lendemain de son installation, me fit ouvrir de bonne heure les portes de ma prison et me laissa la faculté de me promener sans garde dans toute la citadelle. J'en profitai, mais la ruse était trop grossière pour y être pris, et quoiqu'il me fût très facile de me procurer une capote de soldat et un bonnet de police, pour sortir tranquillement le soir avant la fermeture des portes de la forteresse, je persistai à déclarer que je ne sortirais de prison qu'après un jugement.

Les choses étaient en cet état lorsqu'un M. Gossin fut envoyé de Paris pour prendre connaissance de l'affaire, et vint, sous prétexte de se promener, visiter la citadelle avec le procureur du roi, qui entra ou fit semblant d'entrer en grande fureur de la liberté qui m'était accordée. Je fus en conséquence resserré plus que jamais. Un sergent suisse, puis ensuite un gendarme, furent spécialement chargés de m'ouvrir ma prison et de m'escorter une heure par jour.

Ma jeune femme qui, après mes trois mois de secret, avait obtenu de M. de Serres, alors garde des sceaux et ancien ami de sa famille, la permission de partager ma captivité, ne pouvait se promener, ainsi que moi, qu'une heure par jour avec son enfant âgé de six mois, qu'elle nourrissait encore.

Un planton fut également chargé de son escorte.

Ces petits raffinements de cruauté ne suffisaient pas à M. M... de Saint-M..., qui me livrait aux caprices du geôlier et, sur le moindre rapport, me faisait consigner dans ma prison et retirer mon heure de promenade. M. G... de G..., nouveau commandant de la citadelle, se montrait le complaisant exécuteur des vexations du procureur du roi qui, ainsi que M. Durand, employait un moyen très simple de faire traîner en longueur, aux dépens de notre liberté, la procédure dont ils étaient chargés. Ils allaient successivement passer quinze jours à la campagne, et lorsque ma mère, qui était venue avec ma sœur s'établir à Besançon, demandait à celui des deux qui s'y trouvait des nouvelles de l'affaire, il prétextait l'absence de l'autre.

Enfin, le 27 octobre 1820, M. M... de Saint-M... voulut bien se décider à présenter son rapport à la chambre d'accusation, qui se déclara incompétente après une délibération de onze jours. Le procureur du roi en appela de cet arrêt à la Cour de cassation. Son zèle le portait à me faire juger à Besançon, où il espérait user de toute son influence contre moi.

En attendant, il me surveillait lui-même, comme un animal carnassier qui craint de voir sa proie lui échapper.

Il arrivait à l'improviste dans ma prison pour savoir comment j'employais mon temps. Me trouvant toujours occupé à lire ou à peindre en miniature, art que je cultivais très modestement en amateur à cette époque, la fermeté et la gaieté de mon caractère le tourmentaient. Il aurait préféré me voir en colère, afin de se servir contre moi des paroles qui auraient pu m'échapper dans cet état d'irritation; mais le mépris excite rarement la colère, et non seulement je ne me dérangeais pas de ma place lorsqu'il entrait, mais je faisais à peine attention à lui.

L'arrêt d'incompétence de la chambre d'accusation était digne de pareils juges; jamais tissu de calomnies et d'absurdités ne fut mieux rédigé. On y disait, entre autres choses, que je devais avoir connaissance du complot formé par quelques-uns des conjurés, et qui avait pour but d'arrêter le duc d'Angoulême.

Malheureusement pour ces messieurs, pendant tout le cours de mon voyage de Paris à Besançon, je ne m'étais pas trouvé une seule fois sur la route que devait parcourir le prince. Mon arrestation avait eu lieu le 11 mai, et le duc d'Angoulême n'était arrivé à Besançon que le 14. Il était venu par la route de Lyon et moi par celle de Dôle; il avait quitté Besançon pour se rendre à Lons-le-Saunier, et mon passeport visé le jour même de mon arrivée constatait que je devais retourner à Paris par Gray, où mon intention était de m'arrêter un ou deux jours pour y voir quelques anciens camarades de mon régiment établis dans cette ville.

J'ai conservé les noms de tous les membres de ce tribunal et suis prêt à les livrer à la publicité, au moindre doute qui serait exprimé sur la vérité de ce que je rapporte.

La mise en accusation fut prononcée vers le milieu du mois de février 1821, plus de neuf mois par conséquent après notre arrestation. Dans cette circonstance où un accusé doit, d'après la loi, avoir la faculté de rassembler tous ses moyens de défense et communiquer au moins avec son avocat, voici la nouvelle consigne émanée du procureur du roi, qui me fut signifiée le 23 :

A dater de ce jour jusqu'à l'époque de ma translation à Riom, toute communication me sera absolument interdite. Il m'est défendu de sortir de ma prison sous quelque prétexte que ce soit. Le domestique qui me sert, tant pour mes commissions en ville que pour y chercher notre nourriture, ne pourra dépasser la première enceinte de la citadelle. Aucun papier, lettre particulière ou autre, ne me sera remis s'il n'est passé préalablement par les mains du procureur du roi. Toutes ces mesures concernent aussi bien ma femme que moi. Elle ne pourra pas même sortir un seul instant dans la journée pour prendre l'air. La bonne seule avec mes enfants aura la faculté de se promener dans les cours intérieures, sous l'escorte d'un sergent suisse.

Le jugement fut renvoyé aux assises du mois de mai 1821, c'est-à-dire un an après mon arrestation.

Pendant mon heure de promenade, avant cette dernière consigne, je jouissais d'une vue magnifique, dans toute l'étendue du périmètre des rondes de la citadelle; le cours du Doubs qui se perd dans les montagnes de la Suisse, la ville de Besançon tout entière en panorama, les routes de Belfort, de Lyon, de Dôle, de Gray, de Strasbourg se présentaient à mes yeux; la liberté m'entourait de tous ses charmes; c'était encore un supplice de plus, j'en étais séparé par un précipice de deux cents pieds de profondeur.

Enfin, notre translation à Riom eut lieu dans le mois d'avril, de la manière suivante, en ce qui me concerne. La veille de mon départ, le procureur du roi signifia à ma femme qu'elle ne pourrait quitter la citadelle que vingt-quatre heures après moi. On loua à mes frais tout l'intérieur de la malle-poste qui passait à Besançon pour se rendre à Lyon.

A l'heure indiquée, un brigadier de gendarmerie et un gendarme vinrent me prendre et me conduisirent à la poste aux lettres où, après m'avoir palpé tout le corps pour s'assurer que j'étais sans armes, ils me firent voir l'ordre signé par MM... de Saint-M... qui portait textuellement de m'attacher les bras derrière le dos, s'ils le jugeaient convenable pour plus grande sûreté de ma personne; mais le brigadier, ancien militaire, se contenta de ma parole d'honneur de ne point chercher à m'évader, et, déboutonnant sa redingote, il me montra à sa ceinture une paire de pistolets, outre son sabre, dont il me promit de faire usage à la moindre tentative d'évasion.

On me fit monter dans le coin de la voiture, dont la portière avait été cadenassée de mon côté; nous partîmes pour Lyon, et, de là, au moyen d'une voiture de poste également louée à mes frais, nous arrivâmes à Riom, où je fus immédiatement écroué à la prison de ville.

Avant de retourner à Besançon, le brigadier de gendarmerie me présenta un mémoire de ses frais et indemnités de route, pour lui et le gendarme qui l'avait accompagné, s'élevant, en ce qui les concernait tous deux personnellement, à la somme de 600 francs.

Je me récriai d'abord contre l'exagération et l'injustice de cette réclamation, mais le brigadier en ayant appelé au procureur du roi près la cour de

Riom, je fus condamné à payer, et j'y consentis en reconnaissance des égards que ces deux militaires avaient eus pour moi tant pendant tout le cours de ma translation, que pour n'avoir point mis à exécution l'ordre qu'ils avaient reçu de m'attacher comme un malfaiteur.

Ici commença pour moi une nouvelle existence qui me parut douce, comparativement à celle de la citadelle. J'eus la faculté de communiquer avec mon ami le colonel Planzeaux ; ma femme, ma mère et ma sœur, qui m'avaient suivi partout, purent entrer librement dans ma prison ; le concierge, M. Héro, sa femme et ses enfants eurent pour moi tous les soins, toutes les attentions qui vont droit au cœur d'un prisonnier, et dont je me plais à leur témoigner ici toute ma reconnaissance.

Je trouvai dans le talent, le zèle et le dévouement de l'estimable M. Bayle, avocat de la plus grande distinction du barreau de Riom, tout ce qu'il fallait pour obtenir mon acquittement.

L'audition des témoins commença le 20 juin. Cent trente-quatre furent entendus dans cette affaire. Le brave général Daumesnil fit le voyage de Paris pour venir protester, avec l'élévation d'âme qui le distinguait si éminemment, contre l'injustice de l'accusation dont nous étions victimes depuis quatorze mois, surtout en ce qui concernait l'arrestation du duc d'Angoulême. Il termina sa déposition en s'écriant avec énergie : « J'ai toujours connu M. Combe pour un homme d'honneur, et l'honneur et le poignard sont incompatibles. »

A l'exception des généraux Daumesnil et Chastel, du colonel Grouchy, de mon ancien camarade le capitaine Guillemain, et des correspondants de ma maison de banque, MM. Colin et Bretillot de Besançon, je ne connaissais ni de vue ni de nom aucun des autres témoins.

Toutes ces dépositions insignifiantes, les plaidoiries du ministère public, celles de nos avocats, nous retinrent quinze jours sur le banc des accusés. Une foule considérable encombrait la salle d'audience, et des députés de tous les villages des environs de Riom étaient envoyés par les habitants pour leur rendre compte de l'audience, tant est grand l'intérêt que porte le peuple aux victimes de l'arbitraire.

Enfin, après quatorze mois de détention, le 10 juillet 1821, les membres composant le jury s'étant rendus dans la salle des délibérations, après une courte absence qui cependant nous parut assez longue en raison de l'arrêt qui planait sur notre tête, le greffier prononça la sentence portant acquittement de tous les prévenus, à l'unanimité.

M. le maire de la ville, dont les procédés avaient été pour nous pleins d'égards, s'était rendu le matin à la prison pour nous avertir que des jeunes gens avaient formé le projet de nous enlever à la sortie de l'audience et de nous porter en triomphe. Il nous avait témoigné la crainte que cette manifestation de leur sympathie ne fût un sujet de trouble pour les habitants.

Autant par condescendance pour lui que pour témoigner de notre respect pour la tranquillité publique, nous consentîmes à sortir de la salle par une porte dérobée, et lorsque la foule, trompée dans son attente, se fut écoulée.

Ma femme m'attendait au dehors; elle se jeta dans mes bras. Il était bien juste qu'après avoir partagé si courageusement ma captivité, elle fût la première à recevoir mes caresses. Mon excellente mère, ma sœur et mes jeunes enfants me prodiguèrent les leurs.

L'acte arbitraire et imprévu qui m'avait séparé de la société devait nécessairement porter un coup mortel à ma fortune. Trompé dans la confiance que j'avais en un homme que je ne veux pas nommer ici, je reçus la nouvelle qu'en se livrant à de grandes spéculations de bourse il avait, en un jour, en quelques heures, englouti toute son existence et la majeure partie de la mienne.

En retournant à Paris, je pris la résolution de me retirer à la campagne, d'abord pour y vivre plus économiquement, et ensuite pour ne pas entamer les capitaux qui m'appartenaient encore dans la maison de banque Robin et Grandin.

Je poussai la persistance dans mes opinions politiques au point de refuser l'offre si avantageuse qui me fut faite avec instance et à plusieurs reprises par mon ancien et bon général le duc de Dino-Périgord, qui commandait à cette époque une division, de faire avec lui la campagne d'Espagne, en 1823, avec mon grade de chef d'escadron, et la promesse positive d'en revenir lieutenant-colonel.

Si j'avais suivi ce bon conseil, si, continuant à me rendre digne de l'attachement et de la haute protection de mon ancien chef, j'étais rentré au service en cette circonstance et dans de telles conditions, la révolution de Juillet m'eût trouvé colonel depuis plusieurs années, et je serais aujourd'hui, par la seule force des choses et des événements, un ancien lieutenant général. Au lieu de cela, la déconfiture d'un des gérants de la maison de banque porta un coup funeste à son crédit, et le décès de M. Robin, chef de cette maison, provoqua une liquidation tellement désastreuse que je perdis non-seulement les 80,000 francs qui m'avaient été constitués en dot par mon père, mais encore une somme de 66,000 francs qui m'était attribuée dans les fonds en commandite, par l'acte de liquidation de succession.

Depuis cette catastrophe, le sort n'a pas cessé de me poursuivre.

Déterminé, autant par l'apparition du drapeau tricolore que par mes pertes de fortune, à reprendre du service en 1830, avec le même grade de chef d'escadron que j'avais quinze ans auparavant, et nommé lieutenant-colonel à titre de récompense nationale, le 26 juillet 1831, je n'ai pu, malgré tout mon zèle à remplir mes devoirs et à me mettre au courant des règlements et ordonnances mis en usage dans l'armée pendant mon interruption de service, je n'ai pu, dis-je, parvenir à surmonter les obstacles que mes antécédents bonapartistes m'ont toujours opposés.

Présenté pour le commandement d'un régiment par les meilleurs inspecteurs généraux de cavalerie de l'armée, par le lieutenant général de France en 1832, par le lieutenant général Cavaignac en 1837, malgré les meilleures notes des lieutenants généraux inspecteurs Gentil-Saint-Alphonse, Subervie, etc., après avoir vu passer devant moi le treizième et le trente-troisième lieutenant-colonel, quoique je fusse le premier de mon arme depuis trois ans, après avoir couru les garnisons avec ma famille pendant plus de dix ans, j'ai dû, en désespoir de cause, me retirer dans l'impasse de l'état-major des places. J'y suis resté jusqu'au moment où, ayant atteint juste ma limite d'âge et mes trente années de service effectif, j'ai été mis à la retraite, ce qui termine en même temps, et ma carrière militaire, et mes mémoires.

FIN.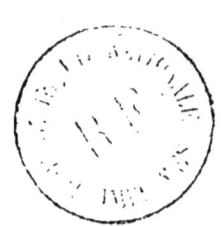

TABLE DES MATIÈRES

CHAPITRE PREMIER.	Mon éducation..............	1
—	II. Entrée à l'École militaire de Fontainebleau................	11
—	III. Translation de l'École militaire de Fontainebleau à Saint-Cyr.....	19
—	IV. Départ pour l'armée............	33
—	V. Arrivée à Brescia, séjour pendant les années 1810 et 1811........	42
—	VI. Départ de Brescia pour la campagne de Russie..................	50
—	VII. Entrée en Pologne..............	60
—	VIII. Trait de bravoure..............	66
—	IX. Combat de Mohilow............	71
—	X. Prise de Smolensk..............	76
—	XI. Bataille de la Moskowa..........	82
—	XII. Épisode.....................	93
—	XIII. Entrée à Moscou..............	100
—	XIV. Moscou......................	108
—	XV. Départ de Moscou pour la position de Winkowo.................	114
—	XVI. Arrivée à Winkowo............	116
—	XVII. Voyage à Moscou..............	122
—	XVIII. Premier jour de la retraite........	129
—	XIX. Bataille de Malojaroslavetz. — Attaque du bivouac de l'Empereur......................	146

TABLE DES MATIÈRES.

CHAPITRE	XX. Séparation d'avec l'armée française. — Fuite dans les forêts	151
—	XXI. La Bérésina	164
—	XXII. Wilna	171
—	XXIII. Kœnigsberg	177
—	XXIV. Voyage. — Retour en France	182
—	XXV. Séjour à Paris. — Départ pour Gray	193
—	XXVI. Départ pour la campagne de 1813	201
—	XXVII. Séjour à Dresde	210
—	XXVIII. Bataille de Dresde	216
—	XXIX. Marche sur Gorlitz. — Épisode	222
—	XXX. Bataille de Goldberg	228
—	XXXI. Bataille de Gorlitz. — Retour sur Dresde	233
—	XXXII. Combat de Milberg. — Je suis fait prisonnier	236
—	XXXIII. Marche vers le Nord. — Entrée des prisonniers à Berlin	246
—	XXXIV. Séjour à Berlin	257
—	XXXV. Départ de Berlin pour Lubeck. — Retour en France	263
—	XXXVI. Séjour à Laon. — Fuite. — Déguisement	267
—	XXXVII. Arrivée à Paris	286
—	XXXVIII. Retour de l'Empereur. — Campagne de 1815	295
—	XXXIX. Licenciement de l'armée de la Loire. — Retour à Dampierre. — Séjour chez Dornier	303
—	XL. Fuite. — Départ pour Bruxelles	311
—	XLI. Séjour à Bruxelles	317

PARIS

TYPOGRAPHIE DE E. PLON, NOURRIT ET Cie
Rue Garancière, 8.

En vente à la même Librairie :

Mémoires du général baron de Marbot. 41ᵉ édition. Trois vol. in-8°. Prix. . . . . 22 fr. 50

Mémoires du général baron Thiébault, publiés sous les auspices de sa fille Mlle Claire Thiébault, d'après le manuscrit original, par Fernand Calmettes.
Tome Iᵉʳ : 1769-1795. 8ᵉ édit. Un vol. in-8°, avec deux portraits en héliogravure. Prix. . . . . 7 fr. 50
Tome II : 1795-1799. 7ᵉ édit. In-8° avec portrait. Prix. 7 fr. 50
Tome III : 1799-1806. 6ᵉ édit. In-8° avec deux héliogr. 7 fr. 50
Tome IV : 1806-1813. 5ᵉ édition. Un vol. in-8° avec un portrait en héliogravure. Prix. . . . . 7 fr. 50
Tome V et dernier : 1813-1820. 4ᵉ édition. Un vol. in-8° avec un portrait en héliogravure. Prix. . . . . 7 fr. 50

Journal du général Fantin des Odoards. *Étapes d'un officier de la Grande Armée,* 1800-1830. In-8°. . . 7 fr. 50

Récits de guerre et de foyer. **Le Maréchal Oudinot, duc de Reggio,** d'après les Souvenirs inédits de la maréchale, par Gaston Stiegler. Préface de M. le marquis Costa de Beauregard. 7ᵉ édition. Un vol. in-8° avec deux portraits. 7 fr. 50

Les Complots militaires sous le Consulat et l'Empire, d'après les documents inédits des Archives, par E. Guillon. Un vol. in-18. Prix. . . . . 3 fr. 50

Les Complots militaires sous la Restauration, d'après les documents des Archives, par E. Guillon. In-18. 3 fr. 50

Journal du maréchal de Castellane, 1804-1862.
Tome Iᵉʳ : 1804-1823. 3ᵉ édition. Un vol. in-8° avec un portrait en héliogravure et un fac-simile d'autographe. . 7 fr. 50
Tome II : 1823-1831. 2ᵉ éd. In-8° avec une héliogr. 7 fr. 50
Tome III : 1831-1847. 2ᵉ édition. Un vol. in-8° avec un portrait en héliogravure. Prix. . . . . 7 fr. 50

Souvenirs de guerre du général baron Pouget, publiés par Mme de Boisdeffre, née Pouget. Un vol. in-18. 3 fr. 50

Journal du lieutenant Woodberry. Campagnes de Portugal et d'Espagne — de France — de Belgique et de France (1813-1815). Traduit de l'anglais par Georges Hélie. Un vol. in-18, avec fac-simile d'autographe. Prix. . . . . . . 3 fr. 50

Mémoires du général comte de Saint-Chamans, ancien aide de camp du maréchal Soult (1802-1832). Un vol. in-8° accompagné d'une héliogravure. Prix. . . . . 7 fr. 50

Souvenirs du Maréchal Macdonald, duc de Tarente, avec une introduction par Camille Rousset, de l'Académie française. Ouvrage orné de deux portraits d'après David et d'après Gérard. 7ᵉ édition. Un vol. in-8°. Prix. . . 7 fr. 50

Les Souvenirs du général baron Paulin (1782-1876), publiés par le capitaine du génie Paulin-Ruelle, son petit-neveu. Un vol. in-18. Prix. . . . . 4 fr.

126-7
150 157

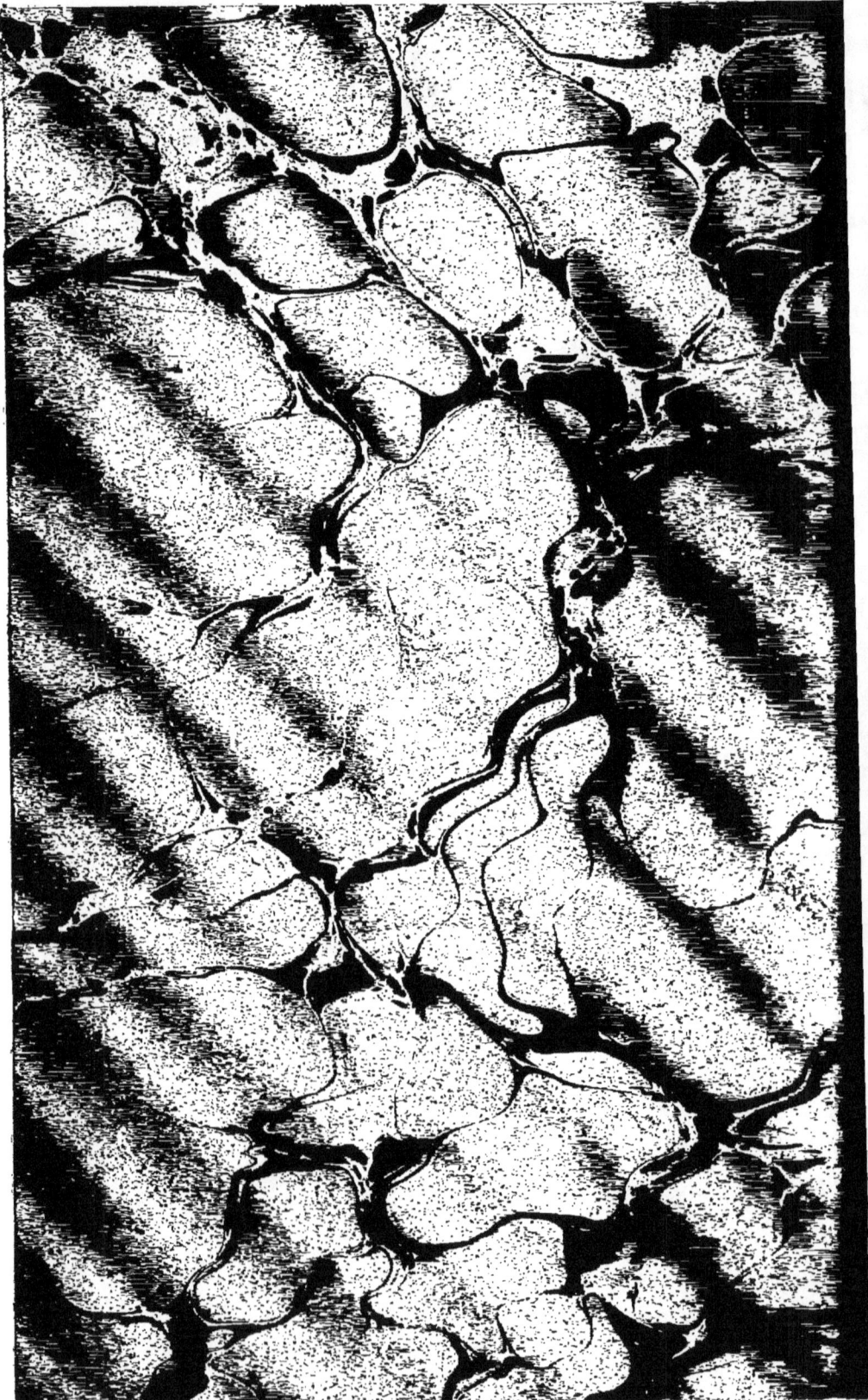

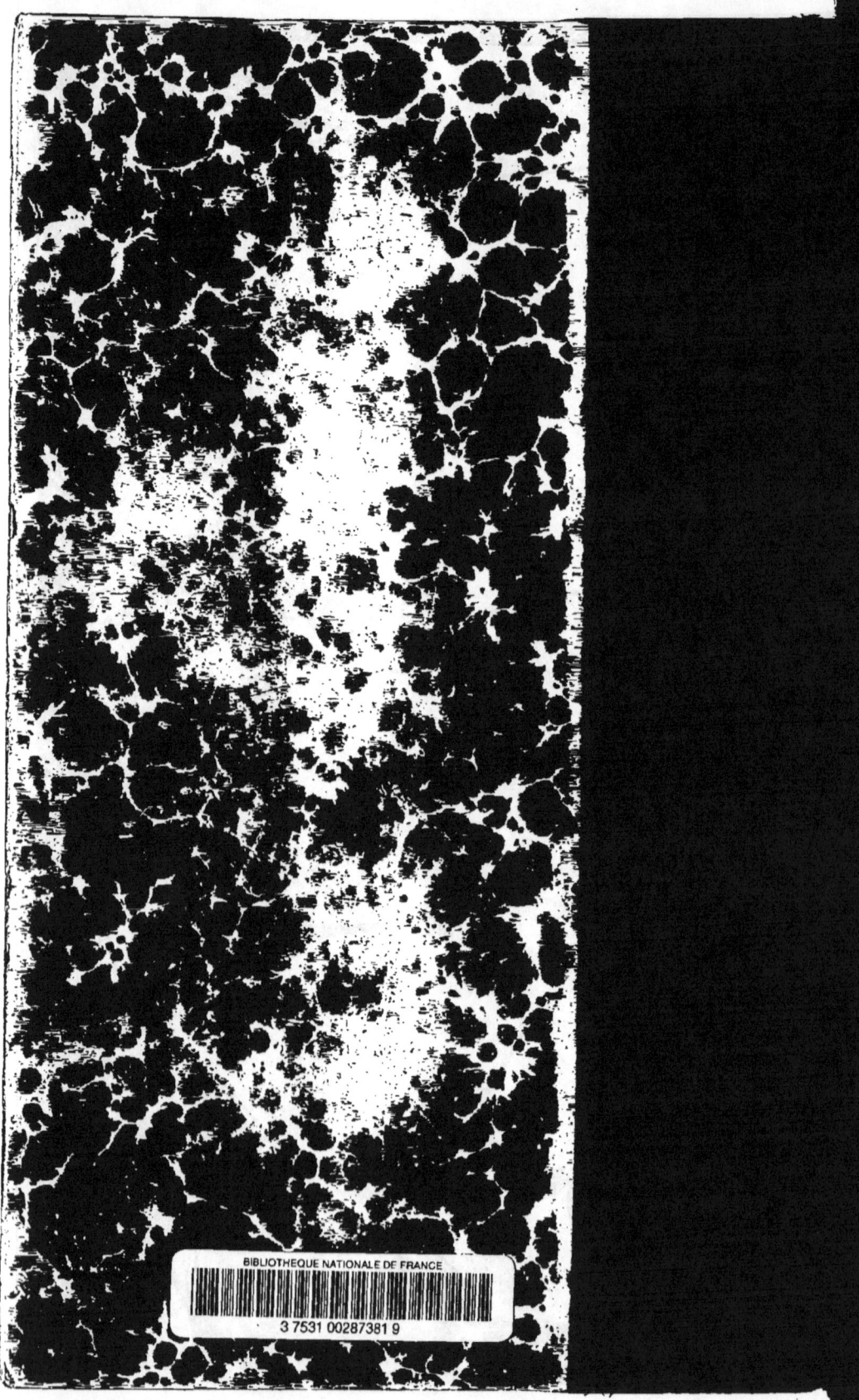

www.ingramcontent.com/pod-product-compliance
Lightning Source LLC
Chambersburg PA
CBHW070853170426
43202CB00012B/2053